行政法ガール II

大島義則

法律文化社

はしがき

　本書『行政法ガールⅡ』は，平成26年〜令和元年司法試験公法系第２問（行政法）の問題を素材として，行政法事例問題の解き方を学べる小説です。平成18年〜25年司法試験を素材にした拙著『行政法ガール』（法律文化社，2014年）の続編という位置づけになりますが，本書単独でも利用可能なように執筆しておりますので，その点はご安心ください。

　本書の主な想定読者は，行政法事例問題に取り組むことがある法学部生，ロースクール生，社会人受験生などです。幸いにも前作の『行政法ガール』は司法試験受験生に限らず，行政書士受験生や行政法に関心のある方にも広くお読みいただいたようであり，本書も行政法紛争事例の解決法に関心のある方にお読みいただくのもよいと思っております。

　本書の特徴は，次の４点です。

　第一に，小説本文では，ストーリー形式で行政法事例問題の解き方を学ぶことができます。通常のテキストや解説書と異なり，登場人物の対話を通じて紛争事例の解決方法を学ぶことができる，というのが大きな特徴です。

　第二に，各章末尾には各問題の解答例を付しております。司法試験，予備試験，法学部の学部試験等で出題される行政法事例問題について「実際にどうやって書いたらよいのか」と悩まれる方は多いと思われます。そこで，小説本文の解説を踏まえた筆者作成の解答例をつけました。もっとも，法学の論文式試験では多数の解答の筋があるのが通常であるため，筆者作成の解答例はあくまでサンプルの１つとして利用してください。小説本文を読めば，いくつかの解答の筋があることは自ずとご理解いただけると思います。

　第三に，「ラミ先生のワンポイントアドバイス」という項目では，行政法事

例問題で悩みがちな論点を取り上げて解説しています。この項目では，①裁量基準の論じ方，②原告適格の解釈技法，③処分性の判断方法，④原告適格のモデル分析，⑤仕組み解釈の技法という５つのテーマを取り上げて解説してみました。いずれの事項も司法試験では極めて重要です。小説本文が各年度の司法試験を縦串で解説したものだとすれば，「ラミ先生のワンポイントアドバイス」は各年度で繰り返し問われる重要論点を横串で解説したものと言えるでしょう。

第四に，小説本文で引用した重要判例について，判例一覧を作成し，本書末尾に添付しました。重要判例の理解については繰り返し問われることが多いため，判例一覧を活用して学修することも有益でしょう。

本書の使用方法は，読者によって様々です。行政法事例問題の解き方を学ぶという使用方法もあれば，単に小説部分を読んで楽しむという使用方法もあろうかと思います。もっとも，司法試験受験生の場合には，各年度の解説を読む前に司法試験の問題を実際に解くことを推奨します。自分自身で各問題に取り組んでから本書の解説を読むほうが，学修効率は圧倒的に高くなります。

本書が，読者の皆様の行政法学修の一助になることを，筆者として切に願います。

令和２年７月

弁護士　大島義則

目　次

凡　例

―――――

＊法令名

行訴法　　　行政事件訴訟法
行手法　　　行政手続法

＊単行本

宇賀・概説Ⅰ　　　宇賀克也『行政法概説Ⅰ〔第7版〕』（有斐閣，2020年）
宇賀・概説Ⅱ　　　宇賀克也『行政法概説Ⅱ〔第6版〕』（有斐閣，2018年）
改正行訴執務資料　最高裁判所事務総局行政局監修『改正行政事件訴訟法執務資料』94頁（法曹会，2006年）
小林・行訴法　　　小林久起『司法制度改革概説3　行政事件訴訟法』（商事法務，2004年）
櫻井＝橋本　　　　櫻井敬子＝橋本博之『行政法〔第6版〕』（弘文堂，2019年）
塩野Ⅰ　　　　　　塩野宏『行政法Ⅰ〔第6版〕』（有斐閣，2015年）
大島・実務解説　　大島義則編著『実務解説　行政訴訟』（勁草書房，2020年）
実務的研究　　　　司法研修所編『改訂　行政事件訴訟法の一般的問題に関する実務的研究』（法曹会，2000年）
条解　　　　　　　南博方原編著，高橋滋＝市村陽典＝山本隆司編『条解　行政事件訴訟法〔第4版〕』（弘文堂，2014年）
定塚・行訴　　　　定塚誠編著『行政関係訴訟の実務』（商事法務，2015年）
杉本・解説　　　　杉本良吉『行政事件訴訟法の解説』（法曹会，1963年）
西川・リーガル　　西川知一郎編著『リーガル・プログレッシブ・シリーズ6　行政関係訴訟』（青林書院，2009年）
橋本・行政判例　　橋本博之『行政判例と仕組み解釈』（弘文堂，2009年）
橋本・基礎　　　　橋本博之『行政法解釈の基礎――「仕組み」から解く』（日本評論社，2013年）

＊判例集

最判解民（刑）平成（昭和）〇年度　　　『最高裁判所判例解説民事篇（刑事篇）』（法曹会）

＊その他，判例引用方法等は，一般的な表記による。

ラミ先生

Ｋロースクール教授
（行政法）。コスプレ好
きで，裁判官のコスプ
レも嗜む。

僕

Ｋロースクール法学
既修者コース１年目の
学生。司法試験に向け
て勉強中。

セナ

Ｋロースクール法学
既修者コース１年目の
学生。ヴァイオリンを
弾く。行政法は不得意。

カンタロウ

Ｋロースクール非常勤講師。プロジェクト『ロー獄』における看守。

ソウジロウ

Ｋロースクール非常勤講師。プロジェクト『ロー獄』における倉庫番。

リオン

Ｋロースクール法学既修者コース１年目の学生で，次席。生意気。

ロ　ミ

プロジェクト『ロー獄』における看守長。

カレイナ

Ｋロースクール法学既修者コース１年目の学生にして，首席。歴代最高GPAを誇る「ロースクールの魔女」。お金持ちのお嬢様。

トウコ

17歳にして司法試験に合格した銀髪の天才。飛び級制度を使って現在はＫ大学法学部２年生。

判決宣告

───平成26年司法試験───

社会通念審査（マクリーン基準）／裁量処分／裁量基準に従った裁量処分
／行政上の義務履行確保の制度／行政行為の撤回／非申請型義務付け訴訟

　Ｋ大学の中庭のベンチで，僕は自分の秋学期の成績通知を見て，恐れおののいた。

　現在，僕は，Ｋロースクール法学既修者コース１年目に在籍しており，今日はＫロースクールの秋学期の成績発表日であった。そこで，僕は，スマホで学内ウェブシステムにアクセスし，自分の成績通知を閲覧したのであるが，必修科目の行政法の評定が「Ｈ」と記載されていたのだ。

　通常，Ｋロースクールの成績評定はＳ，Ａ，Ｂ，Ｃ，Ｄの五段階評価であり，Ｄは落第とされている。ちなみに必修科目でＤをとった場合，Ｋロースクールでは他の科目がどんなに成績が良くても留年してしまう。そのため，必修科目の成績評定は，極めて重要である。しかし，必修科目において「Ｈ」という評定は，初めて見た。念のため行政法以外のその他の科目についても成績評定を確認してみたが，だいたいＢ付近に成績が集中しており，たまにＳ，Ａ，Ｃがばらついている感じであった。決して出来は良くはないが，その他の科目では「Ｈ」のような謎の評定はついていないようだった。留年がかかっている必修科目で，このような謎の評定がつくのは心臓に悪い。学内ウェブシステムがバグっているのであろうか。

「……とはいえ，だ。Ｄであれば落第であるが，ＨはＤではない。とすれば，法的三段論法によれば，僕は落第しない。どうでも良いと言えば，どうでも良いか。あとで時間あるときに学事課に行って確認してみよ」と僕は楽観的な独り言を呟く。

　僕は，スマホを閉じて，ジーンズのポケットにスマホをねじ込もうとする。

　そのタイミングで，スマホが不気味なバイブ音を鳴らす。

「ん？」

　僕は再びスマホを開くと，行政法の担当教員であったラミ先生から，メッセージアプリ上に一通のメッセージが届いていた。

　メッセージには「直ちにＫロースクールの法廷教室に来るように」とだけ書かれていた。

　嫌な予感が，した。

　ロースクールでは模擬裁判の授業が行われるため，法廷を模した法廷教室が

設置されていることが多い。K ロースクールの法廷教室は，ロースクール棟の最下層である地下 4 階に設置されていた。

　法廷教室内の模擬法廷は，実際の法廷にかなり似た作りになっている。教室正面には裁判官席である法壇が設置され，法壇の前には裁判所書記官の座席がある。教室左側と右側には当事者席がそれぞれあり，教室の真ん中には被告人席が設置されている。

「おー来たかね」

　法壇の上には，裁判官の着る黒い法服を着たラミ先生が座っていた。ラミ先生は，我が K ロースクールの誇る名物行政法教員であり，コスプレ好きである。服装の自由を主張して K ロースクールの講義でも毎回，違うコスプレを着て教壇に立つという変わり者である。どうやら今日のコスプレは，裁判官がテーマのようであった。

　ラミ先生は，右手でわざとらしく木槌を握っている。木槌は，裁判官の真似をする際によく用いられるが，実際の裁判で使われることはない。コスプレだから，イメージが大事なのであろう。

「こんにちは，ラミ先生。それで，今日はどんなご用でしょうか？」

　僕は，恐る恐る聞く。

「なんとなくキミ自身，予感はあるのではないかね？　さきほど秋学期の成績発表があったな。既に見たと思うが，キミの行政法の評価は『H』だ」

「……『H』評価って何を意味するのでしょうか。落第ではないと思うのですが」

「『H』が何を意味するのか，そんなことはどうでも良い。ただ一つ言えることは，キミは落第するか否かの当落線上にいる，ということだ。被告人席に着きたまえ」

「え，何でですか」

「『H』評価のキミに対して，これから最終的な口頭試問を実施させてもらうからだ。いいから早く言われたとおりにしたまえ」

　僕は，しぶしぶ被告人席に移動する。法壇に座るラミ先生は，右手に持った木槌を大きく振り上げて，カチカチと木槌を叩いてみせる。

「それでは，これより被告人に対する裁判を始める。審理を始める前に注意しておくが，キミに黙秘権はない。つまりキミはこの裁判を通じて終始黙ってお

くことはできないし，個々の質問について答えたくない質問でも答えなければ
ならない。ただし，キミがこの法廷で話すことは，キミに有利か不利かを問わ
ず，キミの成績評定の基礎となる。分かったかね？」

「そんな殺生な……」

「発言自体失当！　わかったかね？？」

「は，はい」

　反射的に僕は頷いてしまう。

「よろしい。では，最終評定の素材として，司法試験平成26年公法系第2問を
扱う。被告人席の上にある問題文を読みなさい」

■ 平成26年司法試験公法系科目第 2 問

　株式会社Aは，B県知事により採石法所定の登録を受けている採石業者であ
る。Aは，B県の区域にある岩石採取場（以下「本件採取場」という。）で岩石
を採取する計画を定め，採石法に基づき，B県知事に対し，採取計画の認可の申
請（以下「本件申請」という。）をした。Aの採取計画には，跡地防災措置（岩
石採取の跡地で岩石採取に起因する災害が発生することを防止するために必要な
措置をいう。以下同じ。）として，掘削面の緑化等の措置を行うことが定められ
ていた。

　B県知事は，B県採石法事務取扱要綱（以下「本件要綱」という。）において，
跡地防災措置が確実に行われるように，跡地防災措置に係る保証（以下「跡地防
災保証」という。）について定めている。本件要綱によれば，採石法による採取
計画の認可（以下「採石認可」という。）を申請する者は，跡地防災措置を，申
請者自身が行わない場合に，C組合が行う旨の保証書を，認可申請書に添付しな
ければならないものとされる。C組合は，B県で営業している大部分の採石業者
を組合員とする，法人格を有する事業協同組合であり，AもC組合の組合員で
ある。Aは，本件要綱に従って，C組合との間で保証契約（以下「本件保証契約」
という。）を締結し，その旨を記載した保証書を添付して，本件申請をしていた。
B県知事は，本件申請に対し，岩石採取の期間を5年として採石認可（以下「本
件認可」という。）をした。Aは，本件認可を受け，直ちに本件採取場での岩石
採取を開始した。

　しかし，Ａは，小規模な事業者の多いＢ県下の採石業者の中では突出して資本金の額や事業規模が大きく，経営状況の良好な会社であり，採取計画に定められた跡地防災措置を実現できるように資金を確保しているので，保証を受ける必要はないのではないか，また，保証を受けるとしても，他の採石業者から保証を受ければ十分であり，保証料が割高なＣ組合に保証料を支払い続ける必要はないのではないか，との疑問をもっていた。加えて，Ａは，Ｃ組合の運営に関してＣ組合の役員と事あるたびに対立していた。こうしたことから，Ａは，本件認可を受けるために仕方なく本件保証契約を締結したものの，当初から契約を継続する意思はなく，本件認可を受けた１か月後には，本件保証契約を解除した。

　これに対し，Ｂ県の担当職員は，Ａは採石業者の中では大規模な事業者の部類に入るとはいえ，大企業とまではいえないから，地元の事業者団体であるＣ組合の保証を受けることが必要であるとして，Ａに対し，Ｃ組合による保証を受けるよう指導した。しかし，Ａは，そもそもＣ組合による保証をＡに対する採石認可の要件とすることは違法であり，Ａは本件申請の際にＣ組合による保証を受ける必要はなかったと主張している。

　他方，本件採取場から下方に約10メートル離れた土地に，居住はしていないが森林を所有し，林業を営んでいるＤは，Ａによる跡地防災措置が確実に行われないおそれがあり，もし跡地防災措置が行われなければ，Ｄの所有する森林が土砂災害により被害を受けるおそれがあると考えた。そして，Ｄは，Ｂ県知事がＡに対し岩石の採取をやめさせる処分を行うようにさせる何らかの行政訴訟を提起することを検討していると，Ｂ県の担当職員に伝えた。

　Ｂ県の担当職員Ｅは，ＡがＣ組合から跡地防災保証を受けるように，引き続き指導していく方針であり，現時点で直ちにＡに対して岩石の採取をやめさせるために何らかの処分を行う必要はないと考えている。しかし，Ｄが行政訴訟を提起する構えを見せていることから，Ｂ県知事はＤが求めるようにＡに対して処分を行うことができるのか，Ｄは行政訴訟を適法に提起できるのか，また，Ａが主張するように，そもそもＣ組合による保証をＡに対する採石認可の要件とすることは違法なのか，検討しておく必要があると考えて，弁護士Ｆに助言を求めた。

　以下に示された【資料１　会議録】を読んだ上で，職員Ｅから依頼を受けた弁護士Ｆの立場に立って，次の設問に答えなさい。

　なお，採石法及び採石法施行規則の抜粋を【資料２　関係法令】に，本件要綱の抜粋を【資料３　Ｂ県採石法事務取扱要綱（抜粋）】に，それぞれ掲げてある

ので，適宜参照しなさい。

〔設問1〕

　Aは，採石認可申請の際にC組合による保証を受ける必要はなかったと主張している。仮にAが採石認可申請の際にC組合から保証を受けていなかった場合，B県知事がAに対し採石認可拒否処分をすることは適法か。採石法及び採石法施行規則の関係する規定の趣旨及び内容を検討し，本件要綱の関係する規定が法的にどのような性質及び効果をもつかを明らかにしながら答えなさい。

〔設問2〕

　B県知事は，Aに対し，岩石の採取をやめさせるために何らかの処分を行うことができるか。候補となる処分を複数挙げ，採石法の関係する規定を検討しながら答えなさい。解答に当たっては，〔設問1〕におけるB県知事の採石認可拒否処分は適法であるという考え方を前提にしなさい。

〔設問3〕

　Dが〔設問2〕で挙げられた処分をさせることを求める行政訴訟を提起した場合，当該訴えは適法か。行政事件訴訟法第3条第2項以下に列挙されている抗告訴訟として考えられる訴えの例を具体的に一つ挙げ，その訴えが訴訟要件を満たすか否かについて検討しなさい。なお，仮の救済は解答の対象から除く。

【資料1　会議録】

職　　員E：Aは，C組合による保証をAに対する採石認可の要件とすることは
　　　　　　違法であると主張しています。これまでは，採石認可申請が保証書の
　　　　　　添付なしに行われた場合も，指導すれば，採石業者はすぐにC組合
　　　　　　から保証書をとってきましたので，Aの言うような問題は詰めて考
　　　　　　えたことがないのです。しかし，これからAに指導を行う上では，
　　　　　　Aの主張に対して答える必要が出てきそうですので，検討していた
　　　　　　だけないでしょうか。

弁護士F：Aの主張については，Dによる行政訴訟に関して検討する前提として
　　　　　　も明らかにしておく必要がありますので，よく調べてお答えすること
　　　　　　にいたします。まずは採石法と採石法施行規則の関係規定から調べま
　　　　　　すが，B県では要綱も定めているのですね。

職　員Ｅ：はい。採石業は，骨材，建築・装飾用材料，工業用原料等として用いられる岩石を採取する事業ですが，岩石資源は単価が安く，また，輸送面での制約があるため，地場産業として全国各地に点在しており，小規模事業者の比率が高い点に特徴があります。ところが，跡地防災措置は多額の費用を必要とし，確実に行われないおそれがあります。そのような背景から，本件要綱は，採石認可の申請者はＣ組合の跡地防災保証を受けなければならないとし，保証書を採石認可申請の際の添付書類として規定しています。本件要綱のこうした規定によれば，Ｃ組合の保証を受けない者による採石認可申請を拒否できることは，当然のようにも思われるのですが。

弁護士Ｆ：御指摘の要綱の定めは，法律に基づく政省令等により，保証を許認可の要件として規定する場合とは，法的な意味が異なります。御指摘の本件要綱の規定が，採石法や採石法施行規則との関係でどのような法的性質をもち，どのような法的効果をもつか，私の方で検討しましょう。

職　員Ｅ：お願いします。

弁護士Ｆ：ところで，他の都道府県でも，本件要綱と同じように，特定の採石事業協同組合による保証を求めているのですか。

職　員Ｅ：その点は，都道府県によってまちまちです。保証人は申請者以外の複数の採石業者でもよいとしている県もありますし，跡地防災措置のための資金計画の提出を求めるのみで，保証を求めていない県もあります。しかし，Ｂ県では，跡地防災措置が適切になされない例が多く，跡地防災措置を確実に履行させるためには，地元のＣ組合による保証が必要と考えています。

弁護士Ｆ：なるほど。今までのお話を踏まえて，Ａからの反論も想定した上で，仮にＡがＣ組合による保証を受けずに採石認可申請をした場合，Ｂ県知事が申請を拒否することが適法といえるかどうか，まとめておきます。

職　員Ｅ：今後の私たちの採石認可業務にも参考になりますので，よろしくお願いします。

弁護士Ｆ：承知しました。ところで，Ｄが行政訴訟を起こそうとしていることも伺いました。Ｂ県としては，保証が必要と考えておられるのでしたら，Ａに対して何らかの処分をすることは考えておられないのです

　　　　　　か。

職　員Ｅ：Ａに対して保証を受けるように指導はしているのですが，今のとこ
　　　　　ろ，Ａの財務状況は良好で，岩石の採取をやめさせる処分を直ちに
　　　　　行う必要はないと考えています。それに，こんな事例は初めてで，ど
　　　　　のような処分が可能なのか，やはり詰めて考えたことがないのです。

弁護士Ｆ：そうですか。それでは，Ｄが求めているように，Ａに対し岩石の採取
　　　　　をやめさせる処分が可能なのか，検討しておく必要がありますね。Ｄ
　　　　　は，Ａの主張とは逆に，仮にＣ組合による跡地防災保証がなけれ
　　　　　ば，Ａからの採石認可申請は拒否すべきであったと主張するでしょ
　　　　　うから，こうした主張を前提にして考えてみます。検討の前提として
　　　　　伺いますが，認可されたＡの採取計画には，跡地防災保証について
　　　　　も記載されているのですか。

職　員Ｅ：採取計画には，法令上，跡地防災措置について記載する必要があると
　　　　　考えられ，Ａの採取計画にも，採取跡地について掘削面の緑化等の
　　　　　措置を行うことが記載されていますが，跡地防災保証については，法
　　　　　令上，採取計画に定める事項とはされておらず，Ａの採取計画にも
　　　　　記載されていません。跡地防災保証については，申請書に添付された
　　　　　保証書によって審査しています。しかし，採取計画と保証書とは一体
　　　　　であると考えていまして，保証によって跡地防災措置が確実に履行さ
　　　　　れることを前提として，採取計画を認可しています。

弁護士Ｆ：分かりました。今のお話を踏まえ，採石法の関係する規定に照らし
　　　　　て，Ａに対し岩石の採取をやめさせるために行うことのできる処分
　　　　　について，様々な可能性を検討してみます。

職　員Ｅ：お願いします。ただ，素朴に考えると，認可の審査の際に前提として
　　　　　いた保証がなくなってしまったわけですから，認可の取消しは，採石
　　　　　法の個々の規定にかかわらず当然できるように思うのですが，いかが
　　　　　でしょうか。

弁護士Ｆ：なるほど。まずは採石法の個々の規定を綿密に読む必要があります
　　　　　が，御指摘の点も検討しておく価値がありますね。

職　員Ｅ：お願いします。ところで，Ａに対して何らかの処分を行うことが可能
　　　　　だとしても，処分を行うか否かはＢ県知事が判断することだと思う
　　　　　のですが，Ｄが裁判で求めるようなことができるのですか。

弁護士Ｆ：Ｄがどのような訴えを起こすのか，現時点では確かではありません

が，法定抗告訴訟を提起する可能性が高いと思いますので，法定抗告訴訟として考えられる訴えの例を具体的に一つ想定し，Ｄの訴えが訴訟要件を満たすか否かについて，もちろん法令の関係する規定を踏まえて，検討しておきます。Ｄは，行政訴訟に併せて仮の救済も申し立ててくると思いますが，仮の救済の問題は，今回は検討せず，次の段階で検討することにします。

【資料 2　関係法令】

○　採石法（昭和25年12月20日法律第291号）（抜粋）

（目的）

第１条　この法律は，採石権の制度を創設し，岩石の採取の事業についてその事業を行なう者の登録，岩石の採取計画の認可その他の規制等を行ない，岩石の採取に伴う災害を防止し，岩石の採取の事業の健全な発達を図ることによって公共の福祉の増進に寄与することを目的とする。

（採取計画の認可）

第33条　採石業者は，岩石の採取を行なおうとするときは，当該岩石の採取を行なう場所（以下「岩石採取場」という。）ごとに採取計画を定め，当該岩石採取場の所在地を管轄する都道府県知事の認可を受けなければならない。

（採取計画に定めるべき事項）

第33条の２　前条の採取計画には，次に掲げる事項を定めなければならない。

一　岩石採取場の区域

二　採取をする岩石の種類及び数量並びにその採取の期間

三　岩石の採取の方法及び岩石の採取のための設備その他の施設に関する事項

四　岩石の採取に伴う災害の防止のための方法及び施設に関する事項

五　前各号に掲げるもののほか，経済産業省令で定める事項

（認可の申請）

第33条の３　第33条の認可を受けようとする採石業者は，次に掲げる事項を記載した申請書を都道府県知事に提出しなければならない。

一　氏名又は名称及び住所並びに法人にあつては，その代表者の氏名

二　登録の年月日及び登録番号

三　採取計画

2　前項の申請書には，岩石採取場及びその周辺の状況を示す図面その他の経済産業省令で定める書類を添付しなければならない。

（認可の基準）

第33条の4　都道府県知事は，第33条の認可の申請があつた場合において，当該申請に係る採取計画に基づいて行なう岩石の採取が他人に危害を及ぼし，公共の用に供する施設を損傷し，又は農業，林業若しくはその他の産業の利益を損じ，公共の福祉に反すると認めるときは，同条の認可をしてはならない。

（認可の条件）

第33条の7　第33条の認可（中略）には，条件を附することができる。

2　前項の条件は，認可に係る事項の確実な実施を図るため必要な最小限度のものに限り，かつ，認可を受ける者に不当な義務を課することとなるものであつてはならない。

（遵守義務）

第33条の8　第33条の認可を受けた採石業者は，当該認可に係る採取計画（中略）に従つて岩石の採取を行なわなければならない。

（認可の取消し等）

第33条の12　都道府県知事は，第33条の認可を受けた採石業者が次の各号の一に該当するときは，その認可を取り消し，又は六箇月以内の期間を定めてその認可に係る岩石採取場における岩石の採取の停止を命ずることができる。

　一　第33条の7第1項の条件に違反したとき。

　二　第33条の8の規定に違反したとき。

　三　（中略）次条第1項の規定による命令に違反したとき。

　四　不正の手段により第33条の認可を受けたとき。

（緊急措置命令等）

第33条の13　都道府県知事は，岩石の採取に伴う災害の防止のため緊急の必要があると認めるときは，採取計画についてその認可を受けた採石業者に対し，岩石の採取に伴う災害の防止のための必要な措置をとるべきこと又は岩石の採取を停止すべきことを命ずることができる。

2　都道府県知事は，（中略）第33条若しくは第33条の8の規定に違反して岩石の採取を行なつた者に対し，採取跡の崩壊防止施設の設置その他岩石の採取に伴う災害の防止のための必要な措置をとるべきことを命ずることができる。

第43条　次の各号の一に該当する者は，1年以下の懲役若しくは10万円以下の罰金に処し，又はこれを併科する。

　一　（略）

　二　（前略）　第33条の12，第33条の13第1項若しくは第2項又は（中略）の規

定による命令に違反した者

三　第33条又は第33条の 8 の規定に違反して岩石の採取を行なつた者

四　（略）

○　採石法施行規則（昭和26年 1 月31日通商産業省令第 6 号）（抜粋）

（採取計画に定めるべき事項）

第 8 条の14　法（注：採石法）第33条の 2 第 5 号の経済産業省令で定める事項は，次に掲げるとおりとする。

一　岩石の賦存の状況

二　採取をする岩石の用途

三　廃土又は廃石のたい積の方法

（認可の申請）

第 8 条の15　（略）

2　法第33条の 3 第 2 項の経済産業省令で定める書類は，次に掲げるとおりとする。

一　岩石採取場の位置を示す縮尺五万分の一の地図

二　岩石採取場及びその周辺の状況を示す図面

三　掘採に係る土地の実測平面図

四　掘採に係る土地の実測縦断面図及び実測横断面図に当該土地の計画地盤面を記載したもの

五　（略）

六　岩石採取場を管理する事務所の名称及び所在地，当該事務所の業務管理者の氏名並びに当該業務管理者が当該岩石採取場において認可採取計画に従つて岩石の採取及び災害の防止が行われるよう監督するための計画を記載した書面

七　岩石採取場で岩石の採取を行うことについて申請者が権原を有すること又は権原を取得する見込みが十分であることを示す書面

八　岩石の採取に係る行為に関し，他の行政庁の許可，認可その他の処分を受けることを必要とするときは，その処分を受けていることを示す書面又は受ける見込みに関する書面

九　岩石採取場からの岩石の搬出の方法及び当該岩石採取場から国道又は都道府県道にいたるまでの岩石の搬出の経路を記載した書面

十　採取跡における災害の防止のために必要な資金計画を記載した書面

十一　その他参考となる事項を記載した図面又は書面

【資料3　B県採石法事務取扱要綱（抜粋）】
第7条　法（注：採石法）第33条の認可を受けようとする採石業者は，法第33条の2第4号により採取計画に定められた跡地防災措置（岩石採取の跡地で岩石採取に起因する災害が発生することを防止するために必要な措置をいう。以下同じ。）につき，C組合を保証人として立てなければならない。
2　前項の保証人は，その保証に係る採石業者が破産等により跡地防災措置を行わない場合に，その採石業者に代わって跡地防災措置を行うものとする。
第8条　採取計画の認可を受けようとする採石業者は，法第33条の3第1項の申請書に，法施行規則第8条の15　第2項第11号の図面又は書面として，次に掲げる書類を添付しなければならない。
一　第7条の保証人を立てていることを証する書面
二～五　（略）

「問題文を読んだな。それでは設問1からいこう。仮にAが採石認可申請の際にC組合から保証を受けていなかった場合，B県知事がAに対し採石認可拒否処分をすることは適法か。さあ，答えたまえ」

　なんと雑なソクラテス・メソッドによる質問なんだ。
「ええっとですね……。採石法（以下「法」という。）1条によると，採石権は法による創設的権利ですし，採石基準の33条の4では『他人に危害』，『産業の利益』，『公共の福祉』などの不確定概念を用いていることから採石認可処分には広範な行政裁量が認められます。そのため，裁量権逸脱・濫用（行訴法30条）の場合，具体的には，全くの事実の基礎を欠き，又は社会通念上著しく妥当性を欠く場合には，違法になります（判例0-1　マクリーン事件・最大判昭和53年10月4日民集32巻7号1223頁）。つまり，いわゆる社会通念審査（マクリーン基準）に基づいて判断していきます。設問1ではC組合から保証を受けていない事実が認められますので事実の基礎を欠くことはありませんし，このような事実の基礎の上で採石認可拒否処分をすることに社会観念上著しく妥当性を欠くとまで言える事情がありません。よって，採石認可拒否処分は適法です」

「主張自体失当！」

　カチカチとラミ先生は，木槌を叩く。

「え，何がいけないのですか」

「まず，採石認可拒否処分の処分根拠法規は何条だ？」

「……ええと，法33条の４ですね」

「法33条の４に書かれている処分要件は？」

「要件と言われると……法33条の４には『都道府県知事は，第33条の認可の申請があつた場合において，当該申請に係る採取計画に基づいて行なう岩石の採取が他人に危害を及ぼし，公共の用に供する施設を損傷し，又は農業，林業若しくはその他の産業の利益を損じ，公共の福祉に反すると認めるときは，同条の認可をしてはならない』と書いてありますが……」

「キミはまず条文が読めていない。法33条の４をリーガルな観点から法律要件と法律効果に分析できることが第一関門だ。法33条の４からは，『都道府県知事』という主体要件，『第33条の認可の申請があつた場合』という手続要件が共通の要件として要求されている。そして，『A，B又はC』という法文があった場合，法制執務用語のルールによればAとBとCは並列的な関係にあるとされるので，法文の文理解釈からすると，同条の実体的な不認可事由は，①他人に危害を及ぼすこと，②公共の用に供する施設を損傷すること，③農業，林業若しくはその他の産業の利益を損じることのいずれかの事由が認められ，かつ，④それが公共の福祉に反すると認められることとなる[*1]。すなわち，（① or ② or ③）and ④というように各要件を読むのが第一歩だ。これらの要件が充足された場合，採石認可処分禁止の法律効果が発動し，採石認可拒否処分をすることになる」

　言われてみれば当たり前だが，処分根拠法規の条文がどんな要件・効果を定めているかをよく考えたことがなかったな。

「『他人に危害を及ぼし』とは，その文言上，他者の生命・身体を害する場合であると解される[*2]。D 所有の土地（以下「本件土地」という。）にD は居住しておらず，本件土地に人が立ち入る可能性や危険性については問題文中に記載がないので，『他人に危害を及ぼし』の要件を満たさない。『公共の用に供する施設を損傷し』に該当する事情は問題文にない。そうすると，本問では，D の林業

上の利益を害するとして『林業……の利益を損じ』，これにより『公共の福祉に反する』場合に該当するかが問題になるのだろうな」

「その文言のあてはめは色々とありうるのではないでしょうか。跡地防災保証までしなければ土砂災害のおそれがあると考えられますので，『林業……の利益を損じ』ると考えることはできます。他方で，Ａの主張するようにＡのような会社であれば採取計画の中で定められた跡地防災措置を自身で実現できるのであれば，『林業……の利益を損じ』ることはない，とも言えます[*3]」

「『林業……の利益を損じ』るという要件にあてはめを行うのは，誰かね？　キミかね？」

「え？　問題を解く場合には受験生である私があてはめて，実際の裁判であれば裁判官が法33条の４の文言のあてはめを行うのではないでしょうか」

「果たして本当にそう断言できるかね。そのように判断者によってあてはめが区々に分かれてしまう原因は，『林業……の利益を損じ』るや『公共の福祉に反する』という要件が抽象的・規範的なものだからだろう。またこのように抽象的・規範的な文言とされている趣旨は各地域の地域的実情[*4]に通じた都道府県知事の裁量に委ねる趣旨であること，法33条の７第１項が条件（附款）を付すことができるとしていることから，裁量性を推認できる[*5]。よって『林業……の利益を損じ』るなどの要件には要件裁量が認められ，その文言のあてはめは第一次的には都道府県知事が行うことになり，司法権は裁量権の逸脱・濫用の場合に限り違法判断をして介入できるにとどまるのではないかね（行訴法30条）[*6]。キミは最初に法33条の４の文言を意識することなく，ざっくりと裁量権逸脱・濫用の有無を検討するとしていたが，裁量処分に関して，学説では事実認定，要件の認定，手続の選択，行為の選択，時の選択の各場面を分節する裁量のステージ論[*7]が唱えられているのは知っているな。本問でも裁量の所在を明確に特定することが必要だ」

「なるほど。そうすると本問ではＢ県知事が跡地防災保証がなければ『林業……の利益を損じ』ると考えている以上，よほどの要件裁量の逸脱・濫用がなければ，適法ということですね」

　ラミ先生は盛大にため息をつく。

「主張自体短絡。そもそも，跡地防災保証は，本問ではどのような根拠で要求

されているのだね。設問１では『採石法及び採石法施行規則の関係する規定の趣旨及び内容を検討』するように問題を解くための誘導が存在するな。Ｂ県知事の目線から，法及び法施行規則の内容を整理すると，①採石計画認可申請に対して法33条の４の『林業……の利益を損じ』るや『公共の福祉に反する』という処分要件を審査し，当該処分要件には本件要綱７条の跡地防災保証がなされていることが含まれていること，②①の跡地防災保証の有無を審査するために法33条の３第２項・法施行規則８条の15第２項11号・本件要綱８条により保証人に関する書面を要求することで処分要件該当性を審査すること，となるな」

　条文がごちゃごちゃしてわかりにくいが，確かに条文構造を読み解いてみると，そうなる。

「ここで問題なのは，法33条の４の『林業……の利益を損じ』るなどの処分要件の審査の中に本件要綱７条の跡地防災保証がなされていることを含めて良いか，だな。さきほど検討したとおり法の趣旨に照らして採石計画認可申請に対する認可処分の際に『林業……の利益を損じ』るなどの要件に要件裁量が認められるとすれば，跡地防災保証を要求する本件要綱７条は『法的にどのような性質及び効果をもつ』かな？　問題文の誘導に乗っていくことが重要だ」

「本件要綱は『申請により求められた許認可等をするかどうかをその法令の定めに従って判断するために必要とされる基準』なので，行政手続法２条８号ロの『審査基準』に該当すると思います」

「行政手続法の規定でいえば，そうだ。ただ行政法総論でいうと，どうかな。本件要綱は『行政基準』とか『行政立法』と呼ばれるものに該当するな。『行政基準』は国民の権利義務に関わる法規たる性質を有する法規命令と，法規たる性質を有しない行政組織内部での内部的効力を有するに過ぎない行政規則が存在するな。法規命令は行政の外部である国民に対する効力をもつ点で外部法と呼ばれ，内部的効果しか有しない行政規則は内部法とも呼ばれるな。法規命令と行政規則には，さらに様々なものがあり，図にすると次のようなものがある」

　ラミ先生がカンカンと木槌を叩くと，法壇の両脇に巨大なスクリーンが降りてきて，画像が映し出される。

図　行政基準の種類

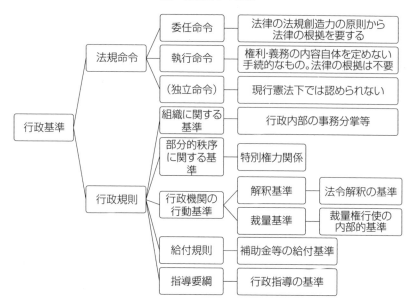

「まず本件要綱は，法規命令かね？　行政規則かね？」

「本件要綱7条が跡地防災保証の義務を採石業者に対して課していると考えた場合，国民に関する権利義務に関する規範となりますから，法規命令に該当するのではないでしょうか」

「もしそう考えてしまうと，委任規定がないので本件要綱7条は法律の根拠なく法33条の4以外の義務を課すものであって，違法となってしまうな。これに対して，法33条の4の『林業……の利益を損じ』るなどの要件に要件裁量があることを前提として，本件要綱7条は跡地防災保証がなされなければ林業利益等を害する蓋然性があることに着目して要件裁量の行使を規律した裁量基準と考えると，どうなるかね？」

「その考え方の場合には，本件要綱7条を適用することができるので，適法に採石認可拒否処分ができそうですね」

「発言自体失格！　キミは本当に短絡だな。本件要綱の関係規定が『法的にどのような性質及び効果をもつ』かという問題文の誘導にもっと正面から取り組

まなければいかん。本件要綱7条が裁量基準という『性質』を有しているとすれば，行政機関の内部的な『効果』しか有さないことになり，裁量基準の充足・不充足の判断は原則的に処分の適法・違法と無関係と整理されることになるな（判例0-2　マクリーン事件・最大判昭和53年10月4日民集32巻7号1223頁）。しかし，裁量基準に従った処分をする場合でも，裁量基準の合理性及び裁量基準の適用の合理性が司法審査され，その結果として裁量権逸脱・濫用とされることはあるな（判例0-3　伊方原発訴訟・最判平成4年10月29日民集46巻7号1174頁）。例えば，裁量基準の設定段階では根拠法令の目的，比例原則，平等原則等との適合性を立法事実も考慮しつつ審査し，裁量基準の適用段階では重大な事実誤認の有無等を審査することが考えられよう。[*8] また，裁量基準の適用段階では，学説では『個別事情考慮義務』[*9] があるとする見解も強いな。この規範から本問を考えていくと，まず，裁量基準設定段階の合理性はどうかな？」

「資料1の会議録にその議論がありましたね……確か，特定の採石事業協同組合による保証を求めるか否かは都道府県によってまちまちで，保証人は申請者以外の複数の採石業者でもよいとしている県もありますし，跡地防災措置のための資金計画の提出を求めるのみで保証を求めていない県もあります。ですが，B県では，跡地防災措置が適切になされない例が多く，跡地防災措置を確実に履行させるためには，地元のC組合による保証が必要だということでした。そうすると，B県における立法事実を踏まえれば，岩石採取に伴う災害防止（法1条参照）という法目的との関係においても跡地防災措置のみならず当該措置を確実に履行させるための跡地防災保証が必要という裁量基準を定めることに合理的関連性があり，裁量基準自体の合理性が認められそうです」

「そうだな。では次に，裁量基準の適用段階についてみると，本件要綱7条を機械的・形式的にAに対して適用することは合理的と言えるかな？」

「資本金の額・事業規模が大きく経営状況が良好なAの場合，採取計画に定められた跡地防災措置を実現できるように資金を確保しているので保証を受ける必要はないのではないか，また，保証を受けるとしても他の採石業者から保証を受ければ十分であり，保証料が割高なC組合に保証料を支払い続ける必要はないのではないか，とAは主張しています。このようなAの個別事情を考慮すれば，Aに対して機械的・形式的に跡地防災保証を要求する合理性はな

いとの議論が可能です」

「そうだな。さらにその論証にリーガルさを持たせるには，跡地防災保証がなくても採取計画の中で定められている跡地防災措置を実施できれば災害防止目的として十分であり（法33条の2第4号），跡地防災措置のために必要な資金計画書面を提出することとされていることから資金面での裏付けもあり（法33条の3第2項・法施行規則8条の15第2項10号），認可された採石業者には採取計画の遵守義務（法33条の8）が存在し，当該遵守義務は認可取消し等（法33条の12第2号）などにより義務履行確保措置がなされているという法の仕組みから跡地防災措置の計画内容は要考慮事項であり，Aの計画を考慮しないことは要考慮事項の不考慮又は考慮不尽である，などと言うと法律家的だな。このように本案上の主張に関する当事者の生の主張を処分根拠法規の関連規定の仕組みを参照して法律の言葉に『翻訳』することが重要だ（本案論における仕組み解釈については，ラミ先生のワンポイントアドバイス⑤参照）」

　問題文ではべったりとした事実しか記載されていないが，確かに，そのように条文に則して言い分を構成できると，法的に客観的な議論にみえる。

「以上を前提に，問題文に端的に答える必要があるな。問題文を分析すると，①『B県知事がAに対し採石認可拒否処分をすることは適法か』について，②『採石法及び採石法施行規則の関係する規定の趣旨及び内容を検討』し，『本件要綱の関係する規定が法的にどのような性質及び効果をもつかを明らか』にしながら，答える必要がある。この①，②に即して，今までの議論をまとめると，例えば，①採石認可拒否処分は違法である（結論），②法33条の4の趣旨及び内容を検討すると『林業……の利益を損じ』るという処分要件は抽象的・規範的であって地域的実情の考慮の必要性などを踏まえると要件裁量を認める趣旨であり（裁量性の認定），本件要綱7条は『林業……の利益を損じ』るという処分要件の裁量基準に該当し（裁量基準該当性の認定），裁量基準は法規性を有しない行政規則という性質を有し，原則として処分の適法性・違法性に関わらないが，裁量基準の合理性及び裁量基準の適用の合理性を司法審査した結果として採石認可拒否処分が違法になる余地がある（裁量基準における二段階の審査）。本問では裁量基準の合理性自体は認められるが（裁量基準設定段階の合理性），経営良好等の事情を有するAに機械的に裁量基準を適用することは違法

である（裁量基準適用段階の合理性），などと議論を立てると良いな」

　なるほど，設問１の問題文の誘導に乗るだけで起案の骨格ができそうだ。

「次に設問２にいくぞ。岩石の採取をＡにやめさせるためにＢ県知事が採りうる処分として，①採石認可の取消又は採取停止命令（法33条の12），②緊急措置命令（法33条の13第１項），③明文なき採石認可処分の撤回の３つがありうるな。①の処分は採りうるかな」

「まず，跡地防災保証は採取計画に定めるべき事項とはされていないものの，保証を前提として採取計画が認可されています。そこで，保証契約の継続が認可の『条件』（法33条の７第１項）に該当し，本件保証契約の解除は条件違反であるとして認可取消し又は採取停止命令をすることができるのではないでしょうか。また，本件保証契約の継続が『採取計画』（法33条の８）に含まれるとした場合，本件保証契約の解除は採取計画の遵守義務違反であって，認可取消し又は採取停止命令をすることができるのではないでしょうか」

「法33条の７第１項の『条件』は，行政法上のいわゆる負担（主たる意思表示に付随して，行政行為の相手方に対し特別の義務を命ずる意思表示）をいうな。本問の場合には，採石認可という主たる意思表示に付随して本件保証契約の解除をしてはならない特別の義務を命じたかが問題になるが，命令書に明示的な負担の記載はありそうかな？」

「いや，それはないのではないでしょうか」

「では，本件保証契約の解除は採取計画の遵守義務違反というが，跡地防災措置については採取計画に記載はあるものの跡地防災保証については記載がない状況で，遵守義務違反を言えるのかな？」

「そこは採取計画と保証書は一体的であるという職員Ｅの主張がありますので……」

「いずれにしても処分が違法とされる法的リスクは残りそうだな。法33条の12第４号の『不正の手段により第33条の認可を受けたとき』には該当するかな？」

「Ａは，本件認可を受けるために仕方なく本件保証契約を締結したものの，当初から契約を継続する意思はなく，本件認可を受けた１か月後には，本件保証契約を解除した，ということで，かなり不誠実だと思います」

「確かに，問題文からすると，認可を通すためだけに書類添付をしているだけ

とも言え，かなりの不誠実さがあるが，ルール違反は犯していない。それを『不正の手段』と言い切れるかという点で，やはり処分が違法とされる法的リスクが相当程度ありそうだ。②緊急措置命令はどうか？」

「跡地災害保証がなされていなければ災害の危険が発生しますので，『岩石の採取に伴う災害の防止のため緊急の必要』があり，岩石の採取停止命令を出すことができるのではないでしょうか」

「しかし，Ａは問題文にもあるとおり自ら跡地防災措置をなしうる事業者であり，台風等の自然災害が迫っている状況でもないのに，緊急の必要性は認められるかな？[*10]　やはりこの手段も相当の法的リスクがあるな。そうすると，職員Ｅが『素朴に考えると，認可の審査の際に前提としていた保証がなくなってしまったわけですから，認可の取消しは，採石法の個々の規定にかかわらず当然できるように思う』という意見の妥当性が真剣味を帯びているな。これが③明文なき行政行為の撤回の論点だ。行政行為の撤回は，行政行為の成立時に瑕疵はないが，事後的事情によりその法律行為を存続させることが妥当でないとされた場合に，この法律関係を消滅させる行政行為を言う。行政行為の撤回については，法令上の根拠のない撤回の可否と撤回権制限の法理の2つの論点を検討しておく必要があるな」

「授益的行政行為の撤回は相手方の権利利益を剥奪するものであるため法律の留保の原則により法律上の根拠が必要であるとする見解もありますが，相手方の違法行為や許認可等の要件事実の事後的消滅を理由とする場合には，明文がなくとも，許認可等の根拠規定自体が撤回を許容する趣旨だと考えます。[*11]もっとも，授益的行政行為の撤回は相手方の信頼を害し不利益を及ぼしますので，相手方の不利益を上回る公益上の必要性があることが必要とされると思います」[*12]

「そうだな。近年では，明文なき行政行為についてまったく法律上の根拠を求めないわけではなく，『撤回は受益的行政行為がその構成要素の一つとなっている免許制，許可制等の法的仕組みの構成要素の一つ』と考えて『具体の撤回について個別の法律の根拠は必要ではなく，免許，許可等の授権法律で足りる』としつつ，『法的安定性，既得権の保護』は撤回権制限の局面で考慮すれば足りると解した上で，『処分要件の事後的消滅』のようなケースでは撤回を

可能とする傾向にあるな。[*13]このような仕組み解釈を強調した行政行為の撤回論を採用した場合，採石認可撤回処分そのものの法令上の根拠はないものの，法33条以下の採石認可の授権法律があれば足りると解釈でき，採石認可の処分要件を定める法33条の4の処分要件が事後的に消滅した場合には撤回権を行使できる，と解釈できる。ここで設問2では，設問1における『B県知事の採石認可拒否処分は適法であるという考え方を前提』にするという問題文の指示があるので，跡地防災保証は法33条の4の『林業……の利益を損じ』るという処分要件判断の考慮要素を構成している前提となり，本件保証契約の解除を行えば，法33条の4の『林業……の利益を損じ』るという要件該当性が認可当時は存在しなかったが，現時点では存在することになる。すなわち，採石認可処分をするための要件事実が事後的に消滅したケースと捉えられる。そして，Aは自ら本件保証契約を解除しているためAの信頼の要保護性は低い一方で，災害防止による一般市民の生命，身体保護という公益上の必要性は高く，撤回権を制限すべきではない。よって，本問では，採石認可処分の撤回が可能と結論づけられるな」

　なるほど。そう考えていけば良いのか。

「さて，最後の設問3に移ろうか。まず問題文には『Dが〔設問2〕で挙げられた処分をさせることを求める行政訴訟を提起した場合，当該訴えは適法か』とあるが，どの処分をさせることを求めるのかね？」

「設問2の検討結果に依存すると思いますが，明文なき採石認可撤回処分を求めることになると思います」

「そうだな。設問2で，採石認可の取消又は採取停止命令（法33条の12）や緊急措置命令（法33条の13第1項）ができるとした場合にはこれらも併せて求めていくことになるだろうが，求める措置が多くなる分，訴訟要件や本案勝訴要件の検討事項も多くなってしまうので，注意が必要だな。ここでは明文なき採石認可撤回処分を求めることだけを考えてみよう。どの抗告訴訟を提起する？」

「非申請型義務付け訴訟（行訴法3条6項1号）です」

「代表的な固有の訴訟要件は？」

「処分の『一定』性（行訴法37条の2第1項），重大な損害（同項），補充性（同項），原告適格（同法37条の2第3項・第4項）などです」

「処分の『一定』性に関しては，採石認可撤回処分と処分を１つに特定した場合には問題なく充足するな。『重大な損害』を判断するに当たっては『損害の回復の困難の程度』を『考慮』するものとし，『損害の性質及び程度並びに処分の内容及び性質』をも『勘案』するものとされているな（同法37条の２第２項）」

「Ｄの所有する森林が土砂災害により被害を受けるおそれがありますので，『重大な損害』があるといえるのではないでしょうか」

「そういう生の主張をしても素人的に見えてしまう。解釈準則に基づいた検討が必要だな。『損害の回復の困難の程度』を『考慮』する観点からは，生命・身体や名誉・プライバシー権等の人格的利益の侵害についてはその損害の性質上回復の困難の程度は大きいが，事後的な金銭賠償により救済可能な財産的損害については重大な損害が認められにくい。[*14]この観点から生命・身体被害ではなく財産的被害を主張しているＤについて『重大な損害』が発生しないという議論も可能であろう。他方で，損害の性質において損害の回復の困難の程度が著しいと認められない場合でも，損害の程度が極めて著しいために重大な損害と判断できる場合がある。例えば，営業の完全な破綻まではしないが，通常の営業に回復するまでに重大な損害が起こりうる場合などが想定される。[*15]本問の場合，Ｄは林業を営んでいることから，土砂災害が起きれば，通常の営業に回復するまでに重大な損害を受けるともいえる。このように考えれば，『重大な損害』は肯定できる。補充性はどうかね？」

「設問２で検討したとおり撤回以外の有効な行政手法は使えませんし，現時点で他の有効な訴訟を提起するなどの方法もありませんので，『その損害を避けるため他に適当な方法がないとき』に該当します」

「問題は原告適格──行訴法37条の２第３項の『法律上の利益を有する者』に処分の名宛人ではないＤが該当するかだな。リーディングケースは？」

「非申請型義務付け訴訟の原告適格は，取消訴訟の原告適格と同様に解釈されています。[*16]小田急線高架化訴訟（判例０-４　最大判平成17年12月７日民集59巻10号2645頁）は，①『法律上の利益を有する者』とは，当該処分により自己の権利若しくは法律上保護された利益を侵害され，又は必然的に侵害されるおそれのある者をいう，②当該処分を定めた行政法規が，不特定多数者の具体的利益を専ら一般的公益の中に吸収解消させるにとどめず，それが帰属する個々人の個

別的利益としてもこれを保護すべきものとする趣旨を含むと解される場合には，このような利益もここにいう法律上保護された利益に当たる，③処分の相手方以外の者について上記の法律上保護された利益の有無を判断するに当たっては，当該処分の根拠となる法令の規定の文言のみによることなく，当該法令の趣旨及び目的並びに当該処分において考慮されるべき利益の内容及び性質を考慮し，この場合において，当該法令の趣旨及び目的を考慮するに当たっては，当該法令と目的を共通にする関係法令があるときはその趣旨及び目的をも参酌し，当該利益の内容及び性質を考慮するに当たっては，当該処分がその根拠となる法令に違反してされた場合に害されることとなる利益の内容及び性質並びにこれが害される態様及び程度をも勘案すべき（行訴法 9 条 2 項参照），としました」

「そうだな。判例の立場は，法律上保護された利益説というが，これは別名で処分要件説とも呼ばれるように，処分要件の解釈が何よりも重要だ。本問は何の処分が問題になっている？」

「えーっと，法33条の 4 に基づく採石認可処分です」

「本当にそうか？　非申請型義務付け訴訟で求める行政処分だぞ？」

「あっ，採石認可撤回処分……の義務付けです」

「そうだな。そうすると，原告適格の判断に当たっては，採石認可処分ではなく，採石認可撤回処分の処分根拠法規が何かが問題だな[*17]」

「でも，採石認可撤回処分は明文なき行政行為の撤回なので，処分根拠法規がそもそも存在しないのではないでしょうか……」

「確かに，そういう悩みが発生しそうだ。ただ仕組み解釈を強調した行政行為の撤回論を採用した場合には，法の定める採石認可の仕組みそのものに採石認可撤回処分の根拠を求めていき，法33条の 4 の処分要件の裏返しとして，法33条の 4 の『林業……の利益を損じ』るという処分要件に関する要件事実が事後的に消滅したことを理由に，採石認可撤回処分を認めたはずだ。そうすると，原告適格の判断に当たっても，法33条の 4 の『林業……の利益を損じ』るという処分要件の解釈問題に引き直すことができるのではないだろうか。この処分要件の『法令の趣旨及び目的』（行訴法37条の 2 第 4 項・ 9 条 2 項）は何かね？」

「林業の利益を保護する趣旨・目的です」

「そうだ。ここで，問題となっている法33条の4は『農業，林業若しくはその他の産業の利益』という文言を用いていて，『林業』は『農業』や『産業』と並んでいることから，そこで保護しようとしている林業の利益は個々人の財産的利益としての林業の利益ではなく公益的な産業保護の見地ではないか，という疑問が生じる。また，『利益の内容及び性質』（行訴法37条の2第4項・9条2項）の観点からも，生命・身体に対する著しい被害はなく，財産的利益の損害にとどまっている。このように考えると，原告適格を肯定することは難しい，と考えることになる」

「でも，総合設計許可事件（判例0-5　最判平成14年1月22日民集56巻1号46頁）は，総合設計許可（建築基準法59条の2第1項）について『当該建築物の倒壊，炎上等による被害が直接的に及ぶことが想定される周辺の一定範囲の地域に存する他の建築物についてその居住者の生命，身体の安全等及び財産としてのその建築物を，個々人の個別的利益としても保護すべきものとする趣旨を含む』とし，『総合設計許可に係る建築物の倒壊，炎上等により直接的な被害を受けることが予想される範囲の地域に存する建築物に居住し又はこれを所有する者』の原告適格を認めましたよね。財産的利益でも原告適格が認められる余地はあるのではないですか？」

「確かに，その判例に基づいて原告適格を肯定する筋を書くことは考えられるな。法1条が災害防止目的を掲げていることから，法33条の4は災害により損害を受ける林業の利益を個別的に保護する趣旨と考えることができれば，災害により直接的な被害を受ける者の原告適格を肯定しうる。本件土地は本件採取場から下方約10メートルにあり，Dの林業の利益は直接的被害を受けうるため，Dの原告適格は肯定できるな。他方で，林地開発許可事件（判例0-6　最判平成13年3月13日民集55巻2号283頁）は，森林法10条の2に基づく林地開発許可について『周辺土地の所有権等の財産権までを個々人の個別的利益として保護すべきものとする趣旨を含むことを読み取ることは困難』であるなどの理由から，開発区域内又はその周辺に所在する土地上の立木所有者や農業を営んでいる者の原告適格を否定している。林地開発許可（森林法10条の2）と異なり総合設計許可のケースが所有権者の原告適格を認めているのは，建築基準法1条が『国民の生命，健康』のほかに『財産』保護を明示的に掲げていることも大

きい。法1条を見ると，『岩石の採取の事業の健全な発達を図ることによつて公共の福祉の増進に寄与することを目的』としていると記載しており，個人の財産保護の趣旨まで読み取れないと判断される可能性もあるな」

「な，なるほどですね」

「ハァ」とラミ先生は，深いため息をつく。「やっぱりキミの『H』評定は覆らんな。誠に遺憾であるが……判決を下す」

「えっ」

　もしかして留年の危機ですか！？

「主文。被告人を『ロー獄送りの刑』に処す」

　ラミ先生は，情け容赦なく，木槌をカンカンと叩く。

　すると，僕が立っていた被告人席の床が，ガタンと音を立てて開き，僕はあっという間に暗闇の中に吸い込まれてしまうのであった。

■ 平成26年司法試験解答例

第1　設問1
 1　採石認可拒否処分（以下「本件処分」という。）が適法といえるためには，採石法（以下「法」という。）33条の4の処分要件を充足する必要がある。

　まずD所有の土地（以下「本件土地」という。）にDは居住しておらず，本件土地に人が立ち入る可能性や危険性も指摘されていないので，「他人に危害を及ぼし」の要件を満たさない。また，「公共の用に供する施設を損傷し」に該当する事情は問題文にない。

　それでは，本件採取場の約10メートル下方にDが林業を営む土地があることから跡地災害保証がなされなければ「林業」の「利益」を害するおそれがあるとして，本件処分をなしうるか。「林業……の利益を損じ」るや「公共の福祉に反する」（法33条の4）という処分要件の判断の際に本件要綱7条の跡地防災保証の有無を考慮して良いかが問題となる。
 2　「林業……の利益を損じ」るや「公共の福祉に反する」という処分要件は抽象的・規範的であって，跡地防災措置や跡地防災保証の要否は各地方自治体ごとにまちまちであるため地域的実情を考慮して各都道府県知事が判断する必要性が強く，条件（附款。法33条の7第1項）を付すことができることからも，同要件は要件裁量を認める趣旨である。

よって，本件要綱7条は「林業……の利益を損じ」るや「公共の福祉に反する」という要件裁量を規律するルールであって裁量基準の性質を有する(行政手続法2条8号ロ参照)。

3　裁量基準は行政内部での内部的効力を有するにとどまる行政規則であり，裁量基準の充足・不充足は原則として本件処分の適法性に影響を及ぼさない。もっとも，裁量基準が不合理であり，又は，裁量基準のあてはめに不合理性があれば，社会通念上著しく妥当性を欠く処分として違法である（行政事件訴訟法〔以下「行訴法」という。〕30条）。

4(1)　確かに，採石事業協同組合による跡地防災保証の要否は都道府県によりまちまちであり，保証人は申請者以外の複数の採石業者でもよいとしている県もあり，跡地防災措置のための資金計画の提出を求めるのみで保証を求めていない県もある。しかし，B県では，跡地防災措置が適切になされない例が多く，跡地防災措置を確実に履行させるためには，地元のC組合による保証が必要だという立法事実がある。

よって，岩石採取に伴う災害防止（法1条参照）という法目的との関係で跡地防災保証が必要という裁量基準を定めることに合理的関連性があり，裁量基準自体の合理性は認められる。

(2)　もっとも，資本金の額・事業規模が大きく経営状況が良好なAの場合，採取計画の中で定められた跡地防災措置を遵守すれば十分であり（法33条の2第4号），当該措置のために必要な資金計画書面の提出を要し（法33条の3第2項・法施行規則8条の15第2項10号），当該計画の遵守義務（法33条の8）が存在すること，当該遵守義務は認可取消し等（法33条の12第2号）などにより義務履行確保措置がなされていることからすれば，採取計画に定められた跡地防災措置を実現できるように資金を確保していれば保証を受ける必要はない。また，保証を受けるとしても他の採石業者から保証を受ければ十分である。

5　よって，Aの跡地防災措置に関する個別事情の不考慮又は考慮不尽により，本件処分は社会通念上著しく妥当性を欠き，違法である。

第2　設問2

1　採取計画とC組合保証書の一体性からすればAのC組合との保証契約の解除は採取計画の遵守義務（法33条の8）違反であり，法33条の12第2号に該当し，認可取消し又は採取停止命令をなしうるとの見解が想定しうる。しかし，法33条の12に基づく命令違反には刑罰が科されるため（法43条2号），その構成要件の明確性が厳格に要求される。そして，跡地防災保証は法令上，採取計画に定める事項とされておらず，Aの採取計画にも記載されてい

ない。そうすると，採取計画とＣ組合保証書はあくまでも別個のもので
あって，Ａに採取計画の遵守義務（法33条の８）違反はない。

2　また，Ａの経営状態は良好であり，台風等の災害も迫っていないので，
「緊急の必要」がなく，Ｂ県知事は緊急措置命令（法33条の13第１項）もで
きない。

3(1)　そこで，Ｂ県知事は，明文がないが本件認可を撤回することが考えられ
る。授益的行政行為の撤回は相手方の権利利益を剥奪するために法律の留
保原則により法律上の根拠が必要とも思える。しかし，当初の本件認可で
充足されていた要件事実が事後的に消滅した場合には，採石許可制を定め
る法33条及び同条33条の４の趣旨に違反する事態となるため，このような
場合には原則として明文がなくても撤回を許容すべきである。本件保証契
約の存在は本件認可の要件事実を構成していたものであるので，本件保証
契約解除により事後的にこの要件事実が消滅している。

(2)　また，Ａは自ら本件保証契約を解除しておりＡの信頼の要保護性は低
い一方で，災害防止による一般市民の生命，身体保護という公益上の必要
性は強い。

(3)　よって，Ｂ県知事は，本件認可を撤回できる。

第3　設問3

1　Ｄは，本件認可の撤回を求める非申請型義務付け訴訟（行訴法３条６項１
号）を提起しうるため，以下，当該訴訟の訴訟要件を満たすかを検討する。

2　Ｄは撤回がなされなければ自己の森林が土砂災害により被害を受けるおそ
れがある。これは基本的には財産権侵害ではあるものの，土砂災害が起きる
ときはＡの経営状態が悪化して跡地防災保証を履行しうる者がいなくなっ
たときのことであるから，この「損害の回復の困難の程度」を考慮すると「重
大な損害を生ずるおそれ」（同法37条の２第１項・同２項）がある。

3　設問２で検討したとおり，他の行政手法は本件では用いることはできない
ので，「損害を避けるため他に適当な方法がないとき」（同条１項）に該当す
る。

4(1)　最後に採石認可撤回処分の名宛人ではないＤが「法律上の利益を有す
る者」（同条３項）に該当するかが問題となる。「法律上の利益を有する者」
とは，当該処分により自己の権利若しくは法律上保護された利益を侵害さ
れ，又は必然的に侵害されるおそれのある者をいい，処分根拠法規が専ら
一般的公益の中に吸収解消できない個別的利益を保護する趣旨を含む場合
には，原告適格を肯定できる（行訴法37条の３第４項・同９条２項列挙の
考慮要素参照）。

(2)　法33条の4が「林業……の利益を損じ」る場合を採石認可拒否処分の要件としていることから，Dの林業上の利益を個別的利益として保障する「趣旨及び目的」が窺える。また，害される「利益の内容及び性質」を見ると，害されるのはDの財産権であって生命身体の利益のような優越的法益ではないが，土砂災害が起これば Dは林業をすることが完全に不可能となるので，このような利益侵害の「態様及び程度」をも考慮すれば，土砂災害により損害を被る範囲内（本件採取場から約10メートル）で林業を行うDは「法律上の利益を有する者」に該当する。

したがって，訴訟要件は満たされる。

以上

＊1　この法33条の4の文理解釈を示すものとして，公害調整委員会平成19年5月8日裁定判タ1244号335頁。

＊2　資源エネルギー庁長官官房鉱業課編『逐条解説採石法』（ぎょうせい，2000年）191頁。なお，本文では「他人に危害を及ぼし」という要件の該当性を否定する筋を採用しているが，本件土地にD等が立入る可能性を考慮して当該要件の該当性を肯定する筋も考えられる。もっとも，問題文に存在しない事実を付加して論じる必要があること，仮にこのような事実があった場合でも生命・身体を害する具体的蓋然性があると断定できるか明らかではないこと，本問は処分者B，処分の名宛人A及び第三者Dの三面的法律関係における利害調整を問うものであり，Dは（生命・身体ではなく）森林被害を主張していることなどからすると，設問1では林業の利益を問題とするほうが妥当であると考える。仮に，設問1において生命・身体利益を問題とする場合，設問3の原告適格論でも林業の利益のみならず，生命・身体利益を問題とすることになるが，平成26年司法試験論文式試験出題趣旨及び平成26年司法試験の採点実感等に関する意見（公法系第2問）では生命・身体利益を問題とする筋は採用されていない。もちろん，生命・身体利益を問題とすることが直ちに誤りであるという趣旨ではない。いずれの筋を採用する場合でも，設問1〜3の検討過程において矛盾を生じさせないようにする必要がある。

＊3　公害等調整委員会平成25年3月11日裁定判時2182号34頁は，法33条の4に類似する砂利採取法19条について「申請人の砂利の採取がこの計画に基づいて行われる限り，埋戻しがされないことによって『他人に危害を及ぼ』す等の法19条に規定する事態を生ずる具体的蓋然性はないはずである」とした。

＊4　宇賀Ⅰ350–352頁は，①教育に関する専門的判断の尊重の必要性，②政治的判断の尊重の必要性，③科学技術に関する専門組織による判断の尊重の必要性，④地域的実情の考慮の必要性，⑤迅速かつ臨機応変に判断する必要性を行政裁量の根拠として挙げる。

＊5　法33条の7第1項が条件（附款）を付すことができるとしていることからすると，附款による裁量権行使の調整が法の仕組みとして組み込まれており，法の仕組み解釈として裁量処分性を導くことも可能であろう。法定附款の存在を裁量肯定の根拠としたものとして中野区特殊車両制限令事件（最判昭和57年4月23日民集36巻4号727頁）。同事件を仕組み解釈の「実例」として位置付け分析するものとして，橋本・行政判例6頁以下。

＊6　これに対して，昭和48年10月 9 日48資鉱課第34号は，「行政法上『特定の要件に該当する
　　場合にある不利益処分を行う』という趣旨の規定については，行政庁に裁量権の行使の余
　　地はないと解するのが，一般的な解釈である。法第33条の 4 の規定は，土地所有権の行使
　　の一態様である岩石の採取行為を，公共の福祉優先の観点から，特定の場合に限って，そ
　　の自由を制限する趣旨のものである。したがって，採取計画の不認可理由は，上記(1)①～
　　③までの事項に限られるべきである。」とする。本問でもこの立場に立てば，純粋に法33条
　　の 4 の解釈・適用として跡地防災保証まで要求されるかを論じれば足りることになる。
＊7　塩野Ⅰ138頁以下。
＊8　定塚366頁〔福井章代〕参照。
＊9　学説では，行政機関には案件ごとの個別事情に応じ，裁量基準に考慮事項として掲げら
　　れていないものについても考慮すべき義務を「個別事情考慮義務」があるとする見解が強
　　い。小早川光郎『行政法講義〔下Ⅰ〕』（弘文堂，2002年）25頁。
＊10　資源エネルギー庁長官官房鉱業課・前掲注 2 ）213-214頁は，現実に災害が発生している
　　場合，台風，集中豪雨等の接近している場合，自然現象以外でも直ちに災害防止措置をし
　　なければ災害発生が必然的と認められる場合を挙げている。
＊11　宇賀Ⅰ399-400頁。櫻井＝橋本95頁参照。実子あっせん事件（最判昭和63年 6 月17日判時
　　1289号39頁）も明文なき行政行為の撤回を認めている。
＊12　櫻井＝橋本96頁。
＊13　塩野Ⅰ193-194頁。橋本・行政判例11頁は，行政行為の撤回に関する塩野学説を仕組み解
　　釈の実例として挙げる。
＊14　大島・実務解説〔松尾剛行〕248頁。なお，設問 1 で生命・身体利益を検討した場合，「重
　　大な損害」の要件でも生命・身体利益を問題とすることになろう。
＊15　執行停止の重大な損害要件に関して，大島・実務解説〔大島義則〕131頁。
＊16　小林・行訴法160頁。
＊17　設問 2 において，採石認可の取消し又は採取停止命令（法33条の12）や緊急措置命令（法
　　33条の13第 1 項）の方法を肯定した場合には，これらの命令の根拠法規を特定することに
　　なろう。
＊18　福井章代・最判解民平成13年度（上）220頁。なお，前掲注 2 ）のとおり設問 1 で生命・
　　身体利益を検討した場合，原告適格でも生命・身体利益を問題にすることになる。

第 1 話

ロースクールの地下

──平成27年司法試験その1──

差止訴訟の訴訟要件／「重大な損害
を生ずるおそれ」の意義／行政裁量の有無・幅
／裁量基準に従った裁量処分

　ひやりとした床の感触を背中に感じる。

　底冷えのする冷気に，僕は身体をぶるっと震わせる。

「いててて」

　僕は頭の後ろをさすりながら，起き上がる。

　どうやらしばらくの間，気を失っていたようだ。

　だんだんと，ラミ先生との口頭試問の記憶が蘇ってくる。

「そういや，ラミ先生が『ロー獄送りの刑』とかなんとか言ってたな」

　僕は立って，左右を見渡してみる。

　目の前には，いかにも監獄らしい鉄格子が張り巡らされていた。鉄格子を両手で掴んでみるが，びくともしない。鉄格子は，掴んだ手が霜焼けになりそうなくらい冷たかった。

「『ロー獄』って言うくらいだから，やっぱロースクールの地下にある監獄なのかねえ」

　僕は，これからどうすれば良いか途方にくれて，盛大なため息をつく。

「あっ，起きたんだ！」

　鉄格子の向こう側の暗がりから女性の声が聞こえてきた。

「誰か，いるんですか？」

「うん，暗くて見えにくいと思うけど，暗闇に目が慣れてきたら見えるようになってくると思うよ」

　確かに，暗闇に目が馴染んでくると，通路を挟んだ向こう側にも個室があることが分かった。

　向こう側の個室の中には，茶色のミディアムヘアで長身の女性がいた。ベージュ色のオフショルダーのセーターに，焦茶色のショートパンツ，黒色のロングブーツをはいている。両耳から折鶴の形をした大きなブルーサファイア色のイヤリングがぶら下がっているのが，特徴的だ。

「あなたも，ラミ先生に『ロー獄送り』にされたのですか？」

「てへへ……噂のH評価を食らっちゃってさ。敬語じゃなくて，タメ語で良いよ。同じクラスじゃん！」

「……」

「あっ，その反応は私のこと覚えてないなー。暗いもんね，君。いつも目が死

んだ魚みたいだもんね。私は，同じ 2 年 E 組のセナだよ。改めてよろしくね」

　勝手に覚えていないと決めつけるとは，失礼極まりないな。

　自己紹介してくれて助かったけど。

「……H 評価って，なんなんですか？」

「んー，私も先輩から噂で聞いただけなんだけど，ラミ先生担当の行政法で落第にするか否か微妙な人につけられる成績評価で，救済策の一種らしいよ。無事に『ロー獄』を脱出できると，行政法の成績が『C』に修正されて，ぎりぎり落第しないんだって。『H』は，『地獄』の『HELL』って意味だっけな」

「セナさんも，行政法が苦手なんですか？」

「タメ語で良いって！」

　僕は，敬語が良いんだけどな。

　めんどくさいけど，合わせるか。

「……セナさんも，行政法が苦手なの？」

「んー，得意とは言い難いかな。それと所属している弦楽サークルのオーケストラの準備が忙しくてさ」

「へー。弦楽器，弾けるんだ」

「うん，ヴァイオリン。あれ，そういえば，ヴァイオリンがないな……」

「どこかに保管されているのかなあ」

　僕は，鉄格子の隙間に顔を挟めて左右を見てみるが，打放しのコンクリート作りの廊下がまっすぐ続いているだけだ。

「ん？　誰かくる？」

「えっ？　ほんとだ」

　廊下からコツコツコツと，靴の音が響いてくる。

　几帳面な規則正しい一定のリズムが，暗闇に刻まれる。

　その音が，僕らの個室の前でぴたりと止んだ。

　暗闇の中から姿を現したのは，黒い帽子を被った制服姿の看守だった。30 歳くらいだろうか。180 センチはあろうかという長身で細面の男であり，すらりとした細い身体に看守の制服がよく馴染んでいる。男は大きな円形フレームの眼鏡を，神経質そうに中指で押し上げる。

「ようこそ『ロー獄』へ。私はプロジェクト『ロー獄』用に雇われたロースクール非常勤講師のカンタロウです」

　よくこんなプロジェクトで人を雇えたな……ラミ先生の権力はどうなっているんだ。

「さあ，ルールを説明しましょう。プロジェクト『ロー獄』は行政法の不出来な学生を地下施設へぶち込み，強制的に行政法の能力を引き上げる矯正プログラムです。『ロー獄』では行政法がすべてであり，行政法ができればあらゆることが可能ですし，行政法ができなければ何も願いが叶うことはありません。今日中に『ロー獄』を脱出できた暁には晴れて自由の身になり，必修科目行政法の単位が与えられます。以上，質問は受け付けません。それで，何か望みはありますか？」

　僕とセナさんは，顔を見合わせて，頷きあう。

　落第は免れたいので，茶番でも付き合うほかない。

「それでは，まず，ここを出るための『鍵』をください」

「良いでしょう。平成27年司法試験の問題は覚えていますか？」

　僕とセナさんは，首を振る。

「仕方ありませんね。これを見てください」

■ 平成27年司法試験公法系科目第 2 問

　株式会社Ｘは，指定数量以上の灯油を取り扱うため，消防法第10条第１項及び危険物の規制に関する政令（以下「危険物政令」という。）第３条第４号所定の一般取扱所に当たる取扱所（以下「本件取扱所」という。）につき，平成17年にＹ市長から消防法第11条第１項による設置許可を受け，灯油販売業を営んでいた（消防法その他の関係法令については【資料１】参照）。本件取扱所は，工業地域に所在し，都市計画法及び建築基準法上，適法に建築されている。建築基準法上は，都市計画法上の用途地域ごとに，一般取扱所を建築できるか否かが定められ，建築できる用途地域については，工業地域を除き，一般取扱所で取り扱うことのできる危険物の指定数量の倍数（取扱所の場合，当該取扱所において取り扱う危険物の数量を当該危険物の指定数量で除して得た値を指す。以下「倍数」

という。）の上限が規定されているが，工業地域については，倍数の制限なく一般取扱所を建築できることとされている。本件取扱所において現在取り扱われている倍数は55である。

ところが，本件取扱所から18メートル離れた地点において，株式会社Ａが葬祭場（以下「本件葬祭場」という。）の建築を計画し，平成27年1月にＹ市建築主事から建築確認（以下「本件建築確認」という。）を受けた上で，建築工事を完了させ，同年5月末には営業開始を予定している。本件葬祭場の所在地は，平成17年の時点では第一種中高層住居専用地域とされていたため，都市計画法及び建築基準法上，葬祭場の建築は原則として不可能であったが，平成26年に，Ｙ市長が都市計画法に基づき第二種中高層住居専用地域に指定替えする都市計画決定（以下「本件都市計画決定」という。）を行い，葬祭場の建築が可能になった。本件建築確認及び本件都市計画決定は，いずれも適法なものであった。

本件葬祭場の営業開始が法的な問題を発生させるのではないかという懸念を抱いたＸの社員Ｂが，Ｙ市の消防行政担当課に問い合わせたところ，同課職員Ｃは次のような見解を示した。

(1) 本件葬祭場は，一般的な解釈に従えば，危険物政令第9条第1項第1号ロの「学校，病院，劇場その他多数の人を収容する施設で総務省令で定める」建築物（以下，同号に定める建築物を「保安物件」という。）に当たるから，危険物政令第19条第1項により準用される危険物政令第9条第1項第1号本文にいう距離（以下「保安距離」という。）として，本件取扱所と本件葬祭場との間は30メートル以上を保たなければならない。

(2) ただし，保安距離は，危険物政令第19条第1項により準用される危険物政令第9条第1項第1号ただし書によって，市町村長が短縮することができる。Ｙ市は，保安距離の短縮に関して内部基準（以下「本件基準」という。【資料2】参照）を定めている。本件基準は，①一般取扱所がいずれの用途地域に所在するかに応じて，倍数の上限（以下「短縮条件」という。），②保安物件の危険度（保安物件の立地条件及び構造により判定される。）及び種類，並びに一般取扱所で取り扱う危険物の量（倍数）及び種類ごとに，短縮する場合の保安距離の下限（以下「短縮限界距離」という。），③取扱所の高さ，保安物件の高さ及び防火性・耐火性，並びに両者間の距離から算定される，必要な防火塀の高さを定めている。そして，本件基準は，これら3つの要件が全て満たされる場合に限り，保安距離を短縮することができるとしている。本件基準によれば，本件

　　取扱所が所在する工業地域における短縮条件としての倍数の上限は50であり，第二石油類に該当する灯油を取扱い，かつ，倍数が10以上の本件取扱所及び本件葬祭場に適用される短縮限界距離は20メートルである。

(3)　本件葬祭場が営業を始めた場合，本件取扱所は，上記①及び②の要件を満たさないため，保安距離を短縮することができず，消防法第10条第4項の技術上の基準に適合しないこととなる。そこで，Y市長としては，消防法第12条第2項に基づき，Xに対し，本件取扱所を本件葬祭場から30メートル以上離れたところに移転すべきことを求める命令（以下「本件命令」という。）を発する予定である。

　　Xとしては，本件基準③の定める高さより高い防火塀を設置すること，及び危険物政令で義務付けられた水準以上の消火設備を増設することについては，技術的にも経営上も可能であり，実施する用意がある。他方，Xは，現在の倍数を減らすと経営が成り立たなくなるため，現在の倍数を減らせない状況にある。また，Xの所有する敷地内において，本件取扱所を本件葬祭場から20メートル以上離れた位置に移設することは不可能である。このような事情の下で，職員Cの見解に従うとすれば，Xは本件取扱所を他所に移転せざるを得ず，巨額な費用を要することになる。納得がいかない社員Bは，知り合いの弁護士Dに相談した。
　　以下に示された【法律事務所の会議録】を読んだ上で，弁護士Dの指示に応じる弁護士Eの立場に立って，設問に答えなさい。
　　なお，消防法，都市計画法，建築基準法及び危険物政令の抜粋を【資料1　関係法令】に，本件基準の抜粋を【資料2　本件基準（抜粋)】に，それぞれ掲げてあるので，適宜参照しなさい。

〔設問1〕
　　Xは，本件命令が発せられることを事前に阻止するために，抗告訴訟を適法に提起することができるか。行政事件訴訟法第3条第2項以下に列挙されている抗告訴訟として考えられる訴えを具体的に挙げ，その訴えが訴訟要件を満たすか否かについて検討しなさい。

〔設問2〕
　　仮に，本件命令が発せられ，Xが本件命令の取消しを求める訴訟を提起した場合，この取消訴訟において本件命令は適法と認められるか。消防法及び危険物政

令の関係する規定の趣旨及び内容に照らして，また，本件基準の法的性質及び内容を検討しながら，本件命令を違法とする X の法律論として考えられるものを挙げて，詳細に論じなさい。解答に当たっては，職員 C の見解のうち(1)の法解釈には争いがないこと，及び本件命令に手続的違法はないことを前提にしなさい。

〔設問 3〕

仮に，本件命令が発せられ，X が本件命令に従って本件取扱所を他所に移転させた場合，X は移転に要した費用について Y 市に損失補償を請求することができるか。解答に当たっては，本件命令が適法であること，及び損失補償の定めが法律になくても，憲法第29条第 3 項に基づき損失補償を請求できることを前提にしなさい。

【法律事務所の会議録】

弁護士 D：本日は，X の案件について議論したいと思います。X からは，「できれば事前に本件命令を阻止できないか。」と相談されています。Y 市では，消防法第12条第 2 項による移転命令を発した場合，直ちにウェブサイトで公表する運用をとっており，X は，それによって顧客の信用を失うことを恐れているのです。

弁護士 E：本件葬祭場の営業が開始されれば，Y 市長が本件命令を発することが確実なのですね。

弁護士 D：はい。その点は，私からも Y 市の消防行政担当課に確認をとりました。

弁護士 E：では，本件命令が発せられることを，抗告訴訟によって事前に阻止することが可能か，検討してみます。

弁護士 D：お願いします。次に，本件命令を事前に阻止できず，本件命令が発せられた場合，X としては取消訴訟を提起して本件命令の適法性を争うことを考えています。消防法と危険物政令の関係規定をよく読んで，本件命令を違法とする法律論について検討してください。なお，本件葬祭場が，危険物政令第 9 条第 1 項第 1 号ロの保安物件に該当するかどうかについて議論の余地がないわけではありませんが，その点は今回は検討せず，該当することを前提としてください。

弁護士 E：危険物政令第 9 条第 1 項第 1 号ただし書については，本件基準が定め

　　　　られていますので，気になって立法経緯を調べました。このただし書の
　　　　規定は，製造所そのものに変更がなくても，製造所の設置後，製造所の
　　　　周辺に新たに保安物件が設置された場合に，消防法第12条により，製造
　　　　所の移転等の措置を講じなければならなくなる事態を避けることを主な
　　　　目的にして定められた，とのことです。したがって，新たに設置される
　　　　製造所の設置の許可に際して，このただし書の規定を適用し，初めから
　　　　保安距離を短縮する運用は，規定の趣旨に合わないと，行政実務上は考
　　　　えられています。

弁護士Ｄ：では，このただし書の規定の趣旨・内容及び本件基準の法的性質を踏
　　　　まえた上で，本件基準①及び②について検討してください。「倍数」は，
　　　　耳慣れない用語かもしれませんが，取扱所で取り扱われている危険物の
　　　　分量と考えてください。なお，このただし書にある，市町村長等が「安
　　　　全であると認め」る行為が行政処分でないことは明らかですから，処分
　　　　性の問題は考えなくて結構です。本件基準①は，工業地域などの用途地
　　　　域について触れていますが，用途地域の制度の概要は御存じですね。

弁護士Ｅ：もちろんです。用途地域は，基本的に市町村が都市計画法に基づき都
　　　　市計画に定めるもので，用途地域の種類ごとに，建築基準法別表第二
　　　　に，原則として建築が可能な用途の建築物又は不可能な用途の建築物が
　　　　列挙されています。

弁護士Ｄ：そのとおりです。建築基準法上，工業地域においては，一般取扱所を
　　　　建築でき，倍数に関する制限もありません。

弁護士Ｅ：分かりました。それから，危険物政令第23条が，製造所，取扱所等の
　　　　位置，構造及び設備の基準の特例を定めていますので，この規定につい
　　　　ても立法経緯を調べました。消防法が昭和34年に改正される以前には，
　　　　各市町村長が各市町村条例の定めるところにより異なる基準を設けて危
　　　　険物規制を行っていたのですが，同年に改正された消防法により，危険
　　　　物規制の基準が全国で統一されました。一方で，現実の社会には一般基
　　　　準に適合しない特殊な構造や設備を有する危険物施設が存在し，また，
　　　　科学技術の進歩に伴って一般基準において予想もしない施設が出現する
　　　　可能性があるため，こうした事態に市町村長等の判断と責任において対
　　　　応し，政令の趣旨を損なうことなく実態に応じた運用を可能にするため
　　　　に，危険物政令第23条が定められた，とのことです。

弁護士Ｄ：なるほど。検討に当たっては，危険物政令第９条第１項第１号本文の

保安距離の例外を認めるために，同号ただし書が定められているとして，更に第23条を適用する余地があるかなど，第9条第1項第1号ただし書と第23条との関係についても整理しておく必要がありそうですね。

弁護士E：分かりました。それから，事情を確認したいのですが，Xは，防火塀の設置及び消火設備の増設も考えているのですね。

弁護士D：はい，移転よりはずっと費用が安いですから，本件基準③の定める高さ以上の防火塀の設置や，法令で義務付けられた水準以上の消火設備を増設する用意があるとのことでした。

弁護士E：分かりました。

弁護士D：さらに，Xは，「敗訴の可能性もあるから，本件命令に従って他所に移転することも考えている。しかし，それには巨額の費用が掛かるが，Y市に補償を要求できないだろうか。」とも言っていました。そこで，Xが本件命令に従う場合や，本件命令の取消訴訟で敗訴した場合を想定して，損失補償の可能性も検討する必要があります。消防法上，本件のような場合について補償の定めはないのですね。

弁護士E：はい，ありません。

弁護士D：個別法に損失補償の定めがない場合に，憲法に基づき直接補償を請求できるかどうかについて，学説上議論がないわけではありませんが，その点は今回は検討せず，損失補償請求権が憲法第29条第3項により直接発生することを前提として，主張を組み立ててください。

弁護士E：消防法第12条は，取扱所の所有者等に対して，第10条第4項の技術上の基準に適合するように維持すべき義務を課しています。この第12条の趣旨をどう理解するか，その趣旨が損失補償と関係するかが問題になりそうですね。

弁護士D：さらに，次のような事情も問題になりそうです。Xが本件取扱所の営業を始めた平成17年の時点では，本件葬祭場の所在地は，用途地域の一つである第一種中高層住居専用地域とされていました。第一種中高層住居専用地域では，原則として，建築基準法別表第二（は）項に列挙されている用途の建築物に限り建築できるのですが，葬祭場はここに列挙されておらず，建築が原則として不可能でした。しかし，平成26年の都市計画決定で第二種中高層住居専用地域に指定替えがされて建築規制が緩和されたため，葬祭場の建築が可能になりました。第二種中高層住居専用地域では，別表第二（に）項に列挙されていない用途の建築物であれ

ば建築でき，葬祭場は，同（に）項7号及び8号の「（は）項に掲げる建築物以外の建築物の用途に供する」建築物に当たりますので，二階建てまでで床面積が1500平方メートルを超えなければ，建築できるのです。

弁護士E：分かりました。そのような事情が損失補償と関係するかどうか，検討してみます。

弁護士D：よろしくお願いします。本件命令が発せられた場合のXの対応方針を決めるに当たっては，一方で，取消訴訟を提起したとして本件命令が違法とされる見込みがどの程度あるか，他方で，損失補償が認められる見込みがどの程度あるかを，判断の基礎にする必要がありますので，綿密に検討を進めてください。

【資料1　関係法令】

○　消防法（昭和23年7月24日法律第186号）（抜粋）

第1条　この法律は，火災を予防し，警戒し及び鎮圧し，国民の生命，身体及び財産を火災から保護するとともに，火災又は地震等の災害による被害を軽減するほか，災害等による傷病者の搬送を適切に行い，もって安寧秩序を保持し，社会公共の福祉の増進に資することを目的とする。

第2条　この法律の用語は左の例による。

2～6　（略）

7　危険物とは，別表第一の品名欄に掲げる物品で，同表に定める区分に応じ同表の性質欄に掲げる性状を有するものをいう。〔（注）別表第一には，「第四類引火性液体」として，第二石油類が掲げられ，「備考十四」として，「第二石油類とは，灯油，軽油その他（中略）をいい，」と記されている。〕

第10条　指定数量以上の危険物は，貯蔵所（中略）以外の場所でこれを貯蔵し，又は製造所，貯蔵所及び取扱所以外の場所でこれを取り扱つてはならない。（以下略）〔（注）消防法上，指定数量とは，「危険物についてその危険性を勘案して政令で定める数量」をいう。〕

2　（略）

3　製造所，貯蔵所又は取扱所においてする危険物の貯蔵又は取扱は，政令で定める技術上の基準に従つてこれをしなければならない。

4　製造所，貯蔵所及び取扱所の位置，構造及び設備の技術上の基準は，政令でこれを定める。

第11条　製造所，貯蔵所又は取扱所を設置しようとする者は，政令で定めるところにより，製造所，貯蔵所又は取扱所ごとに，次の各号に掲げる製造所，貯蔵所又は取扱所の区分に応じ，当該各号に定める者の許可を受けなければならない。製造所，貯蔵所又は取扱所の位置，構造又は設備を変更しようとする者も，同様とする。

一　消防本部及び消防署を置く市町村（中略）の区域に設置される製造所，貯蔵所又は取扱所（中略）当該市町村長

二〜四　（略）

2　前項各号に掲げる製造所，貯蔵所又は取扱所の区分に応じ当該各号に定める市町村長，都道府県知事又は総務大臣（以下この章及び次章において「市町村長等」という。）は，同項の規定による許可の申請があつた場合において，その製造所，貯蔵所又は取扱所の位置，構造及び設備が前条第 4 項の技術上の基準に適合し，かつ，当該製造所，貯蔵所又は取扱所においてする危険物の貯蔵又は取扱いが公共の安全の維持又は災害の発生の防止に支障を及ぼすおそれがないものであるときは，許可を与えなければならない。

3〜7　（略）

第12条　製造所，貯蔵所又は取扱所の所有者，管理者又は占有者は，製造所，貯蔵所又は取扱所の位置，構造及び設備が第10条第 4 項の技術上の基準に適合するように維持しなければならない。

2　市町村長等は，製造所，貯蔵所又は取扱所の位置，構造及び設備が第10条第 4 項の技術上の基準に適合していないと認めるときは，製造所，貯蔵所又は取扱所の所有者，管理者又は占有者で権原を有する者に対し，同項の技術上の基準に適合するように，これらを修理し，改造し，又は移転すべきことを命ずることができる。

3　（略）

○　都市計画法（昭和43年 6 月15日法律第100号）（抜粋）

（地域地区）

第 8 条　都市計画区域については，都市計画に，次に掲げる地域，地区又は街区を定めることができる。

一　第一種低層住居専用地域，第二種低層住居専用地域，第一種中高層住居専用地域，第二種中高層住居専用地域，第一種住居地域，第二種住居地域，準住居地域，近隣商業地域，商業地域，準工業地域，工業地域又は工業専用地

域（以下「用途地域」と総称する。）

　二～十六　（略）

2～4　（略）

第9条　1・2　（略）

3　第一種中高層住居専用地域は，中高層住宅に係る良好な住居の環境を保護するため定める地域とする。

4　第二種中高層住居専用地域は，主として中高層住宅に係る良好な住居の環境を保護するため定める地域とする。

5～10　（略）

11　工業地域は，主として工業の利便を増進するため定める地域とする。

12～22　（略）

○　建築基準法（昭和25年5月24日法律第201号）（抜粋）

　（用途地域等）

第48条　1・2　（略）

3　第一種中高層住居専用地域内においては，別表第二（は）項に掲げる建築物以外の建築物は，建築してはならない。ただし，特定行政庁が第一種中高層住居専用地域における良好な住居の環境を害するおそれがないと認め，又は公益上やむを得ないと認めて許可した場合においては，この限りでない。

4　第二種中高層住居専用地域内においては，別表第二（に）項に掲げる建築物は，建築してはならない。ただし，特定行政庁が第二種中高層住居専用地域における良好な住居の環境を害するおそれがないと認め，又は公益上やむを得ないと認めて許可した場合においては，この限りでない。

5～15　（略）

別表第二（い）・（ろ）　（略）

（は）　第一種中高層住居専用地域内に建築することができる建築物

　一　（い）項第1号から第9号までに掲げるもの〔（注）（い）項第1号に「住宅」，同第4号に「学校（大学，高等専門学校，専修学校及び各種学校を除く。）」等が挙げられている。〕

　二　大学，高等専門学校，専修学校その他これらに類するもの

　三　病院

　四～八　（略）

（に）　第二種中高層住居専用地域内に建築してはならない建築物

　一～六　（略）

　七　三階以上の部分を（は）項に掲げる建築物以外の建築物の用途に供するもの（以下略）

　八　（は）項に掲げる建築物以外の建築物の用途に供するものでその用途に供する部分の床面積の合計が1500平方メートルを超えるもの（以下略）

（ほ）～（わ）　（略）

○　危険物の規制に関する政令（昭和34年9月26日政令第306号）（抜粋）

　〔(注)　本政令中，「法」は消防法を指す。〕

（取扱所の区分）

第3条　法第10条の取扱所は，次のとおり区分する。

　一～三　（略）

　四　前3号に掲げる取扱所以外の取扱所（以下「一般取扱所」という。）

（製造所の基準）

第9条　法第10条第4項の製造所の位置，構造及び設備（中略）の技術上の基準は，次のとおりとする。

　一　製造所の位置は，次に掲げる建築物等から当該製造所の外壁又はこれに相当する工作物の外側までの間に，それぞれ当該建築物等について定める距離を保つこと。ただし，イからハまでに掲げる建築物等について，不燃材料（中略）で造つた防火上有効な塀を設けること等により，市町村長等が安全であると認めた場合は，当該市町村長等が定めた距離を当該距離とすることができる。

　　　イ　（略）

　　　ロ　学校，病院，劇場その他多数の人を収容する施設で総務省令で定めるもの　30メートル以上

　　　ハ～ヘ　（略）

　二～二十二　（略）

2・3　（略）

（一般取扱所の基準）

第19条　第9条第1項の規定は，一般取扱所の位置，構造及び設備の技術上の基準について準用する。

2～4　（略）

（基準の特例）

第23条　この章〔(注)　第9条から第23条までを指す。〕の規定は，製造所等について，市町村長等が，危険物の品名及び最大数量，指定数量の倍数，危険物の貯蔵又は取扱いの方法並びに製造所等の周囲の地形その他の状況等から判断して，この章の規定による製造所等の位置，構造及び設備の基準によらなくとも，火災の発生及び延焼のおそれが著しく少なく，かつ，火災等の災害による被害を最少限度に止めることができると認めるとき，又は予想しない特殊の構造若しくは設備を用いることにより，この章の規定による製造所等の位置，構造及び設備の基準による場合と同等以上の効力があると認めるときにおいては，適用しない。

【資料2　本件基準（抜粋）】

　Y市長が一般取扱所について危険物政令第19条第1項の規定により準用される第9条第1項第1号ただし書の規定を適用する場合は，以下の基準による。

① 　短縮条件

　　倍数が次に掲げる数値を超える一般取扱所については，危険物政令第9条第1項第1号本文の保安距離を短縮することができない。

　一・二　（略）

　三　準工業地域又は工業地域に所在する一般取扱所　50

② 　短縮限界距離

　　一般取扱所については，防火塀を設けることにより，次に掲げる距離を下限として，危険物政令第9条第1項第1号本文の保安距離を短縮することができる。

　一　保安物件が危険物政令第9条第1項第1号ロに規定する建築物であり，別表に基づき保安物件の立地条件及び構造から判定される危険度がC（最小）のランクである場合〔(注) 本件葬祭場はこのCのランクに該当する。〕

　　（い）　一般取扱所が第二石油類（中略）を取り扱い，倍数が10未満の場合
　　　　18メートル

　　（ろ）　一般取扱所が第二石油類（中略）を取り扱い，倍数が10以上の場合
　　　　20メートル

　　（は）・（に）　（略）

　二～九　（略）

③ 　防火塀の高さ

> 必要な防火塀の高さは，取扱所の高さ，保安物件の高さ，保安物件の防火性・耐火性の程度，及び保安物件と一般取扱所との距離を変数として，次の数式により算定する。（以下略）

「まず設問1。本件命令を事前に阻止するための抗告訴訟は何でしょうか？」

セナさんが，勢いよく手を挙げる。

「はい，本件命令を差止める差止訴訟（行訴法3条7項）です！」

簡単な問題を先に答えてしまおうという腹が透けて見える。意外とセナさんは策士かもしれない。

「そうですね。それでは，差止訴訟の訴訟要件としては何が挙げられますか。六法は監獄の端っこに備え付けてありますから，自由に見て良いですよ」

セナさんは，六法を手に取り，細くて長い指で六法の頁をめくる。

「積極要件として，『一定の処分又は裁決……がされようとしている場合』（処分の蓋然性。行訴法3条7項），『重大な損害を生ずるおそれ』（同法37条の4第1項本文）が挙げられ，消極要件として『その損害を避けるため他に適当な方法があるとき』（補充性。同法37条の4第1項但書）が挙げられます。Xは本件命令の名宛人であるため，原告適格（同条3項）は問題なく肯定できます」

「いいですね。『本件葬祭場の営業が開始されれば，Y市長が本件命令を発することが確実』という会議録の事実からすれば処分の蓋然性という訴訟要件は充足します。『重大な損害を生ずるおそれ』はどうですか」

「本件命令により直ちにウェブサイトで公表され，Xはこれにより顧客の信用を失いますので，『重大な損害を生ずるおそれ』はあると思います」

「問題文を単に条文の要件に機械的・形式的にあてはめるとそうなりますが，判例を用いて，より説得的な論証をする必要がありますね。君が代予防訴訟上告審判決（判例1-1　最判平成24年2月9日民集66巻2号183頁）は，『重大な損害を生ずるおそれ』の判断基準として『処分がされることにより生ずるおそれのある損害が，処分がされた後に取消訴訟等を提起して執行停止の決定を受けることなどにより容易に救済を受けることができるものではなく，処分がされる前に差止めを命ずる方法によるのでなければ救済を受けることが困難なもので

あることを要する』としました。取消訴訟・執行停止等により『容易』に救済できずに事前差止めでなければ救済が『困難』であれば足りるとしており，損害回復の『困難の程度』等（行訴法37条の4第2項）を考慮して判断したものと言えます。この判例の判断枠組みを用いると，どうなりますか？」

「んー，パス！　あとは君に頼んだ！」

　難しいところになったら，こっちに振ってくるのね。

「判例を踏まえると，ウェブサイトでの名称公表によりXの信用低下という損害が発生し，ひとたび低下した信用を回復することは著しく困難という損害回復の困難性の程度を踏まえると，事後的な取消訴訟及び執行停止では回復できない重大な損害と言えるのではないでしょうか」

「まあ，良いでしょう。信用低下による金銭的損害は事後的な国家賠償請求訴訟で回復でき，また仮にXが勝訴するようなことがあれば自ら記者会見を開いて信用を回復することも可能，というような反対の立場の議論がありえないわけではありませんが。いずれにしても単に機械的・形式的な問題文の引き写しではなく，争点を検討する姿勢が大事ですね」

　カンタロウは，丸眼鏡を中指で押し上げる。

「設問2にいきましょう。設問2は本件命令の取消訴訟（行訴法3条2項）を提起した場合における本件命令の適法性を問う問題です。まず，本件命令の処分根拠法規を示し，行政裁量の有無・幅を検討して下さい」

「本件命令は消防法（以下『法』という。）12条2項に基づき出されており，その処分要件として法10条4項・危険物政令19条1項・9条1項1号の技術上の基準に適合していることが要求されています。法12条2項の『技術上の基準』という要件の文言は規範的・抽象的であり，また効果面においても『できる』という文言になっていることから，本件命令には行政裁量が認められると考えます」

「文言の規範性・抽象性という形式的根拠のみで行政裁量性を論じるのは，やや説得力に欠けますね。裁量の有無・幅は，①処分の目的・性質・対象事項，②政策的判断の必要性等の判断の性質，③文言などを総合的に勘案し，処分根拠法規の趣旨に照らして判断することになります。③の点はさきほどの論証で良いとしても，①②の要素の検討を怠ってはいけません。まず①処分の目的・

「性質・対象事項の点はどうですか」

「ああ……法 1 条に火災の予防・警戒・鎮圧，国民の生命・身体・財産の火災からの保護等の消極的・警察的目的が掲げられており，法12条 2 項の技術上の基準の適合性要請も警察許可としての性質から来ているとすると，仮に行政裁量が認められるとしても，その幅は狭いと X 側から主張できそうです」

「②政策的判断の必要性等の判断の性質の点はどうですか」

「法12条 2 項・10条 4 項は『技術上の基準』の詳細について危険物政令に委任している趣旨は，技術的基準の細目に関しては専門技術的判断の必要性や地域的実情への配慮の必要性があることから，各市町村長等の判断を尊重する趣旨だと考えられます」

「そうですね。そうすると，本件命令の処分の性質は警察許可であって必ずしも広範な裁量を認める趣旨ではないものの，専門技術的判断の必要性や地域的実情の尊重の必要性があり，文言の規範性・抽象性も加味すると，法及び危険物政令の趣旨及び内容に照らせば，本件命令には相当程度の幅の行政裁量があると考えることになりそうです」

「はいはいはい！」セナさんが勢いよく手を挙げる。「今の話を聞いていて思ったんだけど，X 側の法律論を組み立てるのに本件命令の裁量性を認めても良いのかな？　警察許可という性質を強調していって本件命令は羈束処分である，と主張したほうが良いと思うんだけど」

「それは良い指摘ですね。実際の裁判であればそのような主張をすべきかもしれません。もっとも，行政裁量があるかないかという二者択一的な判断ではなく，警察許可の性質を踏まえながら裁量の幅を限定する姿勢を示しつつも，裁量の実質的根拠や文言に照らして行政裁量を肯定しておくほうが，事例問題の解き方としては楽かもしれませんね」

「な，なるほど〜」

　セナさんは，分かったような，分からないような顔で，何度も頷く。

「それでは本件命令に相当程度の行政裁量があることを前提とすると，本件基準の法的性質はどのように位置づけられますか？」

　僕はセナさんのほうを見るが，セナさんに答える気はないようだ。ただ，これは平成26年司法試験の問題で検討したばかりの論点だから，分かる。

「本件基準は法12条2項・10条4項・危険物政令19条1項・9条1項1号但書の保安距離の短縮に関する内部基準ですから，本件命令に裁量性が認められるのであれば本件基準の法的性質は裁量基準（行手法上の処分基準。行手法2条8号ハ）になると思います。裁量基準は行政規則であるため裁量基準の充足・不充足は原則として処分の適法性に関係ありませんが，裁量基準設定の合理性及び裁量基準の適用の合理性が認められる場合には裁量権逸脱・濫用にはなりません」

「そうですね。それでは本件基準①と②は合理的なものですか」

「まず，本件基準①の短縮条件として工業地域につき倍数上限を50と定めていることの合理性が問題になります。Xとしては，建築基準法上，工業地域においては一般取扱所を倍数制限なく適法に建築できることから，一律50倍を対象外とする本件基準①は不合理であると主張できそうです。また，本件基準②は，第二石油類を取扱い，倍数10以上の場合において短縮限界距離を20メートルと定めるものですが，本件基準②では「防火塀」のみを想定しており，消火設備を考慮しておらず，火災予防等の法1条の目的との関係での要考慮事項を考慮していません」

「とはいえ，火災予防等の目的（法1条）に照らすと，倍数上限及び短縮限界距離を定めることも，合理的関連性はあるのではないでしょうか。そうすると，裁量基準設定段階の合理性はクリアされてしまうかもしれません」

「だとしても，本件基準①の倍数制限や本件基準②の短縮限界距離は本件基準③の水準の防火塀を前提にしたものに過ぎないのでしょうか。だとすれば，本件基準③の水準以上の防火塀及び危険物政令で義務付けられている以上の消火設備の増設をして，本件基準①②③を充足した場合と同等の安全性を確保し火災予防等の法1条の目的を達成できる場合には，これらの個別事情を考慮して本件基準①の倍数や本件基準②の短縮限界距離を若干小さくすべきです。本件命令は警察許可であるため，防火上の措置は要考慮事項と解すべきであり，このようなXの個別事情を裁量権行使の過程で考慮していない場合，要考慮事項の不考慮として裁量権逸脱・濫用になります」

「なかなか良い立論ですね。しかし，防火塀の高さや消火設備を増設するといっても，防火上の措置には自ずと一定の限界がありますので，危険物政令9

条 1 項 1 号但書は定められた保安距離に多少不足する場合における特例を定めたものに過ぎないと解釈すべきではないでしょうか」[*4]

「仮に危険物政令 9 条 1 項 1 号但書の趣旨がそのようなものだとしても，危険物政令 23 条が危険物政令 9 条 1 項 1 号但書を不適用とする場合をさらに定めています。これは昭和 34 年消防法改正に伴い危険物規制の基準が全国で統一された一方で，現実には特殊な構造・設備の施設等も存在しうることから市町村長等の判断と責任における対応を可能にした規定です。そうすると，本件基準③等の水準以上の防火塀の高さや消火設備を増設するような場合には危険物政令 23 条により危険物政令 9 条 1 項 1 号の適用はないと主張できます」

「仮に危険物政令 23 条の適用を求めるのであれば，危険物政令 23 条の文言へのあてはめが必要では？」

　なるほど。

「そうであれば，『製造所等』に一般取扱所である本件取扱所は含まれ，[*5]『市町村長等』に Y 市長は含まれ，本件基準③等の水準以上の防火塀の高さや消火設備を増設するような場合には『火災の発生及び延焼のおそれが著しく少なく，かつ，火災等の災害による被害を最少限度に止めることができると認めるとき』に該当しますので，危険物政令 23 条により危険物政令 9 条 1 項 1 号の適用はない，という主張になると思います」

「非常に良いですね。これに対しては，危険物政令 9 条 1 項 1 号但書は本文の原則基準を緩和した内容を詳細に定めたものであり，このような場合には一般的基準の緩和要件が示されていることから，これをさらに緩和するには客観的に厳しい条件が必要である，という反論がありえそうです。[*6]また，危険物政令 23 条は，特殊な構造・設備の施設等を念頭においており，『火災の発生……と認めるとき』もこのような施設等と同水準の安全性確保が必要と考えられ，防火塀・消火設備の強化では要件に該当しない，ともいえそうですね。なかなか筋が良いですね。この調子で最後までいきますか」

ワンポイントアドバイス ①　裁量基準の論じ方

1　はじめに

近年の司法試験では，裁量基準が存在する場合における裁量処分の裁量権逸脱・濫用の問題が頻出論点になっている。裁量基準に関しては平成26年から平成29年まで4年連続で出題されており，学生としてはチェックしておくべきであろうな。

第0話で検討したとおり，行政基準（行政立法）は法規性を有するか否かにより法規命令（外部法）／行政規則（内部法）に分類される。現代社会では内部法として定めたものが外部的な法効果を有するかのように振る舞う現象があり，こうした内部法の外部化現象は行政法学でも重大な検討対象となっているが，依然として法規命令／行政規則の二分論は重要だな。

2　法規命令の論じ方

法規命令の場合，現行憲法では独立命令（議会から独立して行政が発する命令）は認められていないので，手続的事項を定める執行命令に該当しない限り，委任立法の法的統制が問題になる。委任立法が問題になった場合，委任する旨を定めた授権法の憲法適合性（授権法律の合憲性）の問題と授権を受けて立法される委任立法の法律適合性（委任立法の合法性）の問題とを区分して問題の所在を特定する必要がある。

授権法律の合憲性が問題となる場合，憲法41条等を根拠として一般的・包括的な白紙委任が禁止されることに言及したうえで，授権法律に委任の趣旨・目的・基準等がどの程度書き込まれているかを特定して憲法違反がないかをチェックすることになる。

委任立法の合法性が問題となる場合，法規命令の合法性の考慮要素として，①授権規定の文理，②授権規定が下位法令に委任した趣旨，③授権法の趣旨，目的及び仕組みとの整合性，④委任命令によって制限される権利ないし利益の性質等の4点をチェックすると良いぞ。[*7]

授権法律の合憲性及び委任立法の合法性に関しては，それぞれ多数の判例が存在するので，判例学習が欠かせないな。

3　行政規則の論じ方

⑴　行政規則は法規ではないこと

行政規則は様々な種類が存在するが，よく問題になるのが解釈基準

（法令解釈の基準）と裁量基準（裁量権行使の内部的基準）だ。講学上の解釈基準・裁量基準は，行政手続法上の審査基準（行手法 2 条 8 号ロ），処分基準（同号ハ）にも該当することが多い。

　法規命令と異なり，行政規則は法規性を有しない。そのため，行政処分の実体法上の適法性は処分根拠法規の定める実体要件を充足しているか否かにより定まり，解釈基準や裁量基準の充足・不充足は原則として実体的違法事由とは無関係だ。解釈基準について墓地埋葬法通達変更事件（判例 1-2　最判昭和43年12月24日民集22巻13号3147頁）は，通達が法規性を有しないことから行政機関内部の拘束力はあっても，①一般国民に対する直接的な拘束力はなく，②行政機関が通達の趣旨に反しても処分の効力を左右せず，③裁判所も通達に拘束されない旨を判示した。また，裁量基準について，マクリーン事件（判例 0-2　最大判昭和53年10月 4 日民集32巻 7 号1223頁）は「行政庁がその裁量に任された事項について裁量権行使の準則を定めることがあっても，このような準則は，本来，行政庁の処分の妥当性を確保するためのものなのであるから，処分が右準則に違背して行われたとしても，原則として当不当の問題を生ずるにとどまり，当然に違法となるものではない」とした。

　もっとも，解釈基準や裁量基準の存在を処分の実体的違法事由を論じる際にまったく無視して良いとは限らないのが難しいところだ。

(2)　解釈基準について

　解釈基準の場合，前述のとおり一般国民に対する拘束力はなく，行政処分の効力に影響はなく，裁判所の解釈も拘束しないのであるから，解釈基準が処分根拠法規の意味内容と同一であれば解釈基準を処分根拠法規の意味内容と捉えて処分要件の充足・不充足を考えれば良いし，解釈基準が処分根拠法規の意味内容と異なるのであれば裁判所自らが正しい解釈を示して処分根拠法規を解釈・適用すれば足りる。パチンコ玉遊器課税事件（判例 1-3　最判昭和33年 3 月28日民集12巻 4 号624頁）が「本件の課税がたまたま所論通達を機縁として行われたものであっても，通達の内容が法の正しい解釈に合致するものである以上，本件課税処分は法の根拠に基く処分と解するに妨げがな」いとしていることが参考になるな。

(3)　裁量基準について

ア　裁量基準であることの認定

　　裁量基準は解釈基準とは異なる配慮が必要だ。まず対象となる通達等が裁量基準であるという性質決定を行うことが前提になるな。裁量基準とは裁量権行使のための内部基準のことだから，問題となっている処分の裁量性を認定してやる必要がある。裁量の有無・幅は，①処分の目的・性質・対象事項等，②政策的判断の必要性等の判断の性質，③要件・基準が定められていない場合，不確定概念により要件が定められている場合，効果裁量を示す「できる」規定が存在する場合などの裁量を示唆する文言の有無などを総合的に勘案し，処分根拠法規の趣旨に照らして判断することになる。このような作業を行った上で裁量処分性を認定し，問題となっている裁量基準がどの局面の裁量を規律するものなのかを特定する必要がある。

　　そして，裁量基準が存在する場合，次のとおり，①裁量基準に従わない裁量処分をした場合と②裁量基準に従った裁量処分をした場合とで，論じ方が異なる。

イ　裁量基準に従わない裁量処分をした場合

　　裁量基準に従わない処分をする場合について，風営法営業停止処分事件（判例1-4　最判平成27年3月3日民集69巻2号143頁）は「当該行政庁が後行の処分につき当該処分基準の定めと異なる取扱いをするならば，裁量権の行使における公正かつ平等な取扱いの要請や基準の内容に係る相手方の信頼の保護等の観点から，当該処分基準の定めと異なる取扱いをすることを相当と認めるべき特段の事情がない限り，そのような取扱いは裁量権の範囲の逸脱又はその濫用に当たる」と判断した。[*8] すなわち，①平等原則や相手方信頼保護等を根拠として，②裁量基準を定立した行政庁のいわば自己拘束性を論証し，③例外としての「特段の事情」の有無を検証する必要がある。

　　なお，裁量基準に従わない裁量処分をする場合も裁量基準自体の合理性の検証をしておいたほうが良い場合もありえよう。

ウ　裁量基準に従った裁量処分をする場合

　　裁量基準に従った処分をする場合，裁量基準の合理性及び裁量基準の適用の合理性が司法審査されることがある（判例0-3　伊方原発訴訟・最判平成 4 年10月29日民集46巻 7 号1174頁）。[*9]

　　裁量基準設定の合理性については，当該処分根拠法規の趣旨・目的を特定した上で裁量基準が当該趣旨・目的に適合する合理的関連性のあるものか，趣旨・目的に照らして過剰規制であって比例原則に違反しないか，合理的根拠のない差別的取扱いであって平等原則に違反しないか，等を検証する必要がある。これらの検証の際に，立法事実（裁量基準の基礎を形成しその合理性を支える社会的・経済的・文化的な一般的事実）を審査すると，より緻密な合理性の論証が可能になるであろう。[*10]

　　裁量基準が合理的であったとしても裁量基準の適用段階において不合理性が発生する場合もある。単純に行政機関が裁量基準のあてはめを行う際に重大な事実誤認を犯す場合もあるが，学説では，行政機関には案件ごとの個別事情に応じ，裁量基準の考慮事項として掲げられていないものについても考慮すべき「個別事情考慮義務」があるとする見解が強いぞ。ここでは処分対象者をめぐる個別具体的な司法事実を挙げて個別事情考慮義務に基づき裁量基準の一律的・機械的適用が違法かを検討していく必要があるだろうな。[*11]

＊１　判示の「容易」や「困難」の解釈に関して，岩井伸晃＝須賀康太郎・最判解民平成24年度（上）134頁参照。

＊２　「行政の規制・監督権限に基づく制裁処分が公表されると名誉や信用などに重大な損害を生ずるおそれがある場合などで，執行停止決定を受ける機会もないまま重大な損害を生ずるおそれがあるとき」に当該要件が肯定されるとするものとして，小林・行訴法189-190頁。

＊３　大島・実務解説80-81頁〔大島義則〕。

＊４　危険物法令研究会編著『逐条解説　危険物政令』（東京法令出版，2014年）161頁参照。

＊５　危険物法令研究会編著・前掲注 4 ）493頁。

＊６　危険物法令研究会編著・前掲注 4 ）497頁参照。

＊７　岡田幸人・最判解民平成25年度20頁以下。

＊８　市原義孝「判解」法時69巻 6 号107頁は，処分基準の自己拘束性を前提にしたものと指摘する。

＊９　定塚366頁〔福井章代〕，大島・実務解説〔大島義則〕110頁。

＊10　大島・実務解説〔大島義則〕110頁。

＊11　小早川光郎『行政法講義〔下 I 〕』（弘文堂，2002年）25頁。

第 2 話

鍵の奪取

──平成27年司法試験その 2 ──

損失補償／特別犠牲説／内在的制約

「あなた，なぜ H 評価なのですか。確かに知識はやや少ないようですが，H 評価になるほど頭が悪いようには見えません」

「えー，まあ色々ありまして……」

　実は，行政法の試験の日は風邪を引いてしまっていて調子が悪かっただけで，もともと別にそこまで行政法が不得意なわけではない。

　それでもギリギリ落第はしないとは思ったが，まさかロー獄制度なんてあるとは思いもしなかった。

「設問 3 は，セナさんに答えていただきましょう」

「えー！？」

　セナさんは，悲鳴を上げる。

「このままではセナさんに鍵をお渡しすることはできませんよ」

「うーん，しょうがないかあ」

「設問 3 にいきます。仮に，本件命令が発せられ，X が本件命令に従って本件取扱所を他所に移転させた場合，X は移転に要した費用について Y 市に損失補償を請求することができるでしょうか。問題文のとおり本件命令が適法であること及び損失補償の定めが法律になくても憲法29条 3 項に基づき損失補償を請求できることを前提にして良いです。念のため補足しておくと，損失補償に関する規定がなくても，直接憲法29条 3 項を根拠にして，補償請求をする余地を認めたものとして，河川附近地制限令事件（判例 2 - 1　最大判昭和43年11月27日刑集22巻12号1402頁）がありましたね」

「えっと，確か，損失補償の要否は，財産権に加えられた制限が一般的か個別的かという形式的基準及び財産権侵害の程度が本質的な程度に至っているか否かという実質的基準により判断すべき，という考えがありました。本件命令は X という特定の者に個別的に課されています。それと，X の所有する敷地内において，本件取扱所を本件葬祭場から20メートル以上離れた位置に移設することは不可能で，他の土地を購入の上で建物も壊して移転することになりますので財産侵害の程度が本質的な程度に至っています。よって，損失補償を要すると考えます」

「判例の考え方は，どうなっていますか？」

「……損失補償は形式的基準と実質的基準をあてはめて結論を出せば良いと考

えていました。判例もたぶん同じような考え方だと思います」

「たぶん？　会議録では，法12条の趣旨と損失補償の関係についても論じるように指示がありますが，この点はではどうなりますか？」

「形式的基準というよりは，財産権侵害の程度が本質的な程度に至っているか否かという実質的基準の中で考慮する事情だと思いますが，火災予防等の趣旨を考慮したとしても財産権侵害の程度に着目した場合にはやはり損失補償を要すると考えるべきかと思いました」

「もう少し判例を勉強したほうが良いかもしれませんね。損失補償の要否の基準に関しては，行政法では，①侵害行為の特殊性，②侵害行為の強度，③侵害行為の目的等を総合的に判断して決されるという見解があり，このうち①の侵害行為が一般的か特殊的かについては相対的なものですから，②③が特に重要です。[*1]　そして，特に判例では③の規制目的の要素が重視されていますね。ガソリンタンク移転事件（判例2-2　最判昭58年2月18日民集37巻1号59頁）は『警察法規が一定の危険物の保管場所等につき保安物件との間に一定の離隔距離を保持すべきことなどを内容とする技術上の基準を定めている場合において，道路工事の施行の結果，警察違反の状態を生じ，危険物保有者が右技術上の基準に適合するように工作物の移転等を余儀なくされ，これによつて損失を被つたとしても，それは道路工事の施行によつて警察規制に基づく損失がたまたま現実化するに至つたものにすぎず，このような損失は，道路法七〇条一項の定める補償の対象には属しないものというべき』としました。このように消極的な警察目的規制の場合には，判例では原則的に補償は認められにくいですね。[*2]　奈良県ため池条例事件（判例2-3　最大判昭38年6月26日刑集17巻5号521頁）も『災害を防止し公共の福祉を保持するためのもの』として消極目的規制であることから損失補償請求を否定していますね」

「判例の考えは分かりましたけど，営業を始めた平成17年時点では本件葬祭場は原則として建築不可能だったのに，平成26年の都市計画決定による第二種中高層住居専用地域に指定替えされたことで建築可能になったのですよね。こんな場合にまで技術上の基準への適合性が要求されるって酷すぎると思うんですが」

「ガソリンタンク移転事件を最初に読んだ学生も同じような感想を抱くことが

多いようですね。そこは法12条の警察目的の規制はもともと存在しており，本
件葬祭場の設置は当該規制を顕在化させるための契機にすぎないと考えるので
しょう。*3　もっとも，こうした目的により区別をしていく目的基準には当然批判
はあります。*4　河川附近地制限令事件（判例2−1）も，「河川管理上支障のある
事態の発生を事前に防止するため」という消極目的規制の場合には原則として
補償を不要としながらも『相当の資本』の投入等の事情がある場合に補償の余
地を認めていると解する余地があります。*5　本問でもXは平成17年以降の営業
による『相当の資本』を行っているとして補償を肯定することも考えられるか
もしれませんね。とりあえず設問3は，この程度で良いでしょう」

「わ，私の評価は，ど，どうでしょか？」

　セナさんが，少し肩をすぼめて聞く。

「設問1への貢献度，設問3への受け答えから，ギリギリ及第点としておきま
しょう。それでは，お約束の鍵をお渡しします」

　カンタロウはそう言って，物々しい金属製の大きな鍵を僕とセナさんに渡し
てくれた。

「ありがとうございます！」

「礼には及びません。所詮，この『ロー獄』はあくまで行政法強化プロジェク
ト。行政法ができれば脱出でき，そうでなければ脱出できない。ただそれだけ
の話です。このことをゆめゆめお忘れなきよう。それでは，私はこれにて失礼
します」

■ 平成27年司法試験解答例

第1　設問1
1　Xは，本件命令を差止める差止訴訟（行政事件訴訟法〔以下「行訴法」と
　いう。〕3条7項）を提起することができる。
2　本件葬祭場の営業が開始されればY市長が本件命令を発することは確実
　であるため，「一定の処分……がされようとしている場合」（同法3条7項）
　に該当する。
3　次に，「重大な損害を生ずるおそれ」（同法37条の4第1項本文）とは，取
　消訴訟等・執行停止により容易に救済できずに事前差止めでなければ救済が

困難な場合をいう。

　ウェブサイトでの名称公表により X の信用低下という損害が発生し，ひ
とたび低下した信用を回復することは著しく困難という損害回復の困難性の
程度（同法37条の 4 第 2 項）を踏まえると，事後的救済手続では回復できな
い重大な損害がある。

4　この氏名公表による信用低下について「その損害を避けるため他に適当な
方法」は見当たらない（同法37条の 4 第 1 項但書）。

5　その他の訴訟要件も問題なく充足するため，X は本件命令の差止訴訟を適
法に提起できる。

第 2　設問 2

1　X の主張

　X は，本件命令について，①消防法（以下「法」という。）及び危険物政
令の関係する規定の趣旨及び内容に照らして本件命令に相当程度の行政裁量
が認められるとしても，その裁量の幅は限定的であること，②本件基準の法
的性質は裁量基準（行政手続法上の処分基準。行手法 2 条 8 号ハ）に該当す
るところ，本件基準の設定及び適用が不合理であって裁量権逸脱・濫用（行
訴法30条）により違法であること，③危険物政令23条により 9 条は適用され
ないため 9 条を適用して本件命令をすることは違法であること，を主張しう
る。

2　①について

　法12条 2 項の「技術上の基準」という要件の文言は規範的・抽象的であり，
また効果面においても「できる」という文言になっていることから，本件命
令には要件裁量及び効果裁量が認められる余地がある。法12条 2 項・10条 4
項が「技術上の基準」の詳細について危険物政令に委任している趣旨も，技
術的基準の細目に関しては専門技術的判断の必要性や地域的実情への配慮の
必要性があることから，各市町村長等の判断を尊重する趣旨である。

　もっとも，法 1 条に火災の予防・警戒・鎮圧，国民の生命・身体・財産の
火災からの保護等の消極的・警察的目的が掲げられており，法12条 2 項の技
術上の基準の適合性要請も警察許可としての性質を有している。

　こうした法及び危険物政令の関係する規定の趣旨及び内容に照らすと，行
政裁量は認められるが，その裁量の幅は相当程度，限定されているものと解
すべきである。

3　②について

(1)　本件基準は法12条 2 項・10条 4 項・危険物政令19条 1 項・ 9 条 1 項 1 号
但書の保安距離の短縮に関する内部基準であり，本件命令に裁量性が認め

られるのであれば本件基準の法的性質は裁量基準（行政手続法上の処分基準。行手法2条8号ハ）である。

(2)　裁量基準は法規命令とは異なり行政内部においてのみ拘束力を有する行政規則に過ぎず，裁量基準の充足・不充足は本件命令の適法性とは無関係であるのが原則である。

　　　もっとも，例外的に，裁量基準設定又はその適用が不合理な場合には裁量権逸脱・濫用により本件命令は違法になる（行訴法30条）。

(3)　そこで，Xとしては，建築基準法上，工業地域においては一般取扱所を倍数制限なく適法に建築できることから，50倍以上を一律対象外とする本件基準①は不合理であると主張できる。

　　　また，本件基準②について，火災予防等の法1条の目的に照らすと，「防火塀」のみならず，消火設備も考慮すべきであり，要考慮事項の不考慮がある，と主張できる。

　　　しかし，火災等による被害を防止するという法目的と本件基準①・②との間には合理的関連性があり，裁量基準設定の合理性はある。

(4)　さらに，本件基準①や本件基準②は本件基準③の水準の防火塀を前提にしたものに過ぎず，義務付けられている以上の防火塀・消火設備の増設をして，本件基準①②③を充足した場合と同等の安全性を確保し法1条の目的を達成できる場合には，これらの個別事情を考慮して本件基準①の倍数や本件基準②の短縮限界距離を若干緩和すべきとも思える。

　　　本件命令の裁量は相当程度，限定されるべきであり，個別事情に関する要考慮事項の不考慮がある場合等の判断過程に瑕疵がある場合も，社会通念上著しく妥当性を欠くものとして違法と解すべきである。しかし，防火措置の強化といっても限度があり，Xの個別事情を考慮しても，同等の安全性を確保したとは断定できず，要考慮事項の不考慮はない。よって，裁量基準の適用にも合理性がある。

4　③について

　　　もっとも，現実社会の特殊な危険物施設の存在や科学技術の発展に即応するため，危険物政令9条1項1号但書のさらなる特例として23条が定められている，と解する。ここで，危険物政令23条の「製造所等」に一般取扱所である本件取扱所は含まれ，「市町村長等」にY市長は含まれ，本件基準③等の水準以上の防火塀の高さや消火設備を増設するような場合には「火災の発生及び延焼のおそれが著しく少なく，かつ，火災等の災害による被害を最少限度に止めることができると認めるとき」に該当するため，そもそも危険物政令9条は適用されず，本件命令は違法であるとも思える。しかし，同条は

特殊な構造・設備の施設を念頭に置いており，防火塀・消火設備の強化では「火災の……と認めるとき」に該当しない。よって本件命令は適法である。

第3　設問3

1　Xは，移転に要した費用をY市に対して損失補償請求することはできない。

2　損失補償請求は財産権（憲法29条1項）保障及び平等原則（同法14条1項）を貫徹するために認められるため，「特別の犠牲」があれば損失補償請求が認められる。特別な犠牲の有無については，①侵害行為の特殊性，②侵害行為の強度，③侵害行為の目的等により総合的に判断するが，判例では特に③侵害行為の目的が大きな考慮要素になっている。すなわち，積極目的の公用制限であれば補償は必要であるが，警察目的の財産権に内在する社会的制約であれば補償は不要であると解する。

3　法12条の趣旨は，「国民の生命，身体及び財産を火災から保護する」など（法1条）の警察目的の観点から技術上の基準へ適合するように維持すべき義務を課す点にある。ここで平成17年にXが本件取扱所の営業を始めた時点では本件葬祭場が建築される可能性はなかったが，平成26年の都市計画決定による用途地域の指定替えにより本件取扱所が建築可能になったという事情があり，Xが本件取扱所に相当の資本を投下した後の事後的事情が存在する場合にまで損失補償を不要とすることは公平に反するという見解がありうる。

　　しかし，Xには法12条により技術上の基準へ適合するように維持すべき義務がもともと課されており，本件葬祭場の設置はあくまで法12条の義務が顕在化する契機を与えたに過ぎない。

　　よって，本件命令による損失は本件取扱所に内在する社会的制約であって特別の犠牲ではないため，Xは損失補償請求をすることができない。

以上

＊1　宇賀II 505頁。

＊2　消防基本法制研究会編著『逐条解説　消防法〔第5版〕』（東京法令出版，2014年）315-316頁は，法12条の場合，「基準に適合するよう維持することは，命令を待つまでもなく，本条第一項により所有者等の義務とされていることであり，火災危険に備えて安全な措置をとることは財産権に内在する社会的な制約であるといえるので，補償の必要はない，と考えられる」とする。

＊3　村上敬一・最判解民昭和58年度49頁は，「被上告人の被った損失は，専ら右のような警察規制に基づくものであり，国のした道路工事によるものではないと解するのが相当」であると指摘する。

＊4　消極目的の警察制限と積極目的の公用制限の区別の不明確性の点から批判をするものと

して，宇賀 II 509頁。

＊5　中村睦男「第29条〔財産権〕」樋口陽一＝中村睦男＝佐藤幸治＝浦部法穂『注解法律学全集　憲法 II』（青林書院，1997年）247-248頁。

第 3 話

倉庫番

──平成28年司法試験その１──
建築基準法／例外許可／建築確認／第三者の原告適格（周辺住民型）
／原告適格の必要的考慮要素／手続的瑕疵の取消事由該当性
／裁量基準と乖離する裁量処分

　僕とセナさんは，カンタロウから手渡された鍵で無事に監獄を出ることができた。

　監獄のフロアを一歩出ると，そこにはごつごつの岩がむき出しの洞窟が拡がっていた。洞窟内も暖房はついていないようで，やはり寒い。

　それにしてもロースクールの地下にこんな洞窟が拡がっているとは思いもしなかった。

　洞窟は一本道になっているようなので，僕らは道沿いに進むことにした。

「ロースクールの地下にわざわざこんな洞窟を作るなんて，どうかしてるなあ……」

　僕がぼそっと独り言を呟くと，セナさんが応じる。

「んー。わざわざこの地下空間を作ったかどうかは分からないかな。もしかしてあの噂って本当だったのかも？」

「噂って何？」

「Kロースクール7不思議の1つだよ。ロースクール棟の地下には，第二次世界大戦時の旧日本海軍の秘密施設があって，そこで特別な研究がなされていたって話。脳みそをいじくるような人体実験とか反倫理的な研究もあったみたいで世間には秘密にされていて，戦後もしばらくは国が手をつけられなくて放置されていたんだけど，ロースクール棟を作るときにその秘密施設をこっそり埋め立てたらしいって」

「それが埋め立てられないで，実はロー獄として再利用されている……ということ？　そんな具体的かつ物騒な7不思議があるの？」

「ほんとに君ってロースクールで流れている噂とか，全然知らないんだね！」セナさんはけらけら笑う。「ま，あくまで噂だけどね。でもラミ先生のお家柄なら不思議じゃないかも。終戦後，日本国憲法の制定にも裏から関与していたっていう，あの一族には色々と黒い噂も……。あっ，なんかここに扉があるよ！」

　セナさんの指さした洞窟の壁に，鋼鉄の扉が設置されていた。

　いかにも怪しい。

「……素通りしたほうが良くない？」

「でも暖かい空気が漏れ出ているよ。たぶん暖房が効いているんだよ！　私，

もう寒くて死んじゃいそう。入るね！」

　セナさんが扉を開けて入っていってしまうので，僕も仕方なく追従する。

　僕の人生は，だいたい誰かに追従しているようなものだし，仕方がない。

「オヤオヤ。カンタロウくんから鍵を奪いましたか。あそこで脱落する人も多いのですけどね」

　鋼鉄の扉の中は，レトロな洋館の一室のようになっていた。

　部屋の奥にはレンガ造りの暖炉があり，大きな炎が揺らめいている。声を発した男は，部屋の中心にある木製のテーブルを囲んで置いてあるソファーに腰掛けていた。全身真っ白のスーツに身を包んでおり，痩身である。

「まずはどうぞ，ソファーにかけて暖まりなさい。寒かったでしょう。ワインでも飲まれますか？」

　僕とセナさんは首を振って遠慮する。

　酔っ払っては，とてもこの先の試練を超えられるとは思えない。

「そうですか。それでは私だけ失礼して……どうにもアルコールがないと頭が回らないものでしてね」

　男は，ワインボトルからテーブルの上に置いてあったグラスにワインを注ぐ。そして，器用にワイングラスをくるくると回してから，ワイングラスを目の位置に掲げる。目を細めた男の視線が，ワイングラスの中に入った透明感のあるルビー色の液体を貫く。

　それから男は口にワインを含み，うっとりとした表情をする。その恍惚的な表情に，僕はやや寒気を感じる。

「フレッシュな味で実に美味しい。頭がすっきりしてきます」

「ずいぶんとワインがお好きなんですね」

　僕は，思ったことをそのまま口に出して言う。

　すると，男はふるふると首を振りながら，

「好きなんてもんじゃありませんよ。私はアルコールがないと生きていけないのです。実は私はアルコール中毒でね。アルコールが原因で色々とトラブルを起こしてしまって，教授職も懲戒解雇されてしまったくらいでね。そんなときにラミ先生からロー獄の『倉庫番』の職を紹介してもらいましてね。こうして，

ここで『倉庫番』のアルバイトをやっているというわけです。『倉庫番』のソウジロウと申します。以後お見知りおきを」

　アルコール中毒者ね……ラミ先生は，色々な人の弱みにつけこんで人材を獲得しているんだな……

「『倉庫番』ということは，何か僕らの荷物を預かっているということですか？」と僕はふと思いついて聞く。

「君は手ぶらだったみたいで，何もないですね。セナさんのほうは，ヴァイオリンをお預かりしています」

「えっ，私のヴァイオリンがないと思ったら，こんなところにあったの！？」

「まあ，そういうことです」

「えっと，たぶんこれってまた司法試験の問題を解いてヴァイオリンを返してもらうことになると思うんですけど，もし私たちが負けたらヴァイオリンはどうなるのでしょうか？」

「完膚なきまでに壊します。ええ，叩き壊します」

「それって器物損壊罪で，犯罪ですよね？」とセナさんは当然の疑問を口にする。

「このKロースクール地下には日本の主権が及んでいないのですよ。ですから，ここでは器物損壊罪は成立しませんし，日本国の裁判権も及ばない，というわけです。ご理解いただけましたか？」

「……」

　僕とセナさんは，沈黙してしまう。

　旧海軍の噂は，あながち嘘でもないらしい。

「さあ，楽しい楽しいバトルの始まりです！　平成28年公法系第2問，いってみましょう！」

■ 平成28年司法試験公法系科目第 2 問

　株式会社Aは，Y1市において，旧来の銭湯に比して規模の大きな日帰り入浴施設である，いわゆるスーパー銭湯（以下「本件スーパー銭湯」という。）を建築して開業することを計画した。本件スーパー銭湯及びこれに附属する自動車

車庫（以下「本件自動車車庫」という。）の建築予定地である一団の敷地（以下「本件敷地」という。）は，都市計画に第一種低層住居専用地域として定められた地域にある。

　Ａは，平成28年3月20日，近隣住民に対する説明会において，本件スーパー銭湯の建築計画について，大略，以下のとおり，説明した。

　「本件スーパー銭湯は，地上2階建て，延べ床面積約1490平方メートルであり，本件自動車車庫は，1層2段の自走式自動車車庫であり，その収容台数は130台で床面積は約1500平方メートルである。本件スーパー銭湯及び本件自動車車庫の建築予定地である本件敷地の面積は約4150平方メートルである。また，本件スーパー銭湯は，白湯，泡風呂，露天風呂等の各種浴場，サウナ風呂，各種自販機コーナー，休憩コーナー，マッサージコーナーがあるほか，軽食と生ビールが提供される飲食コーナー及び小規模な厨房施設（飲食コーナー及び厨房施設の床面積の合計は約50平方メートル）を備え，年中無休，午前10時から午後12時までの営業で，広範囲の地域から顧客が自動車で来店することを予定しており，来客予想人数は，土日休日は1日当たり約1500人である。」

　ところで，本件自動車車庫の床面積は600平方メートルを超え，建築基準法（以下「法」という。）第48条第1項，別表第二（い）項第10号及び建築基準法施行令第130条の5第1号により，第一種低層住居専用地域では原則として建築することができないため，Ａがこれを適法に建築するためには，法第48条第1項ただし書に基づき，特定行政庁であるＹ1市長の許可（以下「例外許可」という。）を得る必要がある。そこで，Ａは，同年4月5日，Ｙ1市長に対し，本件自動車車庫の建築について，法第48条第1項ただし書に基づき例外許可の申請をした。

　Ｙ1市長は，例外許可の申請を受けて，同年5月6日，利害関係人らの意見を聴取するため，法第48条第14項の定める公開による意見の聴取（以下「公聴会」という。）を開催した。公聴会には，本件スーパー銭湯の周辺に居住する5名の住民（以下「Ｘら」という。）が，利害関係人として出席した。Ｘらのうち，Ｘ1ら2名（以下「Ｘ1ら」という。）は，本件自動車車庫に隣接し，本件自動車車庫から直線距離で約6メートル離れた位置の建物に居住している住民であり，Ｘ2ら3名（以下「Ｘ2ら」という。）は，本件敷地から約45メートル離れた位置で，かつ，幹線道路から本件自動車車庫に通ずる道路沿いの建物に居住する住民である。公聴会において，Ｘ1らは，本件自動車車庫に出入りする多数の自動車のエンジン音，ドアの開閉音などの騒音，ライトグレア（注：光のまぶしさにより物が見えにくくなったり，一過性の盲目状態になったりするような現象）及び

排気ガスにより居住環境が悪化し、交通事故が多発するおそれがあることが明白である旨、X2らは、本件自動車車庫に出入りする多数の自動車の通行による騒音及び排気ガスにより居住環境が悪化し、交通事故が多発するおそれがあることが明白である旨の意見を陳述した。

また、Y1市長は、例外許可の申請を受けて、Y1市建築審査会に対し、法第48条第14項本文の定める同意について諮問した。Y1市建築審査会における議決の成立には、出席委員の過半数の賛成を要するところ、Y1市建築審査会は、同年5月30日、審理の上、出席委員7名のうち5名の委員の賛成をもって、Y1市長が例外許可をすることについて、同意（以下「本件同意」という。）をした。

後日、Y1市建築審査会の本件同意に係る議決には、Aの代表取締役の実弟Bが委員として加わり、賛成票を投じていたことが明らかになったが、本来、Bは、Y1市建築審査会の議事から除斥されるべき者であった（法第82条）。しかし、Y1市建築審査会は、Bを除外してもなお議決の成立に必要な過半数の委員の賛成があるとして、本件同意に係る議決をやり直すことなく、そのまま維持した。

Y1市長は、同年6月8日、Y1市建築審査会による本件同意を受けて、本件自動車車庫の建築について、法第48条第1項ただし書の「第一種低層住居専用地域における良好な住居の環境を害するおそれがない」と認め、例外許可（以下「本件例外許可」という。）をした。Y1市には、例外許可の基準として「建築基準法第48条ただし書許可に関する要綱」（【資料2】。以下「本件要綱」という。）がある。

例外許可については、申請者以外の者に通知することは予定されていないが、Xらは、遅くとも、同年6月末日までに本件例外許可がされたことを知った。そこで、Xらは、Xらが居住する地域は、都市計画法上の第一種低層住居専用地域であり、良好な住居の環境の保護に対する要請が最も強い地域であることを考慮すれば、良好な住居の環境を著しく害するおそれのある本件スーパー銭湯の建築は到底許されないはずであるとして、本件スーパー銭湯の建築を阻止したいと考えた。

他方、Aは、同年9月14日、指定確認検査機関（注：国土交通大臣又は都道府県知事の指定を受けて建築確認をする民間の機関）Y2に対し、本件スーパー銭湯及び本件自動車車庫を一体として、法第6条の2第1項に基づく建築確認の申請をした。これに対し、Y2は、法別表第二（い）項第7号によれば、本件スーパー銭湯は、第一種低層住居専用地域内に建築することができる建築物である

「公衆浴場」に該当すると判断せざるを得ないとして，同年10月7日，本件スーパー銭湯及び本件自動車車庫を一体として，建築基準関係規定に適合する旨の建築確認（以下「本件確認」という。）をした。

　Xらは，本件スーパー銭湯の建築を阻止するため，代理人弁護士に委任することなく，平成29年1月17日，Y1市を被告として本件例外許可の取消しを求める訴え（以下「本件訴訟1」という。）を，Y2を被告として本件確認の取消しを求める訴え（以下「本件訴訟2」という。）をそれぞれ提起した。その後，Xらは，Y1市及びY2の各答弁書への反論を準備する過程で，今後の訴訟追行に不安を覚えたため，弁護士事務所に相談に訪れ，弁護士に本件訴訟1及び本件訴訟2の訴訟追行を委任した。

　以下に示された【法律事務所の会議録】を読んだ上で，弁護士Cの指示に応じる弁護士Dの立場に立って，設問に答えなさい。

　なお，建築基準法，都市計画法，風俗営業等の規制及び業務の適正化等に関する法律，公衆浴場法及び建築基準法施行令の抜粋を【資料1　関係法令】に，Y1市の建築基準法第48条ただし書許可に関する要綱（本件要綱）の抜粋を【資料2　要綱（抜粋）】に，それぞれ掲げてあるので，適宜参照しなさい。

〔設問1〕

　本件訴訟1（本件例外許可の取消訴訟）において，X1らとX2らのそれぞれの原告適格は認められるか。

〔設問2〕

　本件訴訟1（本件例外許可の取消訴訟）において，本件例外許可は適法であると認められるか。解答に当たっては，Xらによる本件例外許可の違法事由の主張として考えられるものを挙げて論じなさい。

〔設問3〕

　Xらは，本件訴訟2（本件確認の取消訴訟）において，〔設問2〕で挙げた本件例外許可の違法事由を主張することができるか。解答に当たっては，本件訴訟1及び本件訴訟2において，いずれもXらの原告適格が認められること，〔設問2〕で挙げた本件例外許可の違法事由が認められることを前提にしなさい。

〔設問4〕

　本件訴訟2（本件確認の取消訴訟）において，本件確認は適法であると認められるか。解答に当たっては，Xらによる本件確認の違法事由の主張として考えられるものを挙げて，論じなさい。

【法律事務所の会議録】

弁護士C：本日は，Xらの案件について議論したいと思います。Xらは，代理人弁護士に委任することなく，自ら，Y1市を被告として本件訴訟1（本件例外許可の取消訴訟）を，Y2を被告として本件訴訟2（本件確認の取消訴訟）をそれぞれ提起したということですね。

弁護士D：はい。そうです。

弁護士C：それでは，本件訴訟1から検討していきましょう。本件訴訟1における本件例外許可の対象となっている本件自動車車庫について，「1層2段の自走式自動車車庫」とはどういうものですか。

弁護士D：1階建ての1階部分及び屋上部分を自動車の駐車場所として，両部分をスロープで連結させ，自動車で走行して駐車場所まで移動する方式の自動車車庫のことです。本件自動車車庫は，1階部分に屋根があり，柱が基礎に固定されているので，建築基準法上の「建築物」に当たることは間違いありませんが，屋上部分の外周に転落防止用の金属製の網状フェンスが設置されているのみで壁はないため，自動車の騒音，ライトグレア及び排気ガスを防ぐ構造にはなっていません。

弁護士C：そうすると，近隣住民の被る夜間の自動車の騒音，ライトグレア及び排気ガスによる被害は重大なものになりますね。

弁護士D：Xらもこの点を心配しています。

弁護士C：本件訴訟1の訴訟要件としては何が問題になりますか。

弁護士D：原告適格と出訴期間が問題になります。

　　　　　まず，原告適格については，X1らは，本件自動車車庫に隣接して居住する者ですが，本件スーパー銭湯は，年中無休，午前10時から午後12時までの営業で，来場する自動車が多く，特に，土日休日は1日約550台にも及ぶため，自動車のエンジン音，ドアの開閉音などの騒音，ライトグレア及び排気ガスにより居住環境が悪化し，交通事故が多発するおそれがあると主張しています。また，X2らは，本件自動車車庫から若干離れたところに居住する者ですが，本件自動車車庫から幹線道路に通

ずる道路沿いに居住していることから，多数の自動車の通行による騒音
及び排気ガスにより居住環境が悪化し，交通事故が多発するおそれがあ
ると主張しています。

弁護士Ｃ：Ｘ１ら及びＸ２らのそれぞれについて，本件訴訟１の原告適格を肯定
することはできるのでしょうか。根拠法令及び関係法令を参照し，Ｘ１
ら及びＸ２らの個別の事情を考慮しつつ検討してください。

弁護士Ｄ：分かりました。

弁護士Ｃ：Ｘらは，本件訴訟１については，本件例外許可を知った日から６か月
を経過して訴えを提起したということですね。Ｘらが出訴期間を徒過し
たのは，どのような理由からですか。

弁護士Ｄ：Ｘらによれば，Ｙ１市の担当職員に，例外許可の違法を争う方法を尋
ねたところ，同職員から，例外許可の違法については，後続の建築確認
の取消訴訟の中で主張すれば足りるとの説明を受けたということです。
出訴期間の徒過については，行政事件訴訟法第14条第１項ただし書の
「正当な理由」があると主張して争いたいと考えています。

弁護士Ｃ：そうですか。出訴期間の徒過につき「正当な理由」があるかどうかに
ついては，既に検討済みということですから，本件訴訟１の訴訟要件の
検討対象から外してください。

弁護士Ｄ：分かりました。

弁護士Ｃ：次に，Ｘらが，本件訴訟１において主張し得る本件例外許可の違法事
由としては，どのようなものが考えられますか。

弁護士Ｄ：第１に，除斥事由のあるＢが建築審査会の同意に係る議決に加わって
いることから，手続上の瑕疵があるという主張が考えられます。第２
に，Ｙ１市長による本件例外許可については，裁量権の範囲の逸脱，濫
用があったという主張が考えられます。

弁護士Ｃ：そうですね。第１については，除斥事由が定められた趣旨等を踏まえ
て検討してください。第２については，本件要綱の法的性質を踏まえた
上で，本件例外許可についてのＹ１市長の裁量権の内容，範囲を検討
し，説得的な主張ができるようにしてください。

弁護士Ｄ：検討してみます。

弁護士Ｃ：次に，本件訴訟２についての検討に入りましょう。まず，本件訴訟２
の原告適格についても問題となりますが，今回は，本件訴訟２について
は，Ｘらの原告適格が肯定されることを前提にして，他の問題点を先に

　　　　検討することにしましょう。

弁護士Ｄ：分かりました。

弁護士Ｃ：ところで，本件例外許可の違法を主張したいということでしたが，本件訴訟２の中で，その違法を主張することはできるのでしょうか。

弁護士Ｄ：うーん。難しいところですね。本件例外許可の違法については，本件訴訟１において主張するのが本筋ですので，許されないような感じもしますが…。

弁護士Ｃ：Ｘらが，本件訴訟２の中で，本件例外許可の違法を主張することができるかという問題は，本件では重要な争点となりますので，この点については，できるだけ多角的な観点から検討してください。

弁護士Ｄ：分かりました。たしか，関連する最高裁判所の判例もあったと思いますので，併せて検討してみます。

弁護士Ｃ：次に，Ｘらの言い分の中から，本件確認の違法事由として，どのような主張を構成することができますか。

弁護士Ｄ：第１に，旧来の「銭湯」と本件スーパー銭湯とを同一のものと考えて行った本件確認は違法という主張ができるように思います。本件に関し，建築基準法別表第二（い）項第７号の「公衆浴場」が第一種低層住居専用地域内に建築することができる建築物とされた趣旨について調査したところ，「建築基準法が制定された昭和25年当時は，住宅に内風呂がない者が相当程度おり，国民の健康，公衆衛生を確保するため住居専用地域（注：「住居専用地域」とは当時の用途地域の区分であり，現在の「第一種低層住居専用地域」を含む地域である。）に公衆浴場を設けることが必要不可欠であった。」と説明されています。また，都市部において，住宅の浴室保有率が急増したのは昭和30年代からと言われ，住宅の浴室保有率は，統計を取り始めた昭和38年には59％であったのに対し，現在は95.5％となっています。

弁護士Ｃ：本件スーパー銭湯の入浴料金は，どうなっていますか。

弁護士Ｄ：公衆浴場法の適用を受ける「公衆浴場」については，Ｙ１市の属する県の公衆浴場法施行条例で「一般公衆浴場」と「その他の公衆浴場」に区分されており，「一般公衆浴場」とは，公衆浴場法第１条第１項に規定する公衆浴場であって，その利用の目的及び形態が地域住民の日常生活において保健衛生上必要な施設として利用されるものとして，物価統制令の規定に基づき入浴料金が定められているものをいい，「その他の

　　　公衆浴場」とは，「一般公衆浴場」以外の公衆浴場をいいます。旧来の「銭
　　　湯」は，「一般公衆浴場」に当たり，物価統制令に基づく価格統制の対
　　　象となっていますが，スーパー銭湯は「その他の公衆浴場」に当たり，
　　　価格統制の対象外となっています。Ｙ１市の属する県の告示により，
　　　「一般公衆浴場」の入浴料金の統制額（上限金額）は，「大人（12歳以上）
　　　につき，400円」等と定められています。これに対し，本件スーパー銭
　　　湯の入浴料金は「大人（12歳以上）につき，平日600円，土日祝日700円」
　　　等となっています。

弁護士Ｃ：本件スーパー銭湯が「一般公衆浴場」と実態が異なるということは分
　　　かりました。これに加えて，本件スーパー銭湯には，飲食コーナー及び
　　　厨房があるということですね。この飲食店部分についても，建築基準法
　　　別表第二（い）項第７号の「公衆浴場」に当たると考えてよいのでしょ
　　　うか。第一種低層住居専用地域に建築することができる建築物にはどの
　　　ようなものがあるかをよく確認した上で，本件スーパー銭湯の建築は到
　　　底許されないというＸらの言い分について，法律解釈としてどのよう
　　　に主張を構成することができるかについて，検討してください。

弁護士Ｄ：分かりました。

弁護士Ｃ：ところで，Ｘらから受任してから速やかに，本件確認の効力を停止す
　　　る執行停止の申立てをしたということですね。

弁護士Ｄ：そうです。建築基準法第６条第１項による確認を受けた建築物の工事
　　　が完了したときは，その確認の取消しを求める訴えの利益は失われると
　　　いうのが最高裁判所の判例ですから，本件訴訟２の係属中に訴えの利益
　　　が失われることのないように，速やかに執行停止の申立てをしておきま
　　　した。

弁護士Ｃ：執行停止の件については，既に検討済みとのことですので，今回は，
　　　執行停止以外の問題点について検討してください。

弁護士Ｄ：分かりました。

【資料１　関係法令】

○　建築基準法（昭和25年５月24日法律第201号）（抜粋）

　（目的）

第１条　この法律は，建築物の敷地，構造，設備及び用途に関する最低の基準を
　定めて，国民の生命，健康及び財産の保護を図り，もつて公共の福祉の増進に

資することを目的とする。

（建築物の建築等に関する申請及び確認）

第6条　建築主は，第1号から第3号までに掲げる建築物を建築しようとする場合（括弧内略），これらの建築物の大規模の修繕若しくは大規模の模様替をしようとする場合又は第4号に掲げる建築物を建築しようとする場合においては，当該工事に着手する前に，その計画が建築基準関係規定（この法律並びにこれに基づく命令及び条例の規定（以下「建築基準法令の規定」という。）その他建築物の敷地，構造又は建築設備に関する法律並びにこれに基づく命令及び条例の規定で政令で定めるものをいう。以下同じ。）に適合するものであることについて，確認の申請書を提出して建築主事の確認を受け，確認済証の交付を受けなければならない。（以下略）

一～四　（略）

2・3　（略）

4　建築主事は，第1項の申請書を受理した場合においては，同項第1号から第3号までに係るものにあつてはその受理した日から35日以内に，同項第4号に係るものにあつてはその受理した日から7日以内に，申請に係る建築物の計画が建築基準関係規定に適合するかどうかを審査し，審査の結果に基づいて建築基準関係規定に適合することを確認したときは，当該申請者に確認済証を交付しなければならない。

5～9　（略）

（国土交通大臣等の指定を受けた者による確認）

第6条の2　前条第1項各号に掲げる建築物の計画（前条第3項各号のいずれかに該当するものを除く。）が建築基準関係規定に適合するものであることについて，第77条の18から第77条の21までの規定の定めるところにより国土交通大臣又は都道府県知事が指定した者〔注：「指定確認検査機関」を指す。〕の確認を受け，国土交通省令で定めるところにより確認済証の交付を受けたときは，当該確認は前条第1項の規定による確認と，当該確認済証は同項の確認済証とみなす。

2～7　（略）

（用途地域等）

第48条　第一種低層住居専用地域内においては，別表第二（い）項に掲げる建築物以外の建築物は，建築してはならない。ただし，特定行政庁が第一種低層住居専用地域における良好な住居の環境を害するおそれがないと認め，又は公益

上やむを得ないと認めて許可した場合においては，この限りでない。

2～13 （略）

14 特定行政庁は，前各項のただし書の規定による許可をする場合においては，あらかじめ，その許可に利害関係を有する者の出頭を求めて公開による意見の聴取を行い，かつ，建築審査会の同意を得なければならない。ただし，前各項のただし書の規定による許可を受けた建築物の増築，改築又は移転（これらのうち，政令で定める場合に限る。）について許可をする場合においては，この限りでない。

15 特定行政庁は，前項の規定による意見の聴取を行う場合においては，その許可しようとする建築物の建築の計画並びに意見の聴取の期日及び場所を期日の3日前までに公告しなければならない。

（建築審査会）

第78条 この法律に規定する同意及び第94条第 1 項の審査請求に対する裁決についての議決を行わせるとともに，特定行政庁の諮問に応じて，この法律の施行に関する重要事項を調査審議させるために，建築主事を置く市町村及び都道府県に，建築審査会を置く。

2 建築審査会は，前項に規定する事務を行う外，この法律の施行に関する事項について，関係行政機関に対し建議することができる。

（建築審査会の組織）

第79条 建築審査会は，委員 5 人以上をもつて組織する。

2 委員は，法律，経済，建築，都市計画，公衆衛生又は行政に関しすぐれた経験と知識を有し，公共の福祉に関し公正な判断をすることができる者のうちから，市町村長又は都道府県知事が任命する。

（委員の除斥）

第82条 委員は，自己又は 3 親等以内の親族の利害に関係のある事件については，この法律に規定する同意又は第94条第 1 項の審査請求に対する裁決に関する議事に加わることができない。

別表第二 用途地域等内の建築物の制限（第27条，第48条，第68条の 3 関係）

（い）第一種低層住居専用地域内に建築することができる建築物

一 住宅

二 住宅で事務所，店舗その他これらに類する用途を兼ねるもののうち政令で定めるもの

　三　共同住宅，寄宿舎又は下宿

　四　学校（大学，高等専門学校，専修学校及び各種学校を除く。），図書館その
　　他これに類するもの

　五　神社，寺院，教会その他これらに類するもの

　六　老人ホーム，保育所，福祉ホームその他これらに類するもの

　七　公衆浴場（風俗営業等の規制及び業務の適正化等に関する法律（昭和23年
　　法律第122号）第2条第6項第1号に該当する営業（以下この表において「個
　　室付浴場業」という。）に係るものを除く。）

　八　診療所

　九　巡査派出所，公衆電話所その他これらに類する政令で定める公益上必要な
　　建築物

　十　前各号の建築物に附属するもの（政令で定めるものを除く。）

　〔注：別表第二（い）項中の「政令」とは，後記「建築基準法施行令」を指す。〕

　（ろ）～（わ）　（略）

○　都市計画法（昭和43年6月15日法律第100号）（抜粋）

　（目的）

第1条　この法律は，都市計画の内容及びその決定手続，都市計画制限，都市計
　画事業その他都市計画に関し必要な事項を定めることにより，都市の健全な発
　展と秩序ある整備を図り，もつて国土の均衡ある発展と公共の福祉の増進に寄
　与することを目的とする。

　（地域地区）

第8条　都市計画区域については，都市計画に，次に掲げる地域，地区又は街区
　を定めることができる。

　一　第一種低層住居専用地域，第二種低層住居専用地域，第一種中高層住居専
　　用地域，第二種中高層住居専用地域，第一種住居地域，第二種住居地域，準
　　住居地域，近隣商業地域，商業地域，準工業地域，工業地域又は工業専用地
　　域（以下「用途地域」と総称する。）

　二～十六　（略）

2　（略）

3　地域地区については，都市計画に，第1号及び第2号に掲げる事項を定める
　ものとするとともに，第3号に掲げる事項を定めるよう努めるものとする。

　一　地域地区の種類（特別用途地区にあつては，その指定により実現を図るべ

き特別の目的を明らかにした特別用途地区の種類），位置及び区域

二　次に掲げる地域地区については，それぞれ次に定める事項

　　イ　用途地域建築基準法第52条第1項第1号から第4号までに規定する建築
　　　物の容積率（延べ面積の敷地面積に対する割合をいう。以下同じ。）並び
　　　に同法第53条の2第1項及び第2項に規定する建築物の敷地面積の最低限
　　　度（建築物の敷地面積の最低限度にあつては，当該地域における市街地の
　　　環境を確保するため必要な場合に限る。）

　　ロ　第一種低層住居専用地域又は第二種低層住居専用地域建築基準法第53条
　　　第1項第1号に規定する建築物の建ぺい率（建築面積の敷地面積に対する
　　　割合をいう。以下同じ。），同法第54条に規定する外壁の後退距離の限度
　　　（低層住宅に係る良好な住居の環境を保護するため必要な場合に限る。）及
　　　び同法第55条第1項に規定する建築物の高さの限度

　　ハ〜リ　（略）

　三　（略）

4　（略）

第9条　第一種低層住居専用地域は，低層住宅に係る良好な住居の環境を保護す
　るため定める地域とする。

2〜22　（略）

第10条　地域地区内における建築物その他の工作物に関する制限については，こ
　の法律に特に定めるもののほか，別に法律で定める。

○　風俗営業等の規制及び業務の適正化等に関する法律（昭和23年7月10日法律
　第122号）（抜粋）

（用語の意義）

第2条

1〜5　（略）

6　この法律において「店舗型性風俗特殊営業」とは，次の各号のいずれかに該
　当する営業をいう。

　一　浴場業（公衆浴場法（昭和23年法律第139号）第1条第1項に規定する公
　　衆浴場を業として経営することをいう。）の施設として個室を設け，当該個
　　室において異性の客に接触する役務を提供する営業

　二〜六　（略）

7〜11　（略）

○　公衆浴場法（昭和23年7月12日法律第139号）（抜粋）

第1条　この法律で「公衆浴場」とは，温湯，潮湯又は温泉その他を使用して，公衆を入浴させる施設をいう。

2　（略）

○　建築基準法施行令（昭和25年11月16日政令第338号）（抜粋）

（第一種低層住居専用地域内に建築することができる兼用住宅）

第130条の3　法〔注：建築基準法〕別表第二（い）項第2号（括弧内略）の規定により政令で定める住宅は，延べ面積の2分の1以上を居住の用に供し，かつ，次の各号の一に掲げる用途を兼ねるもの（これらの用途に供する部分の床面積の合計が50平方メートルを超えるものを除く。）とする。

一　（略）

二　日用品の販売を主たる目的とする店舗又は食堂若しくは喫茶店

三～七　（略）

（第一種低層住居専用地域及び第二種低層住居専用地域内に建築してはならない附属建築物）

第130条の5　法〔注：建築基準法〕別表第二（い）項第10号（中略）の規定により政令で定める建築物は，次に掲げるものとする。

一　自動車車庫で当該自動車車庫の床面積の合計に同一敷地内にある建築物に附属する自動車車庫の用途に供する工作物の築造面積（括弧内略）を加えた値が600平方メートル（括弧内略）を超えるもの（以下略）

二～五　（略）

【資料2　要綱（抜粋）】

建築基準法第48条ただし書許可に関する要綱

（趣旨）

第1　この要綱は，建築基準法第48条各項ただし書に規定する建築許可（以下「例外許可」という。）の基準及び手続に関して必要な事項を定めるものとする。

（許可基準）

第2　用途地域別の許可基準は，次に定めるものとする。

1　第一種低層住居専用地域，第二種低層住居専用地域

(1)～(3)　（略）

(4)　自動車車庫で別紙「自動車車庫に係る建築基準法第48条第1項から第3

項までの規定に関する許可基準」に適合するもの

(5)　（略）

2～5　（略）

（公開による意見聴取）

第 7　公開による意見聴取（以下「公聴会」という。）は，次によるものとする。

　(1)　公聴会の案内は，公告を開催日の 3 日前までに行うほか，次の者に案内
　　書を送付する。

　　　ア　申請建築物の敷地〔注：「敷地」とは，一の建築物又は用途上不可分
　　　　の関係にある二以上の建築物のある一団の土地をいう。〕から概ね50m
　　　　の範囲の土地又は建物の所有者

　　　イ　当該敷地が属する地縁による団体（自治会）の代表者

　　　ウ　計画建築物の用途，規模により特に利害が大きいと思われる者

　(2)　公聴会には，申請者及び設計者又はそれらの代理人の出席を求める。

　2　公聴会において聴取した利害関係を有する者の意見は十分尊重しなければ
　　ならない。

（別紙）

自動車車庫に係る建築基準法第48条第 1 項から第 3 項までの
規定に関する許可基準

第 1　許可方針

　　第一種低層住居専用地域，第二種低層住居専用地域（中略）において良好な
　住居の環境の確保を図りつつ，居住者等が利用する自動車車庫の建築を促進す
　るため，第 2 の許可基準の 1 から 3 までのいずれかに適合し，住居の環境を害
　するおそれがないと認められる自動車車庫については，許可制度の積極的活用
　を図るものとすること。

第 2　許可基準

　1　建築物に附属する自動車車庫にあっては，次に掲げる条件に該当するもの
　　であること。

　(1)　当該自動車車庫の床面積の合計及び階が，用途地域に応じて次に掲げる
　　ところによること。

　　　イ　第一種低層住居専用地域又は第二種低層住居専用地域にあっては，床
　　　　面積の合計に同一敷地内にある建築物に附属する自動車車庫の用途に供
　　　　する工作物の築造面積（中略）を加えた値が1500㎡以下であり，かつ，

　　　1階以下の部分にあること。

　　ロ・ハ　（略）

　(2)・(3)　（略）

　(4)　当該自動車車庫の敷地の位置及び道路との関係，構造等が次の条件に該
　　当すること。

　　イ　騒音

　　　　周囲に対する騒音の低減を図るため，敷地内の建築物の配置を踏まえ
　　　た適切な配置，地階への設置等を行うこと。これらの対応が困難な場合
　　　にあっては，遮音壁の設置等を行うこと。

　　ロ　ライトグレア〔注：光のまぶしさにより物が見えにくくなったり，一
　　　過性の盲目状態になったりするような現象〕

　　　　光が周囲の建築物に頻繁に当たることのないようにするため，敷地内
　　　の建築物の配置を踏まえた適切な配置，地階への設置等を行うこと。こ
　　　れらの対応が困難な場合にあっては，植栽，目隠し板の設置等を行うこ
　　　と。

　　ハ　排気ガス

　　　　排気ガスを排出するための換気孔等を設ける場合には，適切な位置に
　　　換気孔を設置する等により，周囲に害を及ぼさないよう配慮すること。
　　　これらの対応が困難な場合にあっては，植栽，塀の設置等を行うこと。

　　ニ　接道要件　（略）

　　ホ　その他　（略）

　2・3　（略）

　第3　（略）

「設問1は，本件訴訟1（本件例外許可の取消訴訟）において，X1らとX2らの
それぞれの原告適格は認められるか，という内容です。この問題では，本件例
外許可に処分性があることは当然の前提としていいでしょう[*1]。まず，原告適格
の判断枠組みを述べてください」

「ハイハイハイ！」とセナさんが先手をとる。やはり簡単な問いに先に答えて
しまおうという腹のようだ。「小田急線高架化訴訟（判例0-4　最大判平成17年
12月7日民集59巻10号2645頁）は，①『法律上の利益を有する者』（行訴法9条1項）

とは，当該処分により自己の権利若しくは法律上保護された利益を侵害され，
又は必然的に侵害されるおそれのある者をいう，②当該処分を定めた行政法規
が，不特定多数者の具体的利益を専ら一般的公益の中に吸収解消させるにとど
めず，それが帰属する個々人の個別的利益としてもこれを保護すべきものとす
る趣旨を含むと解される場合には，このような利益もここにいう法律上保護さ
れた利益に当たる，③処分の相手方以外の者について上記の法律上保護された
利益の有無を判断するに当たっては，当該処分の根拠となる法令の規定の文言
のみによることなく，当該法令の趣旨及び目的並びに当該処分において考慮さ
れるべき利益の内容及び性質を考慮し，この場合において，当該法令の趣旨及
び目的を考慮するに当たっては，当該法令と目的を共通にする関係法令がある
ときはその趣旨及び目的をも参酌し，当該利益の内容及び性質を考慮するに当
たっては，当該処分がその根拠となる法令に違反してされた場合に害されるこ
ととなる利益の内容及び性質並びにこれが害される態様及び程度をも勘案すべ
き（行訴法 9 条 2 項参照），としました」

「そうですね。この判断枠組みの下で，まず X 1 らの原告適格を検討していく
ことになります。X 1 らは，どんな人たちで，どんな利益を主張していました
か？」

「X 1 らは，『本件自動車車庫に隣接し，本件自動車車庫から直線距離で約 6
メートル離れた位置の建物に居住している住民』で，『本件スーパー銭湯は，
年中無休，午前 10 時から午後 12 時までの営業で，来場する自動車が多く，特
に，土日休日は 1 日約 550 台にも及ぶため，自動車のエンジン音，ドアの開閉
音などの騒音，ライトグレア及び排気ガスにより居住環境が悪化し，交通事故
が多発するおそれがあると主張』しています」

　これも問題文を読み上げるだけの簡単なお仕事であり，セナさんはすらすら
と答える。

「そうです。X 1 らの主張する利益を構造的に把握すると，①（a）騒音，（b）
ライトグレア，（c）排気ガスにより制約される居住環境の利益，②交通事故多
発により制約される生命・身体利益，ということになるでしょう。さて，原告
適格を判断するためには処分根拠規定の特定が何よりも重要ですが，本件例外
許可の処分根拠法規は何条でしょうか」

法48条1項但書で『特定行政庁が第一種低層住居専用地域における良好な住居の環境を害するおそれがないと認め，又は公益上やむを得ないと認めて許可した場合においては，この限りでない。』と定めています！」

「A又はBという選択的な要件が掲げられていますが，本件例外許可はいずれの処分要件を充足してなされていますか？」

「えっ。えー，それはですね……」

「オヤオヤ？　処分根拠法規の特定は，重要な作業なのですが……」

　ここでセナさんがギブアップのようだ。仕方がないので，僕が引き継ぐ。

「問題文に『第一種低層住居専用地域における良好な住居の環境を害するおそれがない』として本件例外許可を行ったことが書いてありますので，前半の処分要件該当性を判断したものと考えられます」

「エクセレント！　そうですね。この処分根拠法規を特定することにより，本件例外許可はまず少なくとも一般的公益としては良好な住環境を保護する趣旨があることはわかります。この段階で，X1らの主張する利益のうち良好な住環境保護と無関係の②交通事故多発により制約される生命・身体利益が脱落することがわかりますね」

　なるほど，そういう風に主張を落としていくのか。

「もっとも，これだけでは法48条1項但書が良好な住環境を一般的公益として保護するにとどめたものか，X1らの主張する（a）騒音，（b）ライトグレア，（c）排気ガスに関する居住環境の利益を個別的利益としても保護しているのかは，判別しきれませんね。法48条1項但書の処分要件の内容・基準はやや抽象的であり，特定個人の騒音，ライトグレア，排気ガスという具体的な利益まで保護する趣旨かは法文そのものからはわかりません。[*2]処分根拠法規をより具体的に読み解いていく手掛かりはありますか？」

　セナさんは，もう答える気はないようだ。

「本件要綱第2・1⑷・自動車車庫に係る建築基準法第48条1項から第3項までの規定に関する許可基準（以下「本件基準」という。）第2・1⑷イで騒音，ロでライトグレア，ハで排気ガスとの関係で許可基準が定められています。そうすると，本件例外許可の処分要件との関係では騒音，ライトグレア，排気ガスに関する居住環境の利益が要考慮事項とされていることから，『法令の趣旨及

び目的』は，X 1 らの主張する（a）騒音，（b）ライトグレア，（c）排気ガスに関する居住環境の利益を個別的利益として保護する点にあると解釈することができます。さらに『利益の内容及び性質』をみると優越的法益である健康上の利益を含みます。また，『屋上部分の外周に転落防止用の金属製の網状フェンスが設置されているのみで壁はないため，自動車の騒音，ライトグレア及び排気ガスを防ぐ構造にはなってい』ないことから『近隣住民の被る夜間の自動車の騒音，ライトグレア及び排気ガスによる被害は重大なもの』と問題文では評価されています。そのため，利益の『害される態様及び程度』（行訴法 9 条 2項）を参酌すると，X 1 らは騒音，ライトグレア，排気ガスに関する居住環境の利益について直接的かつ重大な被害を受ける可能性があり，原告適格は肯定[*3]できます」

「エクセレント！　行政規則に過ぎない本件基準を原告適格で参照できるかは問題ですが，行政庁の法解釈を示すものと捉えることもできますので，客観的な法解釈と合致する限り，処分根拠法規の趣旨・目的の解釈の際に参照することは許されると解釈できますね[*4]。そのロジックでいくと，X 2 らの原告適格はどうでしょうか」

「X 2 らは『本件敷地から約45メートル離れた位置で，かつ，幹線道路から本件自動車車庫に通ずる道路沿いの建物に居住する住民』であり，『本件自動車車庫から幹線道路に通ずる道路沿いに居住していることから，多数の自動車の通行による騒音及び排気ガスにより居住環境が悪化し，交通事故が多発するおそれ』を主張しています。X 2 らの主張する利益を X 1 らと同じく構造的に把握すると，①（a）騒音，（b）排気ガスにより制約される居住環境の利益，②交通事故多発により制約される生命・身体利益となりますが，②の利益は X 1らと同様の理由で原告適格を肯定する理由になりません。それに X 1 らは近隣住民として騒音，ライトグレア，排気ガスの影響を直接受け，このような直接的影響を防止するために本件基準第 2・1(4)イ・ロ・ハが定められていますが，X 2 らは多数の自動車の通行を原因とした①（a）騒音，（b）排気ガスに関する居住環境の利益を主張しているに過ぎません[*5]。そうすると，法48条 1 項但書・本件基準第 2・1(4)イ・ハを根拠として，X 2 らの原告適格を肯定することはできません」

「法48条14項では『その許可に利害関係を有する者の出頭を求めて公開による
意見の聴取』をすることを手続要件としており，約45mの距離に居住する
Ｘ２らは，本件要綱第７・１(1)アの『概ね50mの範囲の土地又は建物の所有者』
に該当し，公聴会の対象者になりますね。このような第三者保護につながる手
続規定*6が存在する場合には，その対象者の個別的利益を保護する趣旨を含むと
は言えないのでしょうか？」

「公聴会の対象者が『利害関係』を有する『概ね50m』以内の者となっている
ことから，騒音・ライトグレア・排気ガスの直接的影響のみならず，多数の自
動車通行により被害を受ける利益をも個別的利益として保護する趣旨を含む，
と評価することもできますね。本件要綱第７・２の意見尊重義務も，個別的利
益保護を推知させます。もっとも，公聴会は，行政がより適格な判断をするた
めに周辺住民から情報収集をするための手段に過ぎない，と考えることもでき
ます。このような考え方に立った場合には，公聴会の規定だけでは原告適格は
肯定できません」

「そうですね。それでは『当該法令と目的を共通にする関係法令』の『趣旨及
び目的』を『参酌』する方法はどうでしょうか」

「都市計画法が『関係法令』に該当する可能性があります。同法９条１項が『第
一種低層住居専用地域は，低層住宅に係る良好な住居の環境を保護するため定
める地域とする』と定めていますので，これにより良好な住環境利益を個別的
利益としても保護していると評価することはできるかもしれません。もっと
も，同法は『都市の健全な発展と秩序ある整備を図り，もって国土の均衡ある
発展と公共の福祉の増進に寄与することを目的』としていますので(同法１条)，
用途地域規制は都市の健全な発展と秩序ある整備のためのものであり，住民の
受ける利益はこの整備による反射的利益に過ぎないとも言えます*7」

「結論はいずれでも良いと思いますが，そのように多面的な評価を示すことが
重要ですね。原告適格を肯定する根拠となった法的仕組みは，同時に原告適格
が認められる人的範囲の線引きの根拠にもなりうる点に注意が必要です。本件
基準第２・１(4)イ・ロ・ハを決め手にした場合，当該基準が具体的に保護しよ
うとしている近隣住民であるＸ１らの限度で原告適格が認められますが，Ｘ２
らにまで原告適格を拡げられるとまでは言いにくいです。法48条14項・本件要

綱第 7・1(1)アをも根拠にした場合,『概ね50mの範囲の土地又は建物の所有者』の範囲に線引きされ,X1らのみならずX2らまで原告適格が認められます。さらに,『関係法令』として都市計画法 9 条 1 項を参照して原告適格を肯定すれば,第一種低層住居専用地域の居住者にまで原告適格が拡がり,X1ら及びX2らに原告適格が認められます。もちろんいったん拡げかけた原告適格の範囲を『害される態様及び程度』(行訴法 9 条 2 項)を参酌して受忍限度を超える居住範囲等に制限することは不可能ではありませんが,線引きが恣意的になり説得力が弱まる可能性があります。このように個別的利益として保護されるか否かの解釈と一体的に具体的な線引きまで決まることもありますので,注意が必要ですね。それでは設問 2 にいきましょう。設問 2 は本件訴訟 1(本件例外許可の取消訴訟)における本件例外許可の適法性ですね。この点は,『第 1 に,除斥事由のある B が建築審査会の同意に係る議決に加わっていることから,手続上の瑕疵があるという主張が考えられます。第 2 に,Y1市長による本件例外許可については,裁量権の範囲の逸脱,濫用があったという主張が考えられます』という誘導がありますね。手続的瑕疵と実体的瑕疵を問う趣旨ですね。まず,前者の手続的瑕疵の点はどうですか。セナさんにお答えいただきましょう」

「えっ,私ですか!?」

「そうです。どうですか」

「えとえと。本問の場合,建築審査会の同意に瑕疵がありそうなんですけど,そもそも建築審査会の同意って処分性の有無が問題とならないのかなぁと……もし処分性があるとすると,建築審査会の同意にいくら瑕疵があっても遮断効が働いて,本件例外許可の取消訴訟では違法事由として主張できないんじゃないかなあーっと思っちゃったりして……あはは」

「建築審査会の同意に関しては許可要件の加重に過ぎず同意自体が国民の権利義務を変動させるものではないので,処分性はないと解されています[8]。そうすると遮断効は働かないので,建築審査会の同意に瑕疵があれば,本件例外許可の取消訴訟において主張可能です。そうすると,どうなりますか」

「な,るほどですね。そうすると法82条により除斥事由のある B が Y1建築審査会に加わって本件同意がなされていて,本件同意に手続的瑕疵があるの

で，違法であり，取消事由があると言えると思います」

「それではほとんど問題文をなぞっただけですね。法82条違反の手続的瑕疵が，なぜ本件例外許可の取消事由になるのでしょうか？」

　セナさんが，助けを求めるように僕を見てくるので仕方がない。僕はセナさんからバトンを引き継ぐ。

「Bを除外してもなお議決の成立に必要な過半数の委員の賛成（7名中4名）がありますので，手続的瑕疵を理由に取り消したとしてもまた同意がなされるだけだと思います。このような処分結果を左右しない手続的瑕疵は取消事由にはならないと考えます」

「なるほど。行政手続法制定前における手続的瑕疵の効力に関する主要判例を見ると，①理由附記の瑕疵は独立の取消事由とされていた一方で（判例3−1旅券発給拒否処分事件・最判昭和60年1月22日民集39巻1号1頁等），②聴聞手続関連では，個人タクシー事件（判例3−2　最判昭和46年10月28日民集25巻7号1037頁）が主張と証拠の提出の機会を与えその結果を斟酌しても異なる判断に到達する可能性がなかったとは言えないとして手続的瑕疵の取消事由該当性を肯定し，群馬中央バス事件（判例3−3　最判昭和50年5月29日民集29巻5号662頁）が『運輸審議会が，公聴会審理において……意見及び資料の提出を促したとしても……運輸審議会の認定判断を左右するに足る意見及び資料を追加提出しうる可能性があつたとは認め難い』として手続的瑕疵の取消事由該当性を否定していますね。①理由附記のように手続自体の公正を図る必要性がある類型では手続的瑕疵は直ちに取消事由になると考えることが可能であるのに対して，②手続自体の公正ではなく実体的適正の手段として手続が存在するに過ぎない場合には，処分結果を左右するか否かが重要だと要約することも可能です」

「本問では，①理由附記の系統ではなく，②聴聞の系統の判例で処理するのが妥当だと考えました」

「そのように処理しても大きな問題はないでしょうね。ただ問題文の誘導にもあるように『除斥事由が定められた趣旨等』を踏まえて，個別法解釈を展開して結論を出すべきでしょう。では聞き方を変えて，法82条が除斥事由を定めた趣旨は何でしょうか？」

「それは……常識的に考えて，Bのような除斥事由のある人間が議決に参加す

れば利害関係人に有利な票を投じる可能性がありますので，それを防止する趣旨です。逆に言えばその有利な票を除外すれば除斥事由の趣旨は損なわれませんので，処分結果に影響がない限りわざわざ取消事由と考える必要はありません」

「なるほど。ただ建築審査会は単なる多数決で物事を決める議決機関に過ぎないのでしょうか。法78条 1 項は，特定行政庁の諮問に応じて，この法律の施行に関する重要事項を『調査審議』させるために建築審査会を設置するとしていて，単に多数決をとって決めるのではなく，調査審議機能を期待しています。さらに法79条 2 項は『法律，経済，建築，都市計画，公衆衛生又は行政に関しすぐれた経験と知識を有し，公共の福祉に関し公正な判断をすることができる者』を委員として選ぶことにしていて，優れた経験・知識に基づく調査・審議機能にこそ力点を置いていると言えるのではないでしょうか。このように法78条 1 項や法79条 2 項を踏まえて法82条の除斥事由の趣旨を検討すると，法82条の趣旨は一定の利害関係人を予め除外して審理・裁決の公正を図る点にあり，[*9]法82条違反の手続的瑕疵がある場合，手続的公正を著しく害するため，取消事由になる，と解釈することもできるでしょう[*10]。結論はいずれでも良いですが，問題文に部分的にあえて抜粋されている条文があるわけですから，それらの条文に基づいて法の仕組みを解明し，法82条の制度趣旨を読み解くことが重要です。そうでなければ，議論が言いっぱなしや断定になり，説得力を欠くことになります」

「除斥事由の趣旨からして，①理由附記の系統の判例に近いと整理すれば良いのでしょうか」

「そのように考えることもできますが，あくまで個別の手続規定の解釈により取消事由該当性を判断したと言うほうが正確かもしれませんね。さて，お次は実体的瑕疵です。復習になりますが，本件例外許可の処分要件は何だったでしょうか」

「法48条 1 項但書の『特定行政庁が第一種低層住居専用地域における良好な住居の環境を害するおそれがない』，です」

「Ｙ 1 市長はその要件を充足したと判断していますので，違法事由の主張はその裏返しで当該要件の不充足の主張になりますね。当該要件に要件裁量は認め

られるでしょうか」

「『良好な住居の環境を害するおそれ』は，規範的・抽象的な文言であり，良好
な住環境の有無の判断には専門技術的判断や地域的実情の考慮の必要性が認め
られますので，Ｙ１に要件裁量そのものは認められると思います」

「そうすると，本件要綱の法的性質はどのように捉えられるでしょうか」

「当該要件の考慮事項に関する裁量基準だと考えます」

「本問の場合，本件要綱違反はありますか？」

「屋上部分の外周に転落防止用の金属製の網状フェンスが設置されているのみ
で壁はないため，自動車の騒音，ライトグレア及び排気ガスを防ぐ構造には
なっておらず，本件基準第２・１(4)イ・ロ・ハ違反があります」

「本件基準第２・１(4)イ・ロ・ハ違反は違法事由を構成しますか？」

　そういえば，裁量基準の処理に関しては，ラミ先生に教わったな。

「裁量基準たる本件要綱の合理性及びその適用の合理性を審査することになる
のではないでしょうか」

「それは裁量基準に従った裁量処分の司法審査ですね。裁量基準に従わない処
分をする場合について，風営法営業停止処分事件（判例１-４　最判平成27年３月
３日民集69巻２号143頁）に照らして，平等原則や相手方信頼保護等を根拠とし
て裁量基準を定立した行政庁のいわば自己拘束性を働かせて，裁量基準と乖離
する裁量処分については，別異取扱いの「特段の事情」がない限り違法と解釈
します（ラミ先生のワンポイントアドバイス①）。本問では特段の事情がなく違法
と主張できるでしょう」

　裁量基準に従った場合と従わなかった場合で，用いる判断枠組みが異なるの
か。うっかりしていた。

「君，なかなか優秀じゃあないですか。なんで，こんなロー獄なんかにいるん
ですか？」

ワンポイントアドバイス ②　原告適格の解釈技法

1　原告適格における仕組み解釈の技法

　第三者の原告適格を判断するにあたって，行訴法 9 条 2 項は，①当該法令の趣旨及び目的（必要的考慮事項その 1），②利益の内容及び性質（必要的考慮事項その 2）を考慮し，③①の考慮の際に，当該法令と目的を共通にする関係法令の趣旨及び目的をも参酌し（必要的考慮事項その 3），④②の考慮の際に害されることとなる利益の内容及び性質並びにこれが害される態様及び程度をも勘案すべき（必要的考慮事項その 4），としている。しかし，これらの必要的考慮事項における考慮方法がいまいち分からないという方も多いのではないか。

　これらの必要的考慮事項は，仕組み解釈そのものを条文化したものであるから，各必要的考慮事項の検討においてどのような「仕組み解釈の技法」を用いる可能性があるのかを検討しておくことは有益だろうな。原告適格の判例の定式及び行訴法 9 条 2 項の必要的考慮事項そのものについては判例・学説においてあまり異論がないところであるから，むしろ各必要的考慮事項をどう判断していくかという「仕組み解釈の技法」のほうが重要とも言えよう。ただ，この点は，判例・学説でも確立したセオリーはないので，通説的なやり方を説明するのは非常に難しいところだ。以下で説明することは，あくまで私見・試論であることをお断りしておく。

2　処分根拠法規の法体系における位置づけ

　第一に，法律上保護された利益説は，別名処分要件説とも呼ばれるとおり，処分要件によって保護された利益を確定していく作業が重要になる。そのためには処分要件を定めた処分根拠法規を特定した上で，さらに当該法令全体の趣旨・目的に照らした意味づけをしていくことが重要であろう。必要的考慮事項その 1 の「当該法令の趣旨及び目的」の考慮要請はこのことを言っているぞ。具体的には，以下の「技法」を用いていくことが考えられるな。

　①規制内容，基準の具体性：まず，係争処分の処分根拠法規を特定し，処分要件の規制内容・基準を具体的に解明することが重要だ。処分要件の文言に示された規制内容・基準が特定範囲の個人の利益を個別具体的に保護する程度に具体的に記述されている場合には原告適格が肯定されやすい

のに対して，一般的・抽象的な記述にとどまっている場合には特定範囲の個人の利益を保護したものとは解しにくく原告適格が否定されやすい。

②下位法規による規制：処分要件は法律により定められるが，処分要件の意味内容を把握するために下位法規を参照しなければならないことがあるな。具体的処分要件の定めを政令，省令，条例等に委任している場合には委任立法の内容を含めて処分要件の内容を解明する必要がある。また，委任に基づかない政令，省令，条例，通達等も参照可能な場合がある（法律の範囲内にある条例であれば効力があり，その他の政令等も行政庁の法解釈，処分の運用方針・運用実態を把握するうえで参考になる場合がある）。なお，下位法規について「根拠となる法令」（以下「根拠法令」という。）と「関係法令」のいずれにおいて考慮すべきかという問題もあるな。この点も確立した見解はないが，処分根拠法規に関わる法律や委任立法（委任条例を含む）は「根拠法令」を構成すると考えておけばよかろう。これに対して，委任に基づかない政令，省令，条例，通達等の場合，「根拠法令」の解釈内容そのものと事実上一致することもあれば「関係法令」に該当することもあるのではなかろうか。[*12]

③第三者保護の手続規定：処分の際に特定の第三者の同意要件，意見聴取手続，異議申立手続など第三者保護の手続規定が存在する場合，特定個人の個別的利益の保護の趣旨を読み取れることがある（第三者保護の手続規定）。

④立法趣旨・目的：当該処分根拠法規の定められている法律の目的規定を見て，公共の福祉の増進等一般的公益の実現のみを目的としているのか，個人の生命・身体・財産保護等の個人的法益をも目的としているのかも重要な判断要素となる。

以上のとおり，処分根拠法規を解釈するにあたっては，①処分要件の規制内容，基準の具体性，②下位法規による規制，③第三者保護の手続規定，④立法趣旨・目的などのポイントをチェックしていきながら根拠法令全体の趣旨・目的に照らして意味づけをしていくことになろう。[*13]

3　根拠法令と目的を共通にする関係法令

第二に，「根拠法令」（処分根拠法規及び委任立法の全体）のみならず，根拠法令と「目的を共通」にする「関係

法令」(行訴法 9 条 2 項)についても，検討する必要があるな。「当該法令と目的を共通にする関係法令」は必ずしも厳密に解釈する必要はなく，原告側が主張する法令を幅広く吟味・参考としていくことになる。「目的を共通にする」か否かは，目的規定の文言・規定ぶりのみならず法令全体の趣旨，特別法か否か等の法体系の位置づけを踏まえて判断されることになり，一定の公式はないとも指摘される。ただし，「関係法令」の趣旨・目的を参酌することによって根拠法令からおよそ認められない法律上保護された利益が加わるとは解されず，あくまで関係法令を根拠法令の趣旨・目的の解釈の上で参酌していくことになる。

　根拠法令との関係で①処分要件の規制内容，基準の具体性，②下位法規による規制，③第三者保護の手続規定，④立法趣旨・目的などのポイントをチェックしていくべきことを指摘したが，関係法令においても関連する規定の定めた①規制内容，基準の具体性，②下位法規による規制，③第三者保護の手続規定，④立法趣旨・目的などは同様に問題になる場合があろう。

4　被侵害利益側からの解釈

　第三に，被侵害利益側からの解釈をすることになる。必要的考慮事項その 2 は，被侵害利益が生命・身体の安全や財産権の場合に原告適格を認める判例法の傾向を確認する意味であり，被侵害利益の判例法における大まかな位置づけを確認していくと良い。必要的考慮事項その 4 はもんじゅ事件を参考に立案されたことから「直接的かつ重大な被害」か，などを判断していくことになる。なお，必要的考慮事項その 4 は，周辺住民等の個別的利益を保護する趣旨かを判断する場面とどの範囲の者が原告適格を有するのかを判断する場面との両方において（あるいは両者一体として）参考にされるものである。

5　平成28年司法試験の設問 2 を例として

　平成28年司法試験の設問 2 では，これらの原告適格の判断技法のフル活用が求められていたことがわかるだろう。

　第一に，処分要件の解釈との関係では，①法48条 1 項但書の「良好な住居の環境を害するおそれがない」という文言の解釈（規制内容，基準の具体性），②自動車車庫に係る建築基準法第48条第 1 項から第 3 項までの規定に関する許可基準の解釈（下位法規による規制），③法48条14項・本件要綱第 7 ・ 1 (1)アの公聴会規定の解釈（第三者保護の手続規定），④法 1 条の国

民の生命，健康及び財産保護という目的の解釈（立法趣旨・目的）を意味づけていく必要がある。

第二に，「関係法令」（行訴法9条2項）として都市計画法の趣旨・目的を参酌して，原告適格の解釈を示す必要がある。

第三に，被侵害利益の観点から，騒音，ライトグレア，排気ガスに関する居住環境の利益について直接的かつ重大な被害かを評価する必要がある。

* 1 法務省訟務局行政訟務第一課職員編『判例概説 建築基準法』（ぎょうせい，1994年）376-377頁は，争訟の成熟性の観点から多少の疑問がないわけではないとしつつ，裁判例ではこの段階において周辺隣地に及ぼす影響等は相当の蓋然性をもって予測できる等を理由として処分性を肯定していることを指摘する。

* 2 原告適格の判断における留意事項として規制内容，基準の具体性を挙げるものとして，実務的研究91頁。

* 3 行訴法9条2項の4つ目の必要的考慮事項については，もんじゅ事件（最判平成4年9月22日民集46巻6号571頁）が処分根拠法規違反の安全審査がなされた場合に「事故が起こったときは，原子炉施設に近い住民ほど被害を受ける蓋然性が高く，しかも，その被害の程度はより直接的かつ重大なものとなるのであって，特に，原子炉施設の近くに居住する者はその生命，身体等に直接的かつ重大な被害を受けるものと想定される」という「被害の性質」を考慮したこと，新潟空港事件（最判平成元年2月17日民集43巻2号56頁）が「航空機の騒音による障害の被害者は，飛行場周辺の一定の地域的範囲の住民に限定され，その障害の程度は居住地域が離着陸経路に接近するにつれて増大する」などの「障害の性質等」を考慮したことを参考に立案されている。そのため，「直接的かつ重大な被害」は行訴法9条2項の4つ目の必要的考慮要素を活用する際のキーワードになる。被害が直接的・必然的かを考慮要素と位置付ける見解を紹介するものとして，改正行訴執務資料26頁。

* 4 実務的研究93-94頁。

* 5 例外許可の原告適格の判断にあたって受忍限度の基準を採用した裁判例を紹介するものとして，法務省訟務局行政訟務第一課職員編・前掲注1）377頁。建築基準法6条の建築確認に関する第三者の原告適格との関係で，民事訴訟の本案判断で用いられる受忍限度論を用いることの問題を指摘するものとして，金子正史「救済(3)＜建築行政争訟＞」荒秀＝関哲夫編『建築基準法の諸問題』（勁草書房，1984年）314-315頁。

* 6 実務的研究91頁。

* 7 甲府地判昭和58年6月27日行裁集34巻6号1040頁。法務省訟務局行政訟務第一課職員編・前掲注1）377頁参照。

* 8 法務省訟務局行政訟務第一課職員編・前掲注1）378頁。

* 9 荒秀＝関哲夫＝矢吹茂郎編著『＜特別法コンメンタール＞建築基準法〔改訂版〕』（第一法規，1990年）647頁〔関哲夫〕。

*10 荒＝関＝矢吹編著・前掲注9）648-649頁〔関哲夫〕は，一般に合議体の行政庁に欠格者が参加して議決が行われた場合，結果に影響を及ぼさない場合には有効とする考え方と特

別の理由のない限り無効とする考え方があり，通説は後者であると指摘する。

*11　橋本・基礎113頁。

*12　下位法規を行訴法9条2項の「関係法令」として考慮すべきとしていると思われる見解として，西川・リーガル51頁〔廣谷章雄〕。また，石垣智子「周辺住民等の原告適格をめぐる諸問題」判タ1358号（2012年）38頁は，「処分の根拠及び要件を定める法律が，具体的処分要件の定めを政令，省令等に委任している場合においては，これらの政令，省令等の規定も含めて」解釈を行う必要があることに異論はないが，委任に基づかないものについては「当該行政法規及びそれと目的を共通にする関連法規の関係規定によって形成される法体系が保護しようとしている法的利益を推認するための事情の1つとして位置づけられることもあろう」と指摘し，委任に基づかないものにつき根拠法令と関係法令の形成する法体系により保護される利益を推認するアプローチをしている。「根拠法令」とは原告が取消しを求めている行政処分の根拠法とその委任立法である下位法令（委任条例を含む），「関係法令」とはそれとは別の法律およびその下位法令のうち「根拠法令」と「目的を共通にする」ものを意味すると明瞭に定義するものとして，橋本・基礎154頁。

*13　実務的研究91-92頁は，平成16年行訴法改正前に出版されたものであるが，①第三者の保護につながる手続規定の有無，②規制内容，基準の具体性，③規制によって保護される利益の性質，④立法趣旨・目的，⑤下位法規による規制を留意点として挙げる。このコラムは，この記述を参考にしながらも，平成16年行訴法改正の趣旨を加味し，①②④⑤について必要的考慮事項その1（又その2）の技法として整理したものである。もっとも，石垣・前掲注12)39頁は，例えば，①②を「利益の内容及び性質に関わるもの」，③を「勘案事項そのもの」と整理しており，本コラムとは異なる整理をしている。

*14　改正行訴執務資料17頁。

*15　第159回国会衆議院法務委員会議事録第22号（平成16年5月7日）山崎政府参考人答弁。目的共通性に関する小田急線高架化訴訟（判例0-4）及びサテライト大阪判決（判例7-4）の解釈を検討するものとして，石垣・前掲注12)36頁，37頁。

*16　改正行訴執務資料17頁。

*17　櫻井＝橋本284頁参照。

*18　必要的考慮事項その4はその2について「裏からの検証」をするものであるとの見解が強い（改正行訴執務資料24頁）。

*19　改正行訴執務資料24頁。

第 4 話

ヴァイオリン

── 平成28年司法試験その2 ──

建築基準法／違法性の承継／たぬきの森事件
／行政裁量の有無・幅／建築確認の法的性質／取消訴訟の本案論

「いけませんね。お酒が切れてきたようです。新しいボトルを開けましょう」

　ソウジロウはおもむろに立ち上がり，部屋の右手奥にある扉を開き，出て行ってしまう。

　僕とセナさんは，所在なげにソファーに座って待つことになる。セナさんと特に話すこともないし，沈黙が気まずい。

「ねえ，君ってさ。明らかに行政法は不得意じゃないよね？　実は成績良いでしょ？」

「確かに別に行政法が苦手ってわけじゃないんだけどね。どちらかというと，好きかもしれないし」

「やっぱり！　なんでH評価なんてもらっちゃったの？」

「身体が弱くてね。ちょうど試験前に風邪でダウンしちゃってさ。体調が悪いまま試験を受けたら，失敗した」

「道理で！　君がいれば，ロー獄クリアも不可能じゃないかも。私も留年の危機を免れられる……」

「そういうセナさんも，別に頭悪いわけじゃないよね？　行政法の知識がないだけで，受け答えは意外としっかりしているし」

「意外とって，君ね。クラスで浮いているのは，そういうとこだぞ！」セナさんは笑う。よく笑う人だ。「でも，君も，意外とユーモアあるかもね，意外と」

「別にロースクールにはお友達作りに来ているんじゃないんで，友達なんかいなくても大丈夫。司法試験に受かれば，なんでも良いし」

「つまんなそーな人生。山登りするときに山のてっぺんだけ見て登って楽しいかなー。山の風景を見ながら登ってこその登山でしょ」

「山で遭難するよりは，つまんなくても登山に成功したほうが良いよね」

「山の風景を楽しみながら，登山にも成功するのが一番良いでしょ！」

　セナさんの言うことにも一理ある。

　ただ，要領の悪い僕には，強者の論理のように聞こえた。セナさんは公私ともに充実している人なんだろうな，と思う。

「ちょうど飲みたいものが見つかりました」部屋に戻ってきたソウジロウが，言った。「優秀な学生と行政法の会話をしながら飲むには，やはりこれが相応しい。この地下はちょうどワインの貯蔵庫に向いている環境でしてね。私のワ

インコレクションの保存場所としても，最適というわけです。ワイン貯蔵庫付きの倉庫番という仕事，まさに私の天職といえるでしょう」

ソウジロウは，ワインボトルの底に指を入れて，流麗な所作でワイングラスにワインを注ぐ。今度は白ワインのようだった。ソウジロウは，またくるくるとワイングラスを回し，ワインの香りを嗅いでから，ワインを口に含む。

「ゴージャス！ 頭が冴え渡ってきますね……さあ，設問 3 へいってみましょう！ なんだか興奮してきましたね」

ソウジロウの目は充血し，声が上ずっている。言動が少しおかしくなってきている。アルコール中毒というのは，本当のようだ。

「設問 3 は，X らは，本件訴訟 2（本件確認の取消訴訟）において，設問 2 で挙げた本件例外許可の違法事由を主張することができるか，というものですね。本件例外許可の違法事由を本件確認の違法事由として主張できるかという，いわゆる違法性の承継の論点ですね。基本的な内容ですが，念のため基本知識を確認しておきましょう。違法性の承継が遮断される根拠は何ですか？」

セナさんは，もう答える気がなさそうだ。

典型論点だし，僕が答えておくか。

「先行処分に取消事由としての瑕疵があるに過ぎない場合，先行処分に公定力（取消訴訟の排他的管轄）が生じます。この場合，先行処分の出訴期間（行訴法14条）経過後は，瑕疵があったとしても先行処分は有効なものとして通用することになります（不可争力）。そうすると，後行処分で先行処分の違法事由を主張することは，先行処分の公定力及び不可争力に抵触し，許されませんので，原則として違法性の承継は遮断されます」

「なるほど。誤りかどうかは分かりませんが，やや不正確な回答ですね。後行処分の中で先行処分の違法事由を主張することを許容したとしても取り消されるのは後行処分のみであり，先行行為自体が取り消されるわけではありませんよね。そうすると先行行為の取消訴訟の排他的管轄に抵触するとは言えないのではないでしょうか。出訴期間についても同様で後行処分の中で先行処分の違法事由を主張することを許容したとしても取り消されるのは後行処分のみであり，先行行為自体が取り消されるわけではありませんから先行行為の出訴期間違反が生じるわけではありませんね[1]」

　確かに、厳密に考えていくと、公定力や不可争力自体から違法性の遮断を直ちに導くのは、おかしい気もする。

「ただ、行政上の法律関係の早期安定という公定力及び出訴期間の趣旨に照らして、違法性の承継は遮断されると習ったのですが……」

「その言い方であれば、まだ正確と言えるでしょう。公定力や出訴期間そのものではなく、その『趣旨』である行政処分の早期安定の観点に照らして違法性の承継が遮断される、という言い方ですね。*2 それでは、次に、違法性の承継がなされる基準を述べた判例はありますか」

　違法性の承継に関する判例の基準は、頻出なので、これは覚えている。

「違法性承継の基準については、たぬきの森事件（判例4-1　最判平成21年12月17日民集63巻10号2631頁）が、①実体法的見地から先行行為と後行行為の目的・効果の一体性の有無、②手続法的見地から先行行為を争うための（a）手続的保障の有無・程度及び（b）争訟提起の切迫性を基準として提示しました」

「いいでしょう。その基準に従うと、まず実体法的見地から見て、先行行為である本件例外許可と後行行為である本件確認の関係性を確認することになりますが、本件例外許可と本件確認のそれぞれの処分根拠法規は何条ですか」

「本件例外許可は法48条1項但書、本件確認は法6条です」

「それでは本件確認の処分根拠法規である法6条の実体的要件の中で、本件例外許可の根拠である法48条1項但書はどのように位置づけられますか」

「法6条の要件として建築基準関係規定の適合性があり、法48条1項但書に基づく本件例外許可により同項本文の建築禁止規定の効果が解除されない限り、建築基準関係規定の適合性の要件を充足することはできない、という関係にあります」

「そうですね。その意味において実体法的に見て、後行行為たる本件確認の実体的要件の前提要件として本件例外許可が組み入れられており、目的・効果の一体性があると評価することができるでしょう。では先行行為である本件例外許可を取消訴訟により争わせるための手続保障は存在したでしょうか」

「例外許可については申請者以外の者に通知することは予定されていないので、手続保障が不十分とも言えます。ただ、Xらは法48条14項・本件要綱第7・1⑴アにより公聴会の案内を受けることができ、申請者以外の第三者で

あっても公聴会案内を受ける対象者については本件例外許可が出されうることが予測可能であり、この意味で本件例外許可を争うための手続保障があります」

「②（a）の要素では、手続保障の有無のみならず、その程度まで評価する必要がありますが、公聴会の案内は手続保障として十分な程度と言えますか？」

「確かに、公聴会は本件例外許可を行う前に予めなされるもので、本件例外許可について申請者以外の者が制度的に知る手段が限られているとも言えます。ただ、実際には、X らは、遅くとも同年 6 月末日までに本件例外許可がされたことを知ったので、この点は問題ないかなと思ったのですが……」

「たぬきの森事件の②（b）の要素では『仮に周辺住民等が安全認定の存在を知ったとしても、その者において、安全認定によって直ちに不利益を受けることはなく、建築確認があった段階で初めて不利益が現実化すると考えて、その段階までは争訟の提起という手段は執らないという判断をすることがあながち不合理であるとも言えない。』と判示していますね。6 月末日の時点で実際に本件例外許可の存在を知ったとしても、X らは Y 1 市担当職員から例外許可の違法については後続の建築確認の取消訴訟の中で主張すれば足りるとの説明を受けています。そうすると、本件例外許可によって直ちに不利益を受けることはなく、建築確認があった段階で初めて不利益が現実化すると考えて、その段階までは争訟の提起という手段は採らないという判断をすることがあながち不合理ではない、とも言えるのではないでしょうか。以上のことから、実体法的見地からみて本件確認の処分要件に本件例外許可の存在が組み入れられており、両者の目的・効果の一体性が認められる上に、手続法的見地から見ても公聴会案内では手続保障として不十分であり、本件例外許可に関して取消訴訟を提起すべき切迫性もなかったとして、違法性の承継を肯定する議論が成り立ちそうです」

　実体法的見地と手続法的見地の基準をあげてそれぞれ一行ぐらいで当てはめれば良いと思っていたが、問題文に「多角的な観点から検討」せよという誘導もあるし、これくらいねちねち評価したほうが良いのか。

「最後に設問 4 にいきましょう。設問 4 は、本件訴訟 2 （本件確認の取消訴訟）において、本件確認は適法であると認められるか、ですね。『X らによる本件

確認の違法事由の主張として考えられるものを挙げて，論じなさい』と書いてありますが，Xらの言い分については会議録で整理されていますね。どうやって主張していきますか？」

「まず指定確認検査機関Y2の建築確認（法6条，6条の2）の要件である建築基準関係規定の適合性という要件は極めて抽象的ですし，また建築については専門技術的な判断の必要性がありますから，行政裁量が認められますので，裁量権逸脱・濫用（行訴法30条）を主張することになると思います」

「建築確認が裁量処分ですか……。行政裁量の有無・幅は，①処分の目的・性質・対象事項等，②判断の性質，③文言などを総合的に勘案し，処分根拠法規の趣旨に照らして判断しますよね（ラミ先生のワンポイントアドバイス①）。君の主張は②③の点に関するものですが，そもそも建築確認は講学上の分類では何に該当するのですか」

　そういえば，古典的な行政行為の分類論というのもあったな。裁量の有無・幅の認定であんまり気にしたことはなかったが。

「講学上の分類では……建築確認というからには，確認，でしょうか」

「建築確認の法的性質が準法律行為的行政行為の一種たる確認であるとすれば裁量処分ではなく羈束処分と解釈されますね。品川マンション事件[*3]（最判昭和60年7月16日民集39巻5号989頁）も『建築主事が当該確認申請について行う確認処分自体は基本的に裁量の余地のない確認的行為の性格を有するものと解するのが相当である』として基本的には裁量を否定していますよね」

　あっ，その品川マンション事件の判示には見覚えがある。判例があるのに，裁量行為とするのは確かにまずいかもしれない。

「このような確認行為説のほか許可説というのもあります。許可説は裁量の余地をまったく否定する警察許可説と裁量の余地を認める説に一応分かれていますが，『確認を総体的に裁量行為とみる説は……現行法の解釈からは無理』とも評されています[*4]。いずれにしても安易に裁量処分として考えるのは非常にまずいですね。そうすると，あとは基本的には処分要件適合性を法的三段論法で考えていけば良いわけですが，本件確認の処分要件は何でしたか」

「建築確認（法6条，6条の2）の要件である建築基準関係規定の適合性が要求されていて，法48条1項本文で『第一種低層住居専用地域内においては，別表

第二（い）項に掲げる建築物以外の建築物は，建築してはならない』とされています。そこで本件スーパー銭湯が『別表第二（い）項に掲げる建築物』に該当するかどうかが問題です」

「そうですね。Y2は，法別表第二（い）項7号によれば，本件スーパー銭湯は，第一種低層住居専用地域内に建築することができる建築物である『公衆浴場』に該当すると判断せざるを得ない，と判断していますね。これに対して，会議録の議論を踏まえるとXらとしては，旧来の『銭湯』と本件スーパー銭湯とを同一のものと考えて行った本件確認は違法という主張ができそうです。まず法別表第二（い）項7号の『公衆浴場』の文言からすると，本件スーパー銭湯は該当するのでしょうか」

「本件スーパー銭湯は旧来の銭湯に比して規模の大きな日帰り入浴施設とされていますから，大規模ではあれども普通に文言に当てはめれば『公衆浴場』に該当しそうな気もしますが……。公衆浴場法1条も，『公衆浴場』とは，温湯，潮湯又は温泉その他を使用して，公衆を入浴させる施設をいうと定義していて，これには旧来型銭湯も本件スーパー銭湯も含まれるように思います。ただ本件スーパー銭湯の大規模性の部分をどう評価するかは難しいですね。第一種低層住居専用地域は，低層住宅に係る良好な住居の環境を保護するため定める地域（都市計画法9条1項）ですから，良好な住環境に本件スーパー銭湯は相応しくない気もしますが……」

「文言解釈が決め手にならないのであれば，法別表第二（い）項7号の趣旨に照らして検討してみましょう。会議録では何か言っていますか」

「法別表第二（い）項7号の『公衆浴場』が第一種低層住居専用地域内に建築することができる建築物とされた趣旨について調査したところ，建築基準法制定の昭和25年当時には住宅に内風呂がない者が相当程度いたことから現在でいう第一種低層住居専用地域等に公衆浴場を設けることが必要不可欠でしたが，住宅の浴室保有率は現在95.5％まであがっており，昭和25年の立法趣旨の観点からすれば必ずしも第一種低層住居専用地域に公衆浴場は不可欠ではないと思います。特に旧来型銭湯ではなく本件スーパー銭湯のようなものを建てることは不要だと思います」

「とはいえ，何が旧来型銭湯で何がスーパー銭湯なのかが法制上区別できなけ

れば，建築確認はまともにできませんね。法別表第二（い）項 7 号の『公衆浴場』から本件スーパー銭湯を除外するような解釈は可能なのでしょうか」

「会議録を手掛かりとすると，公衆浴場法の定義を活用することが考えられます。すなわち法別表第二（い）項 7 号の『公衆浴場』を公衆浴場法の適用を受ける『公衆浴場』のうち旧来型銭湯のような『一般公衆浴場』に限定し，本件スーパー銭湯のような『その他の公衆浴場』を除外する解釈がありえます。前者は物価統制令に服する一方で後者は服さない違いもあり，旧来型銭湯に比べて大規模かつ高額で営利性の高いスーパー銭湯は第一種低層住居専用地域に設置するのは相応しくないと考えることができます」

「そのほか，会議録では，本件スーパー銭湯には，飲食コーナー及び厨房があり，この飲食店部分についても，法別表第二（い）項 7 号の『公衆浴場』に当たると考えてよいかの疑問も呈されていますね」

「飲食店部分は単体で考えれば店舗・飲食店ですから法別表第二（い）項各号に当てはまらず第一種低層住居専用地域に建築することができないのではないでしょうか[*5]」

「ただ，法別表第二（い）項10号は『前各号の建築物に附属するもの（政令で定めるものを除く。）』は建築できるとしていることから，公衆浴場に附属するようなものであれば建築できるのではないか，との反論がありえますね」

「第一種低層住居専用地域は低層住宅に係る良好な住居の環境を保護するため定める地域であって（都市計画法 9 条 1 項），法別表第二（い）項各号もこの趣旨から列挙しているものと考えられます。法別表第二（い）項 2 号では『店舗』等を兼ねるものを許容しており，建築基準法施行令130条の 3 では店舗等部分の床面積合計は50平方メートルに制限を設けています。本件スーパー銭湯のうち，飲食コーナー及び厨房施設の床面積の合計は約50平方メートルとされていますので，確かに法別表第二（い）項 2 号・建築基準法施行令130条の 3 との比較では，飲食店部分についても法別表第二（い）項 7 号の『公衆浴場』に当たるという解釈がありうるかもしれません。しかし，年中無休，午前10時から午後12時までの営業で，広範囲の地域から顧客が自動車で来店することを予定しており，来客予想人数は，土日休日は 1 日当たり約1500人ですから，法別表第二（い）項 2 号・建築基準法施行令130条の 3 の想定するような半分住居・

半分店舗というようなものとは実態が異なるのではないでしょうか」

「ブラボーブラボー。君，なかなか良いじゃあないですか。とりあえず，合格ということでよいでしょう」

「はいはいはい！ 私も合格ってことでいいんですよね？ だったら，私のヴァイオリンを返してください」

「……あなたは，最初のほう以外，ほとんど何も答えてなかったと思うのですが」

　見抜かれているぞ，セナさん。

「そこは固いこと言わずに！ 彼を使役する力もまた私の力ということです。えっへん」

　いつのまにか僕はセナさんに使役されていたようだ。

「あなたを合格させるかどうかは私の完全なる裁量なのですがね。うーん。そうだ，ヴァイオリンをお返ししますから，一曲弾いてください。音楽を聴きながらワインを嗜むのも乙なものです」

「そんなことでいいなら，喜んで！」

　セナさんは，笑顔で快諾する。

「倉庫からヴァイオリンを持ってきます」

　ソウジロウは，そう言って右手奥にある扉から部屋を出ていく。しばらくすると，ソウジロウは，ヴァイオリンケースを持って戻ってくる。

「では，お返しします」

「やったー！」

「それでは，何でも良いので一曲お願いします」

「はい，それでは……」

　セナさんはもともと背の高い女性であるが，顎と肩で姿勢良くヴァイオリンを挟み込み，弓を構えるとさらに大きく見える。目を瞑ったセナさんは，まるで熟練した剣士のようであった。

　部屋に，静寂の帳が下りる。

　セナさんは，一瞬で，その場の雰囲気を支配する。

「──いきます」

　弓が弦を弾いた瞬間，静寂の帳が破裂する。ノリの良いロックの曲調だ。静

寂が音の渦に変身し，セナさんはその渦の中心に佇んで，音に身を委ねるかのように肩を揺らす。

　僕の好きな RPG ゲーム『ファイナルモンスター』の戦闘シーンの名曲である。ロック調のゲーム音楽をヴァイオリンの音で聞くのは，正直言って好きだ。

　僕が頬を緩めた瞬間を捉えて，セナさんの流し目が僕に刺さる。その視線に，僕の胸の奥が熱くなるのを感じる。

　セナさんは自ら繰り出す音の流れに乗って，踊るかのように部屋の中を歩き始める。

　もうここは，セナさんのライブ会場になっていた。

　クライマックスに向けて，ヴァイオリンをかき鳴らすセナさんの動きが，激しさを増していく。

　ボルテージが最高潮にまであがり，そして──曲は終焉を迎える。

　僕は，曲が終わってもなお終わらない自分の中に生まれた熱気に，ぼーっとしてしまった。

「もしかして君さ。私のこと好きになっちゃったんじゃない？」

　呆然としている僕に向かって，セナさんは冗談めかして言った。

■ 平成28年司法試験解答例

第1　設問1
1　X1らについて
　(1)　本件例外許可の名宛人ではないX1らの原告適格が認められるためには，「法律上の利益を有する者」（行政事件訴訟法〔以下「行訴法」という。〕9条1項）に該当する必要がある。「法律上の利益を有する者」とは，当該処分により自己の権利若しくは法律上保護された利益を侵害され，又は必然的に侵害されるおそれのある者をいい，処分根拠法規が専ら一般的公益の中に吸収解消できない個別的利益を保護する趣旨を含む場合，当該個別的利益は法律上保護された利益に当たる（同条2項参照）。
　(2)　法48条1項但書は「良好な住居の環境を害するおそれがない」ことを処分要件としている。また，本件要綱第2・1(4)・自動車車庫に係る建築基

準法第48条第1項から第3項までの規定に関する許可基準（以下「本件基準」という。）第2・1(4)は，騒音，ライトグレア，排気ガスとの関係で許可基準を定めている（イ・ロ・ハ）。そのため，本件基準を解釈として参照しながら法48条1項但書の「法令の趣旨及び目的」（行訴法9条2項）を見ると，X1の主張する騒音，ライトグレア，排気ガスに関する居住環境の利益を一般的公益にとどまらず個別的利益として保護する趣旨を含んでいる。

(3) また，騒音，ライトグレア，排気ガスに関する居住環境の利益は優越的法益である健康上の利益を含むのであり「利益の内容及び性質」（同項）を見ても重要な利益が問題になっている。この利益の「害される態様及び程度」（同項）を見ると，屋上部分の外周に転落防止用の金属製の網状フェンスが設置されているのみで壁はなく，自動車の騒音，ライトグレア及び排気ガスを防ぐ構造にはなっていないため，本件自動車車庫から約6メートルの距離に住むX1らの受ける被害は直接的かつ重大である。

(4) よって，X1らの原告適格は，認められる。

2 X2らについて

(1) 次にX2らの原告適格を検討する。X2らも本件例外許可の名宛人ではないため，X1らと同様の判断枠組みを用いる。

(2) 法48条1項但書・本件要綱第2・1(4)・本件基準第2・1(4)イ・ロ・ハを参照しても，趣旨及び目的は，騒音・ライトグレア・排気ガスの直接的被害を防止する趣旨であり，本件敷地から約45メートル離れた位置のX2らの自動車の通行を原因とした騒音，排気ガスに関する居住環境の利益までも保護する趣旨とはいえない。

また，法48条14項・本件要綱第7・1(1)アは「概ね50mの範囲の土地又は建物の所有者」を公聴会案内の対象にしていることから，50メートルの範囲内に住むX2らの原告適格を認める余地がある。

しかし，公聴会は，行政がより適格な判断をするために周辺住民から情報収集をするための手段に過ぎず，個別的利益保護を図る趣旨ではない。

(3) よって，根拠法令の趣旨・目的（行訴法9条2項）から個別的利益保護を読み取れない。法48条1項但書の「関係法令」に該当する都市計画法9条1項は「第一種低層住居専用地域は，低層住宅に係る良好な住居の環境を保護するため定める地域とする」と定めている。よって，第一種低層住居専用地域に居住するX2らの個別的利益保護がなされているとも考えられる。

しかし，用途地域規制は都市の健全な発展と秩序ある整備のためのもの

であり，住民の受ける利益はこの整備による反射的利益に過ぎない（同法1条参照）。

(4)　「利益の内容及び性質」（行訴法9条2項）を見ると，X2らの主張する利益も健康上の利益を含んでいるものの，「害される態様及び程度」（同項）を見ると近隣住民X1らと異なりX2らの主張する利益は自動車の通行を原因とした居住環境の利益に過ぎず，X2らが直接的かつ重大な被害を受けるとはいえない。

(5)　したがって，X2らの原告適格は，認められない。

第2　設問2

1　手続的瑕疵

(1)　法82条の除斥事由のあるBがY1建築審査会に加わって本件同意がなされており，本件例外許可には法82条違反の手続的瑕疵がある。

　　手続的瑕疵に関しては，当該手続が実体的適正に奉仕するための手段に過ぎない場合には処分結果に影響のある手続違反についてのみ取消事由に該当すると考えられる一方で，適正手続（憲法31条）の観点から手続それ自体の公正さを害する程度の手続的瑕疵は処分結果への影響如何を問わずに取消事由に該当するものと解する。

(2)　ここで建築審査会が単なる多数決による議決機関に過ぎないと考えれば，Bを除外してもなお議決の成立に必要な過半数の委員の賛成があり処分結果への影響がない本件では取消事由には該当しない。

　　しかし，法78条1項は重要事項を「調査審議」させるために建築審査会を設置するとしており，法79条2項は「すぐれた経験と知識を有し，公共の福祉に関し公正な判断をすることができる者」を委員として選ぶことにしており，単なる多数決ではなく，優れた経験・知識に基づく調査・審議機能が期待されている。よって，法82条の除斥事由の趣旨は，一定の利害関係人を予め除外して審理・裁決の公正を図り，手続それ自体の公正を確保する点にある。

(3)　したがって，法82条違反は，手続それ自体の公正さを害する程度の手続的瑕疵であって，本件例外許可は違法である。

2　実体的瑕疵

(1)　屋上部分の外周に転落防止用の金属製の網状フェンスが設置されているのみで壁はないため，自動車の騒音，ライトグレア及び排気ガスを防ぐ構造にはなっておらず，本件基準第2・1(4)イ・ロ・ハ違反がある。当該違反は，法48条1項但書の「第一種低層住居専用地域における良好な住居の環境を害するおそれがない」という処分要件違反を構成するかが問題とな

る。

(2) 法48条1項但書の「良好な住居の環境を害するおそれ」は規範的・抽象的要件であり，当該要件の判断には専門技術的判断や地域的実情の考慮の必要性が認められる。よって，例外許可は裁量処分であり，本件要綱の法的性質は当該要件に関する裁量基準である。

(3) 裁量基準は法規性を有しない行政規則であって，裁量基準違反は直ちに違法事由にはならない。しかし，裁量基準は公正かつ平等に適用されるべきであり，裁量基準を信頼した相手方を保護する必要性があることから，裁量基準を定立した行政庁は「特段の事情」のない限り自己拘束されるべきである。

(4) よって，「特段の事情」のない本件では，本件基準第2・1(4)イ・ロ・ハ違反は法48条1項但書の処分要件違反をも構成し，違法事由になる。

第3 設問3

1 本件例外許可の違法事由を本件確認の違法事由として主張できるか，いわゆる違法性の承継が問題となる。

2 先行行為である本件例外許可には公定力（取消訴訟の排他的管轄）及び不可争力（出訴期間。行訴法14条1項本文，2項本文）が発生する。公定力及び不可争力の趣旨は行政上の法律関係の早期安定の点にあり，後行行為で先行行為の違法事由の主張を許せばこの趣旨が没却されるので，違法性の承継は原則，否定される。

   しかし，①先行行為と後行行為の目的・効果の一体性の有無（実体法的基準），②（a）手続的保障の有無・程度及び（b）争訟提起の切迫性（手続法的基準）を検討して，違法性の承継がされる場合がある。

3(1) ①法6条の要件として建築基準関係規定の適合性があり，法48条1項但書に基づく本件例外許可により同項本文の建築禁止規定の効果が解除されない限り，建築基準関係規定の適合性の要件を充足することはできない。よって，目的・効果の一体性がある。

(2) ②（a）申請者以外の第三者であっても 法48条14項・本件要綱第7・1(1)アにより公聴会の案内を受けることができ，本件例外許可を争うための手続保障があるとも思える。しかし，公聴会後，本件例外許可について申請者以外のものが制度的に知る手段はなく，先行行為を争う手続保障は不十分である。

(3) ②（b）6月末日の時点で実際に本件例外許可の存在を知ったとしても，Y1市担当職員から例外許可の違法については後続の建築確認の取消訴訟の中で主張すれば足りるとの説明を受けている。よって，本件例外許可の

時点で争訟提起の切迫性はない。

(4) よって，違法性の承継は認められ，本件訴訟2において設問2で挙げた本件例外許可の違法事由を主張できる。

第4　設問4

1(1) Xは，本件スーパー銭湯は法別表第二（い）項7号の「公衆浴場」に該当しないため，同号を充足するとしてなした本件確認は違法であると主張できる。

(2) ここで7号の「公衆浴場」を公衆浴場法1条と同様に「温湯，潮湯又は温泉その他を使用して，公衆を入浴させる施設」と解すると，旧来型銭湯と同様に本件スーパー銭湯も「公衆浴場」に該当すると判断することになる。

しかし，内風呂がない者が多かった建築基準法制定の昭和25年当時には現在でいう第一種低層住居専用地域等に公衆浴場を設けることが必要不可欠であったが，住宅の浴室保有率が95.5％まであがっている現在では第一種低層住居専用地域に公衆浴場は必要不可欠ではない。特に旧来型銭湯ではなく本件スーパー銭湯のようなものを建てる必要性はない。

また，公衆浴場法の適用を受ける「公衆浴場」のうち旧来型銭湯のような「一般公衆浴場」と本件スーパー銭湯のような「その他の公衆浴場」は，物価統制令の規律を受けるか否か等の実態が異なる。

(3) よって，7号の「公衆浴場」は「一般公衆浴場」に限定解釈されるべきであり，本件スーパー銭湯のような「その他の公衆浴場」は含まれないと解する。本件スーパー銭湯が7号の「公衆浴場」に該当するとしてなされた本件確認は違法である。

2(1) また，Xは，飲食店部分は単体で考えれば店舗・飲食店であって，法別表第二（い）項各号に当てはまらないことから第一種低層住居専用地域に建築することができず，飲食店部分を含めて7号の「公衆浴場」に該当するとした本件確認は違法である，と主張できる。

(2) 飲食コーナー及び厨房施設の床面積合計は約50平方メートルとされており，法別表第二（い）項各号・建築基準法施行令130条の3と比較すると，飲食店部分が「公衆浴場」に付随するものに過ぎないとして「公衆浴場」に当たるという解釈もありうる。

しかし，本件スーパー銭湯は，年中無休，午前10時から午後12時までの営業で，広範囲の地域から顧客が自動車で来店することを予定しており，来客予想人数は，土日休日は1日当たり約1500人である。法別表第二（い）項2号・建築基準法施行令130条の3の想定するような半分住居・半分店

舗というようなものとは実態が全く異なるので，このような解釈はできない。

以上

＊1　倉地康宏・最判解民平成21年度（下）970-971頁。

＊2　興津征雄「違法性の承継に関する一事例分析」佐藤幸治＝泉徳治編『滝井繁男先生追悼論集　行政訴訟の活発化と国民の権利重視の行政へ』（日本評論社，2017年）162頁は，公定力や出訴期間を違法性承継を否定する論拠として挙げることを否定しつつも，「行政過程の段階的安定という高次の要請」を実現する手段として公定力や出訴期間を位置づけ，違法性承継の制限の論拠もこの高次の要請が論拠になる旨を指摘する。取消訴訟の訴訟物を処分の違法一般と解した上で，後行処分の根拠法規が先行処分の違法事由を後行処分の違法事由として規定していない以上，違法性の承継は原則として遮断されると指摘するものとして，西川・リーガル130頁〔石田明彦〕。学説では公定力や出訴期間との関係で検討されることが多いが，実務家の見解では訴訟物論から検討する傾向にある。

＊3　石川善則・最判解民昭和60年度257頁参照。

＊4　各説の解説として，荒秀＝関哲夫＝矢吹茂郎編著『＜特別法コンメンタール＞建築基準法〔改訂版〕』（第一法（改訂）規，1990年）120-121頁〔大竹米三〕。平成28年司法試験の採点実感等に対する意見（公法系科目第2問）は，「建築確認は，計画建築物が建築基準関係規定に適合しているか否かを審査し建築の自由を回復させる許可の性質を有する行政行為であり，裁量性のないき束行為であると解されているから，裁量行為とする見解は妥当でない」としており，許可説の立場のようである。いずれにしても建築確認は少なくとも総体的には裁量処分ではないと解するのが判例・多数説であろう。そのほか裁量行為性を含めて建築確認の各説について検討したものとして荒秀『建築基準法論（Ⅱ）』（ぎょうせい，1987年）5頁以下。

＊5　逐条解説建築基準法編集委員会編著『逐条解説　建築基準法』（ぎょうせい，2012年）754頁は，「公衆浴場に宿泊・宴会施設を伴ったヘルスセンター等の大規模な建築物については，宿泊・宴会等の施設が旅館，料理店等の用途に該当し公衆浴場の用途には包含されないものであるので，公衆浴場とこれら用途との複合した建築物として扱われる。したがって，いわゆるヘルスセンター等は第一種低層住居専用地域では建築できない」とする。

第 5 話

鍵の守人

──平成29年司法試験その1──

道路法／非申請型義務付け訴訟／処分の一定性／原告適格／重大な損害
／補充性／行政裁量の有無・幅／規制権限不行使の違法

　セナさんの演奏はとても激しいものであったが，演奏している間にソウジロウは椅子に座りながら眠ってしまっていた。ワインをひたすら飲み続けて酔いつぶれてしまったようだ。確かに，あの調子では，学生の指導は厳しいかもしれない。

　僕らは目的を達成したので，ソウジロウを放っておいて部屋を後にした。

　僕とセナさんは，また洞窟の廊下に戻り，一本道を先へと進んでいくことにした。

「ねえねえ，さっきの演奏どうだった？」

　セナさんは，いたずらっぽい表情で訊いてくる。

「まあ，良かったと言えば，良かったかな」

「あー！　その回答は，やっぱモテないなあ。ロースクールの男の子って女慣れしてない人多すぎ。もっと気の利いたこと言わなきゃダメだぞ。君って絶対に彼女いないでしょ？」

「夏頃までは彼女いたけどね。色々あって別れた感じ」

　これは本当。

「へー，ってことは，今は彼女いないんだ」

　セナさんは，ちょっと嬉しそうに頷く。

　僕に彼女のいないことの何がそんなに楽しいのかが，分からない。

「そういえば，あれってファイモンの曲だよね。ゲーム音楽，好きなの？」

「普段はオーケストラのサークルでクラシック音楽ばっかり弾いてるんだけど，趣味で路上ライブとかやるときは，だいたいゲーム音楽かな。もともとゲーム好きだしね」

「へえ」

「あっ，行き止まりだよ。鉄格子で先に進めないようになっているみたい」

「本当だ。鉄格子の真ん中に，鍵付きのドアがあるね。ってことは，このドアの鍵を入手する必要があるんだろうね」

「右見て！　ここにまた部屋があるみたい。入ってみよ！」

　セナさんは，躊躇なく行動する。

　僕の返事を聞かずに，部屋に入っていってしまう。

「やれやれ。待ちくたびれたぞ」

　部屋の真ん中には，ブラックの頭蓋骨が肘掛けの部分に装飾としてつけられ
ている王座が配置されており，その王座にぶっきらぼうに頬杖をついた若い男
が座っていた。年は僕らと同じくらいだろうか。綺麗なさらさらの銀髪で，ど
くろの紋様が施された指ぬきグローブをつけており，黒いシャツの上から黒い
ジーンズジャケットを羽織っている。

「俺は，鍵の守人だ。外にあったあの扉を開けたきゃ，この俺を倒していくん
だな。まあ，首席のあの女以外で，Ｋロースクール次席のリオン様に勝てる
奴がこのロースクールにいるかはわからんが」

「あっ，リオン君じゃん！　なんでこんなとこにいるの？」

「……なんだ。セナさんか。割の良いアルバイトってやつだな。破格の報酬が
約束されているんでね。知り合いだからと言って，手を抜くつもりは毛頭な
い」

「ええ〜。そんなこと言わずにさ。そうだ！　君もモテないロー生じゃん。今
度，知り合いの女の子，紹介してあげるからさ？　鍵，ちょーだい！」

「俺はモテないんじゃない。ただ俺に見合う女性がなかなかいないだけだ」

　あ，こりゃモテないわ。

「理想高そーだもんねぇ，リオンくん。ちぇ。弟くんのほうは，もうちょっと
丸い性格なのにね」

「あいつは友達に毒されて角がとれてしまったんだ。情けない。我が家の恥だ
な。さあ，無駄話はここまでだ。平成29年公法系第２問にいくぞ」

■ 平成29年司法試験公法系科目第 2 問

　Ｙ市に所在し，社会福祉法人Ａが運営する保育園（以下「本件保育園」という。）
の敷地（南北約200メートル，東西約100メートルのほぼ長方形）は，その西側境
界線の全部が，幅員約１メートル，全長約200メートルの南北方向に通る市道（以
下「本件市道」という。）に接している。本件市道は，その北端及び南端（それ
ぞれ本件保育園の敷地の北西端及び南西端に接する部分）で，それぞれ東西方向
に通る別の公道に接続している。本件市道は，古くからその敷地をＹ市が所有

し，市道として道路法第8条第1項に基づく路線の認定を受けた道路（以下「認定道路」という。）であるが，幅員が狭いため，歩行者，自転車及び原動機付自転車の通行は可能であるものの，普通乗用自動車の通行はできない。

　本件市道を挟んで本件保育園の敷地と向かい合う位置には，Aが所有する畑（以下「本件畑」という。）があるほか，数戸の住宅が立ち並んでいる。これらの本件畑及び住宅の敷地は，いずれも，その東側で本件市道に接し，その西側で，南北方向に通る幅員5メートルの別の認定道路である市道（B通り）に接している。

　本件保育園においては，保育活動の一環として，本件畑が園児の農業体験等に頻繁に利用されており，本件市道も，農業体験等の際に園児が自由に横断するなど，本件保育園の敷地及び本件畑と事実上一体的に利用されていた。そのため，本件市道を通行する原動機付自転車が園児と接触しかける事件が年数回発生しており，保護者らもAに対し園児の安全確保を申し入れることがしばしばあった。このような状況の下で，園児が本件市道を通行する原動機付自転車に接触して負傷する事故が実際に発生したことから，Aは，園児の安全を確保するための緊急措置として，本件市道の北端と南端に簡易フェンス（以下「本件フェンス」という。）を設置し，一般通行者が本件市道に立ち入ることができないようにした。同時にAは，抜本的解決のためには本件市道を買い取るしかないと考え，本件市道を管理するY市との間で，本件市道の路線の廃止及び売渡しについて事前相談を開始した。

　Y市長は，Aからの相談の内容を踏まえ，㋐本件保育園の関係者以外の者による本件市道の利用は乏しいと思われること，㋑現に本件市道上で園児と原動機付自転車との接触事故が発生しており，現場の状況等からすると同種事故が発生しかねないこと，㋒Aが本件市道の路線の廃止及び売渡しを希望しており，いずれ路線の廃止が見込まれることから，本件フェンスの設置は道路法第43条第2号に違反しないと判断し，Aに対してその撤去を求めるなどの道路法に基づく監督処分の措置を執らなかった。

　また，Y市長は，職員に命じて，本件フェンスにより本件市道が閉鎖された状況の下において本件市道の調査を行わせ，上記職員から，①本件市道の幅員は約1メートルしかなく，普通乗用自動車が通行できないこと，②本件保育園の関係者以外の者による本件市道の利用は乏しいと思われること，③本件市道の近くには認定道路であるB通りがあること等から，道路法第10条第1項に基づき本件市道の路線を全部廃止しても支障がないと考えられる旨の報告書の提出を受け

た。なお，上記調査のうち聞き取り調査は，A に対してのみ行われた。Y 市長
は，上記報告書を踏まえ，本件市道は一般交通の用に供する必要性がなくなった
と判断し，A に対し，本件市道に隣接する全ての土地（本件市道の西側に立ち並
んでいる前記の数戸の住宅の敷地）の所有者から本件市道の路線の廃止に関する
同意を得た上で売渡しに向けた手続を進めるよう回答した。

　A は，Y 市長からの回答を受けて，上記隣接土地所有者と交渉を進め，その
ほとんどの者から本件市道の路線の廃止に関する同意を得たが，本件畑の南側に
隣接する土地（以下「本件土地」という。）を所有する X 1 だけは強く反対し，
同意を得ることができなかった。

　X 1 及びその子 X 2（以下，併せて「X ら」という。）は，本件土地上の住宅
に居住し，X 2 は，C 小学校への通学路として本件市道を利用してきた。C 小学
校までは B 通りを通っても行くことができるが，周辺の道路状況から，本件市
道を通る方が，C 小学校までの距離は約400メートル短い。また，普通乗用自動
車が通行できず交通量が少ない点で，B 通りよりも本件市道の方が X 2 にとって
安全であると X 1 は考えている。さらに，C 小学校は，災害時の避難場所として
指定されており，X らとしては，災害時に C 小学校に行くための緊急避難路と
して，本件市道を利用する予定であった。

　Y 市のウェブサイトには，市道の路線を廃止するためには当該市道に隣接する
全ての土地の所有者から同意を得る必要がある旨の記載がある。しかし，X 1 が
Y 市に問い合わせたところ，隣接する全ての土地の所有者から同意を得ることは
法律上の要件ではなく，X 1 の同意が得られなくても本件市道の路線の廃止は認
められる旨の回答があった。

　X らは Y 市に対して訴訟を提起しようと考え，知り合いの弁護士 D に相談し
た。

　以下に示された【法律事務所の会議録】を読んだ上で，弁護士 D の指示に応
じる弁護士 E の立場に立って，設問に答えなさい。

　なお，道路法の抜粋を【資料 1　関係法令】に，関連判例の抜粋を【資料 2
参考判例】に掲げてあるので，適宜参照しなさい。

〔設問 1〕
　X らは，現時点において，Y 市を被告として，本件フェンスを撤去させるため
の抗告訴訟を提起したいと考えている。
　(1)　抗告訴訟として最も適切と考えられる訴えを具体的に一つ挙げ，その訴え

が訴訟要件を満たすか否かについて検討しなさい。なお，仮の救済については検討する必要はない。

(2)　(1)の訴えの本案において，Ｘらはどのような主張をすべきか。解答に当たっては，当該訴えが訴訟要件を満たすことを前提にしなさい。

〔設問 2〕

　仮に，Ｙ市長が，道路法第10条第 1 項に基づき，本件市道の路線を廃止したとする。

(1)　本件市道の路線の廃止は，取消訴訟の対象となる処分に当たるか。

(2)　本件市道の路線の廃止の取消訴訟において，Ｘらはどのような違法事由の主張をすべきか。解答に当たっては，当該取消訴訟が訴訟要件を満たすことを前提にしなさい。

【法律事務所の会議録】

弁護士Ｄ：本日は，Ｘらの案件について議論したいと思います。Ｘらは，本件市道をＸ 2 のＣ小学校までの通学路として利用していること，また，災害時の緊急避難路として利用したいと考えていることから，本件フェンスによって本件市道を通行できなくなっている状態を解消するための行政訴訟の提起を検討しています。そこで，まず，本件市道の路線がまだ廃止されていない現時点の状態において，Ｙ市を被告として，本件フェンスを撤去させるための抗告訴訟を提起することができないかを検討したいと思います。今回は抗告訴訟に絞って検討し，当事者訴訟や住民訴訟については検討しないことにしましょう。

弁護士Ｅ：通行妨害を排除するためには，本件フェンスの設置者であるＡに対する民事訴訟の提起も考えられますね。この点については，村道を利用して生活及び農業を営んでいると主張する原告が，その村道上に建物を建築するなどして排他的に占有しているとされる被告に対し，通行妨害の排除を求めた事案についての最高裁判所の判例（【資料 2　参考判例】参照）があるようです。

弁護士Ｄ：そうですね。本件でそのような民事訴訟をＡに対して提起して勝訴できるかどうかは分かりませんが，当該民事訴訟の可能性が，Ｙ市を被告とする抗告訴訟の訴訟要件の充足の有無に影響を及ぼすかという点は，落とさずに検討してください。また，訴訟要件の検討に当たって

　　　は，選択した訴訟類型を定める条文の規定に即して，全般的に検討をしてください。

弁護士Ｅ：分かりました。

弁護士Ｄ：Ｙ市長は，本件フェンスの設置は道路法第43条第２号に違反していないと判断し，道路法に基づく監督処分の措置を執らないこととしています。我々としては，道路法の規定に即して，Ｙ市長のこのような判断に誤りがないかどうかを検討し，仮に誤りがある場合には，さらに，本件フェンスに関する監督処分の措置を執らないことが違法といえるかどうかを検討しなければなりませんね。

弁護士Ｅ：分かりました。次に，Ｙ市は道路法第10条第１項に基づき本件市道の路線を廃止してＡに売り渡すことを検討していますから，路線が廃止された場合の対応についても検討しておかなければならないと思います。

弁護士Ｄ：なるほど。本件市道の路線の廃止前にそれを阻止するための訴訟を提起することも考えられますが，今回は，路線が廃止された場合を前提として，それに対して取消訴訟を適法に提起できるかに絞って検討しましょう。

弁護士Ｅ：本件市道の路線の廃止が取消訴訟の対象となる処分に当たるか否かが問題となりますね。

弁護士Ｄ：そうですね。この問題を検討するに当たっては，市町村道の路線の廃止が道路敷地の所有者及び通行者の法的地位にどのような影響を及ぼすかを検討して，それが処分に当たるか否かを明らかにする必要があります。市町村道は，路線の認定，そして道路の区域の決定という過程を経た上で供用が開始されます。また，Ｙ市が検討している路線の廃止は，道路自体の消滅を意味するものであって，これにより，当該路線について定められていた道路の区域や，当該道路についてされていた供用行為も自動的に消滅することとなると理解されています。ですから，本件市道の路線の廃止に係る処分性の有無を検討するためには，道路の区域の決定及び供用の開始が，道路敷地の所有者及び通行者の法的地位に対してどのような影響を及ぼすかについても検討する必要がありそうです。

弁護士Ｅ：道路敷地の所有者とおっしゃいましたが，本件市道の敷地の所有権は，古くから，私人ではなくＹ市にあります。道路の区域の決定及び供用開始や路線の廃止がＹ市の法的地位に与える影響を検討する必要があるのでしょうか。

弁護士Ｄ：そうですね。そのような疑問も生じ得るでしょうが，道路法は，私人が所有する敷地が道路の区域とされる場合があり得ることを前提とした規定を置いていますので，処分性の検討に当たっては，そのような規定も踏まえ，道路の区域の決定及び供用開始や路線の廃止が道路敷地の所有者の法的地位に及ぼす影響を検討する必要があります。また，それに加えて，これらの行政上の行為が道路の通行者の法的地位にどのような影響を及ぼすかも検討しておくべきでしょう。なお，Ｘらの原告適格については，これまで検討をお願いした点とかなりの程度重なるように思われますので，本件市道の路線の廃止の取消訴訟との関係では，差し当たり検討しなくて結構ですし，その他の訴訟要件についても，今は検討しないで構いません。

弁護士Ｅ：分かりました。

弁護士Ｄ：次に，訴えの適法性が認められた場合，本件市道の路線の廃止の違法性についてどのような主張をすべきか検討してください。

弁護士Ｅ：そもそもＸ２が通学路に利用していて本件市道の機能が失われていない以上，路線の廃止は許されないのではないかと思うのですが。

弁護士Ｄ：道路法の規定に即してそのような解釈が可能かどうか検討してください。また，我々としては，Ｙ市長が，本件市道の路線の廃止の適法性をどのような理由付けで主張してくるかを想定し，そのようなＹ市長の主張を前提としても本件市道の路線の廃止が違法といえるかについても，検討する必要があります。

弁護士Ｅ：分かりました。

弁護士Ｄ：本件市道を利用していた人は，Ｘらと本件保育園の関係者以外に誰かいますか。

弁護士Ｅ：現に本件市道上で，園児と原動機付自転車の接触事故が起こっていますし，それ以前にも時折原動機付自転車が通行して園児と接触しかけたことがあったようですから，利用されていたことは確かですが，どの程度の頻度で利用されていたのかはよく分かりません。Ｙ市長は，本件フェンスにより本件市道が閉鎖された状況の下においてＹ市の職員がＡに対してのみ行った聞き取り調査に専ら依拠した上で，「本件保育園の関係者以外の者による本件市道の利用は乏しい」としています。しかし，Ｘ１としては，Ｙ市長が十分な調査をしていないのではないかとの不満を持っています。

弁護士D：ところで，Y市は，市道の路線を廃止するには当該市道に隣接する全
　　　　ての土地の所有者の同意を必要とする旨の内部基準を設け，その旨を
　　　　ウェブサイトで公表しています。この内部基準の法的性質や，道路法の
　　　　規定との関係を検討した上で，本件市道の路線の廃止の違法性とこの内
　　　　部基準がどう関係するかについても検討しなければなりませんね。

弁護士E：分かりました。

【資料1　関係法令】

○　道路法（昭和27年6月10日法律第180号）（抜粋）

（この法律の目的）

第1条　この法律は，道路網の整備を図るため，道路に関して，路線の指定及び
　　認定，管理，構造，保全，費用の負担区分等に関する事項を定め，もつて交通
　　の発達に寄与し，公共の福祉を増進することを目的とする。

（用語の定義）

第2条　この法律において「道路」とは，一般交通の用に供する道で次条各号に
　　掲げるものをいい，トンネル，橋，渡船施設，道路用エレベーター等道路と一
　　体となつてその効用を全うする施設又は工作物及び道路の附属物で当該道路に
　　附属して設けられているものを含むものとする。

2～5　（略）

（道路の種類）

第3条　道路の種類は，左に掲げるものとする。

　一　高速自動車国道

　二　一般国道

　三　都道府県道

　四　市町村道

（私権の制限）

第4条　道路を構成する敷地，支壁その他の物件については，私権を行使するこ
　　とができない。但し，所有権を移転し，又は抵当権を設定し，若しくは移転す
　　ることを妨げない。

（市町村道の意義及びその路線の認定）

第8条　第3条第4号の市町村道とは，市町村の区域内に存する道路で，市町村
　　長がその路線を認定したものをいう。

2～5　（略）

（路線の認定の公示）

第9条　（前略）市町村長は，（中略）前条の規定により路線を認定した場合においては，その路線名，起点，終点，重要な経過地その他必要な事項を，国土交通省令で定めるところにより，公示しなければならない。

（路線の廃止又は変更）

第10条　（前略）市町村長は，（中略）市町村道について，一般交通の用に供する必要がなくなつたと認める場合においては，当該路線の全部又は一部を廃止することができる。（以下略）

2　（略）

3　（前略）前条の規定は前2項の規定による市町村道の路線の廃止又は変更について（中略）準用する。

（市町村道の管理）

第16条　市町村道の管理は，その路線の存する市町村が行う。

2〜5　（略）

（道路の区域の決定及び供用の開始等）

第18条　（前略）第16条（中略）の規定によつて道路を管理する者（（中略）以下「道路管理者」という。）は，路線が指定され，又は路線の認定若しくは変更が公示された場合においては，遅滞なく，道路の区域を決定して，国土交通省令で定めるところにより，これを公示し，かつ，これを表示した図面を（中略）道路管理者の事務所（中略）において一般の縦覧に供しなければならない。（以下略）

2　道路管理者は，道路の供用を開始し，又は廃止しようとする場合においては，国土交通省令で定めるところにより，その旨を公示し，かつ，これを表示した図面を道路管理者の事務所において一般の縦覧に供しなければならない。（以下略）

（道路に関する禁止行為）

第43条　何人も道路に関し，左に掲げる行為をしてはならない。

一　（略）

二　みだりに道路に土石，竹木等の物件をたい積し，その他道路の構造又は交通に支障を及ぼす虞のある行為をすること。

（道路管理者等の監督処分）

第71条　道路管理者は，次の各号のいずれかに該当する者に対して，この法律若しくはこの法律に基づく命令の規定によつて与えた許可，承認若しくは認定を

取り消し，その効力を停止し，若しくはその条件を変更し，又は行為若しくは
工事の中止，道路（中略）に存する工作物その他の物件の改築，移転，除却若
しくは当該工作物その他の物件により生ずべき損害を予防するために必要な施
設をすること若しくは道路を原状に回復することを命ずることができる。

一　この法律若しくはこの法律に基づく命令の規定又はこれらの規定に基づく
　　処分に違反している者

二，三　（略）

2 ～ 7　（略）

（道路予定区域）

第91条　第18条第 1 項の規定により道路の区域が決定された後道路の供用が開始
　されるまでの間は，何人も，道路管理者（中略）が当該区域についての土地に
　関する権原を取得する前においても，道路管理者の許可を受けなければ，当該
　区域内において土地の形質を変更し，工作物を新築し，改築し，増築し，若し
　くは大修繕し，又は物件を付加増置してはならない。

2　道路の区域が決定された後道路の供用が開始されるまでの間においても，道
　路管理者が当該区域についての土地に関する権原を取得した後においては，当
　該区域又は当該区域内に設置された道路の附属物となるべきもの（以下「道路
　予定区域」という。）については，第 4 条，（中略）第43条，（中略）第71条（中
　略）の規定を準用する。

3　第 1 項の規定による制限により損失を受ける者がある場合においては，道路
　管理者は，その者に対して通常受けるべき損失を補償しなければならない。

4　（略）

第102条　次の各号のいずれかに該当する者は， 1 年以下の懲役又は50万円以下
　の罰金に処する。

一，二　（略）

三　第43条（中略）の規定に違反した者

四　（略）

第104条　次の各号のいずれかに該当する者は，100万円以下の罰金に処する。

一～三　（略）

四　第71条第 1 項（中略）の規定による道路管理者の命令に違反した者

五　（略）

【資料2　参考判例】

○　最高裁判所昭和39年1月16日第一小法廷判決（民集18巻1号1頁）（抜粋）

「地方公共団体の開設している村道に対しては村民各自は他の村民がその道路に対して有する利益ないし自由を侵害しない程度において，自己の生活上必須の行動を自由に行い得べきところの使用の自由権（民法710条参照）を有するものと解するを相当とする。勿論，この通行の自由権は公法関係から由来するものであるけれども，各自が日常生活上諸般の権利を行使するについて欠くことのできない要具であるから，これに対しては民法上の保護を与うべきは当然の筋合である。故に一村民がこの権利を妨害されたときは民法上不法行為の問題の生ずるのは当然であり，この妨害が継続するときは，これが排除を求める権利を有することは，また言を俟たないところである。」

「設問1⑴から訊いていくぞ。本件フェンスを撤去させるための抗告訴訟としては，何が適切かな？」

「非申請型義務付け訴訟（行訴法3条6項1号）です！」

　セナさんは元気よく答える。

「非申請型義務付け訴訟と言っても何を義務付けるんだ？」

「えっと，本件フェンスを撤去させることを義務付けるんだよね？」

　リオン君は，頰杖から滑り落ちる。

「……Xらは，いったいY市にどんな行政処分を出してもらいたいんだ？　Y市が処分する場合，どの処分根拠法規へあてはめるんだ？」

「えとえと……処分根拠法規は道路法（以下「法」という。）71条1項柱書・同項1号で……『道路管理者』であるY市に対して，『工作物その他の物件』に該当する本件フェンスの『除却』命令を出してもらいたい……って感じかな」

「そうだ。また問題文からは明らかではないが，本件フェンスの設置に伴い設置跡や設置穴などが道路についている可能性もあるな。そうすると本件フェンスの除却のみならず原状回復命令まで出させる必要があるかもしれない」

「訴訟選択の場面でも色々と考えることが多いんだね……じゃあ，私の番はおしまいっと」

「何を言っているんだ。まだ何も答えてないじゃないか。非申請型義務付け訴

訟の訴訟要件について順次，訊いていくぞ」

「ええ～」

「本問の場合には除却命令と原状回復命令という 2 つの処分を求めていることになるが，処分の『一定』性（行訴法 3 条 6 項 1 号）を満たすかな？」

「うーん，確かに 2 つの処分を求めてはいるけど，法 71 条 1 項という同一の処分根拠法規に基づくものだから，処分の一定性は認められそうかなぁ」

「より緻密に分析すると，除却命令と原状回復命令の（効果裁量面以外の）処分要件が共通しており，また法 71 条 1 項柱書は効果面について『できる』という文言を用いていることから，除却命令と原状回復命令は効果裁量として選択しうる範囲内に収まった処分であり，処分の一定性が認められる，と言えるな。*1
次に，原告適格の有無だ。行訴法 37 条の 2 第 3 項の『法律上の利益を有する者』は取消訴訟の原告適格と同様に判断すれば良いが，あてはめはどうなる？」

「あー，原告適格は既に何回かやっているから分かるかも！　まず『当該法令の趣旨及び目的』（行訴法 37 条の 2 第 4 項・9 条 2 項）の観点から分析していくと，処分根拠法規は法 71 条 1 項と同項 1 号・43 条 2 号になるので，これらの趣旨目的を分析していくんだよね」

「X らの主張している利益は，①C 小学校への通学路として本件市道を利用してきたという平時における通行の利益，②普通乗用自動車が通行できず交通量が少ない点で B 通りよりも本件市道のほうが安全であるという生命・身体の利益，③C 小学校に行くための緊急避難路として利用するという災害時における通行の利益，の 3 つだな。法 71 条 1 項・43 条 2 号からは何の利益が読み取れる？」

「ええと。法 43 条 2 号の『交通に支障を及ぼす虞』という文言からは通行上の利益を，少なくとも一般的公益としては保護していると考えることはできるので，①③は検討の余地はあるけど，②はちょっと難しいかな」

「そうだな。そうすると，通行上の利益を考えていくことになるが，通行上の利益は道路等の公共用物が供されることによる一般的反射的な利益にとどまる，という見解が考えられる。*2 原告適格を肯定するためには，これに対してどう立論すればいい？」

「確かに，道路はみんなのものだけど……ちょっと思ったのは参考判例で挙

がっている最判昭和39年1月16日民集18巻1号1頁で通行の自由権について単なる公法関係上の保護にとどまらない民法上の妨害排除請求権が与えられているよね。そうすると，道路という公共用物の性質による反射的利益論と区別した形で，特定個人の通行の自由の保護を論じる余地はあるんじゃないかなぁ」

「そうだな。里道用途廃止処分事件（判例5-1　最判昭和62年11月24日集民152号247頁）は，里道の用途廃止処分について，『本件里道が上告人に個別的具体的な利益をもたらしていて，その用途廃止により上告人の生活に著しい支障が生ずるという特段の事情は認められ』ないとして里道の近隣居住者の原告適格を否定したが，逆に言えば特定個人の日常生活に必要不可欠であって，著しい支障が生ずる場合には原告適格が肯定される余地がある，ということだ。[*3] そうすると，法71条1項と同項1号・43条2号の趣旨・目的は，日常生活に必要不可欠な通行の利益を単に一般的公益に解消されない個別的利益として保護する趣旨であると言える」

「あーなるほど。そうすると次に『利益の内容及び性質』（行訴法37条の2第4項・9条2項）を考慮する際に『利益の内容及び性質並びにこれが害される態様及び程度』を検討していくことになるんだよね。XらはC小学校への通学路として日常生活に必要不可欠なものとして利用しているにとどまらず，B通りよりも本件市道を通るほうが約400メートル近いという事情もあるから，Xらは著しい支障を受ける者と言えて，原告適格は肯定できるかな！」

「そういうロジックがありうるな。災害時における通行の利益の点はどう関わってくるのかは考えたか？」

「それなんだけど……今までの話だと，日常生活に必要不可欠かというあくまで平時の話をしていて，災害時の通行の利益まで果たして原告適格を肯定する理由にしていいかは悩んだかな」

「そこは難しいところだが，災害時の通行の利益は原告適格肯定の根拠にしないということはありうるが，『利益の内容及び性質』の判断に組み込んでいく方法もありうるな。つまり災害時においてはXらの生命・身体の利益が害されることにもなり，害される利益の態様・程度は著しいと評価しうる。[*4] さて，次に重大な損害（行訴法37条の2第1項）要件にいこうか」

「まず，『損害の回復の困難の程度』を『考慮』するんだよね（行訴法37条の2第

２項）。金銭的損害は事後的金銭賠償での回復可能性がありうるけど，Ｘらの主張する通行の利益は金銭回復不可能な日常生活の支障だし，それに加えて災害時には生命・身体の利益侵害もあるといえそう[*5]。『損害の性質及び程度』については，400 メートル遠回りになる日常生活の支障の程度は継続的かつ重大であり，生命・身体利益侵害は重大。あと，『処分の内容及び性質』については，Ｘらの通行の利益とＹ市の主張する公益を利益衡量していくことになるんだろうけど，Ｘらの通行の利益侵害は重大である一方で，将来も園児の事故が発生する危険は抽象的なものにとどまっていると言えるかも」

「おー，なかなか良くなってきたじゃないか。『その損害を避けるため他に適当な方法』（補充性。行訴法37条の２第１項）はどうだ」

「最判昭和39年１月16日民集18巻１号１頁によれば，Ｘらは民事訴訟を提起して本件フェンスについて妨害排除請求をするという方法でも同一の目的は達成できるのかもなあ，とは思ったけど……」

「例えば，非申請型義務付け訴訟の相手方はＹ市だが，妨害排除請求の相手方はＡになり，両訴訟の要件も異なるよな[*6]。ということは，民事訴訟が提起できるというだけをもって，他に適当な方法があるとは一般的には言えないな[*7]」

「以上のことから訴訟要件は満たします！」

「その調子で，設問１(2)もいくぞ」

「だんだん，楽しくなってきたかも！」

「非申請型義務付け訴訟の本案勝訴要件については，羈束処分の場合は『行政庁がその処分をすべきであることがその処分の根拠となる法令の規定から明らかであると認められ』ること，裁量処分の場合は『行政庁がその処分をしないことがその裁量権の範囲を超え若しくはその濫用となると認められる』ことと定められているな。そうすると，求める処分の裁量性の有無が問題になるな」

「あっ行政裁量の有無・幅も，やった！　法43条２号は『交通に支障を及ぼす虞』という規範的・抽象的要件を定めており，法71条１項柱書は『できる』という裁量の余地を認める文言を用いているよね。それと交通警察権ではなく公物管理権に由来する禁止事項[*8]だから，警察比例の原則が厳しく働く領域でもないし，裁量が認められやすい法領域と言えるんじゃないかな」

「だとすると，要件裁量及び効果裁量の双方が認められることになるな。そう

すると，除却命令・原状回復命令を出さないことが裁量権逸脱・濫用であれば違法，ということになるな」

「通常の取消訴訟における裁量権逸脱・濫用の処理はなんとなく分かっているんだけど，非申請型義務付け訴訟の場合，不作為の裁量権逸脱・濫用ってところで，何をどう判断していけば良いかが迷っちゃうんだよね」

「そこは議論も煮詰まっていないので仕方がない。規制権限不行使型の国家賠償請求（国家賠償法１条１項）の議論が参照されることがあり，規制権限不行使がどのような場合に国家賠償法上，違法になるかについては，裁量権収縮論や消極的権限濫用論等が唱えられている。同様に，非申請型義務付け訴訟の裁量処分に関する本案勝訴要件についても裁量権収縮論や消極的権限濫用論により説明するものが見られるな*9」

「そうすると，規制権限の不行使について，その権限を定めた法令の趣旨・目的，その権限の性質に照らして著しく合理性を欠くときは違法と，さしあたり判断していく方法もありかー（最判平成16年10月15日民集58巻7号1802頁参照）」

「確かに，そのような方法も理論的に誤りとはいえない。ただ，国家賠償法における規制権限の不行使の議論と第三者が非申請型義務付け訴訟を提起する場合の本案論の議論をパラレルに考えていいか，という問題はある。非申請型義務付け訴訟の本案の場合，処分発動要件の充足性及び（効果裁量がある場合）効果裁量の逸脱・濫用の有無を処分根拠規定に照らし端的に審査してもいいな。会議録には『Y市長は，本件フェンスの設置は道路法第43条第2号に違反していないと判断し，道路法に基づく監督処分の措置を執らないこととしています。我々としては，道路法の規定に即して，Y市長のこのような判断に誤りがないかどうかを検討し，仮に誤りがある場合には，さらに，本件フェンスに関する監督処分の措置を執らないことが違法といえるかどうかを検討しなければなりません』との誘導があり，本問では①法43条2号該当性，②該当する場合における効果裁量の逸脱・濫用という争点について中心的に論じる必要があり，それで足りるな。まず法43条2号の該当性はどうだ？」

「んー，㋐本件保育園関係者以外の者による本件市道の利用が乏しいこと，㋑B通りも利用できること，㋒Aが路線廃止及び売渡しを希望していて路線廃止がいずれ見込まれることからすると，法43条2号の『交通に支障を及ぼす虞』

なしと判断したこともそんなに変じゃないと思うけど……」

「君は誰の味方なんだ。設問 1(2)は X らの主張を考えるんだよね？」

「あっ，そうだった。だとすると，交通に支障があると主張しないとダメなのかぁ。うーん。そもそも，本件フェンスにより本件市道が閉鎖された状況下で A に対する聴き取り調査のみに依拠しており，本件フェンスがない状況下では X らのほか原動機付自転車の利用もあったことから Y 市長の(ア)の判断には事実誤認がありそう。B 通りでは C 小学校まで約400メートル遠回りになり，緊急避難路にもならないので，本件市道の代替性はなく，Y 市長の(イ)の判断も，著しく妥当性を欠く。さらに，設問 2(2)で詳細に検討するけど，法10条 1 項に基づく路線廃止もできないから(ウ)の判断も著しく妥当性を欠くね。よって，要件裁量を逸脱し，違法かな」

「仮に法43条 2 号違反があったとしても，Y 市長としては園児の事故等を防止する必要性もあることから，規制権限を直ちに行使しないことはそこまで不合理と言えるかな？」

「確かに，園児の事故等を防止し，生命・身体を保護する必要性はある。しかし，法71条 1 項・43条 2 号の趣旨・目的は『道路網の整備』や『交通の発展』にあるから（法 1 条参照），道路の整備の観点から規制権限は行使されるべきで，園児の事故等の防止の必要性に比重を置いて考慮することは他事考慮であって違法と言えないかな」

「そこは色々な言い方があるかもしれないな。事故防止による生命・身体保護は優越的法益であって，一応の考慮はできるとしても，信号や横断歩道の設置による当該法益保護の代替手段はあり，監督権限行使の際にこれを考慮するのは過大考慮である，という言い方のほうが良いかもな。セナさんもなかなかやるじゃないか」

　僕は二人のやり取りをぼーっと眺めてしまった。

　確かに，原告適格など既に検討したことのある論点が多かったとはいえ，セナさんの成長スピードはちょっと異常だ。

　さっきまでとは，まるで別人である。

　ロー獄による強化訓練ってここまで効果が出るものなのだろうか。

ワンポイントアドバイス ③　処分性の判断方法

　第6話では，典型論点である処分性を検討することになるので，ここでは処分性の判断方法について，簡単におさらいしておくぞ。

　まず，許可，免許等の処分性が認められることが明白である場合や逆に土地の任意買収，物品の購入等の処分性が認められないことが明白である場合には，処分性を論じる実益はない。処分性が争点になるのは，処分性が認められるかどうかが争いになるような中間的な場面だということを頭に入れておこう。

　処分性が争点になるケースでは，基本的には，大田区ごみ焼却場判決（判例6−1　最判昭和39年10月29日民集18巻8号1809頁）の定式，すなわち「公権力の主体たる国または公共団体が行う行為のうち，その行為によって，直接国民の権利義務を形成しまたはその範囲を確定することが法律上認められているもの」にあてはめていく必要があるぞ。近時，この一般的な判断基準からすると処分性が認められるか必ずしも明らかではない事案について実効的な権利救済を図る観点から処分性を認める最高裁判決が出てきているが，実効的な権利救済の要請は従前の定式の中で潜在的に判断されてきているものであり，従前の最高裁の一般的な判断基準は維持されている[11]。

　行為の公権力性は，抗告訴訟と当事者訴訟・民事訴訟のいずれのルートを採るべきかを振り分ける重要な要素だ。ここでは①行政庁に優越的な地位が認められていること，②行政庁の権限行使が法律上の根拠を有することが重要な判断要素になるな。[12]

　法律上の地位に対する影響の要件は，さらに「直接」，「国民」の「権利義務を形成しまたはその範囲を確定することが法律上認められているもの」という視点に分解することができるぞ。まず，行政処分は国民の法的地位を「直接」変動させるものであることから，一般的抽象的な法規範の定立行為や行政計画決定行為の処分性が問題になる。また，「国民」に対する外部的な法的効果が必要であり，行政機関内部にとどまる内部的行為の処分性が問題とされる。さらには，「権利

義務を形成しまたはその範囲を確定することが法律上認められているもの」すなわち法的地位の変動が必要であり，事実上の不利益は処分性を肯定する理由にならない。

　法律上の地位に対する影響の要件に関しては，結局は，処分性の判例傾向を踏まえながら，処分根拠法規を中心とした個別行政法の仕組み解釈をして，直接的な国民に対する個別具体的な法効果性を論証していくことが大切になるだろうな。判例傾向に照らして処分性の判断要素をまとめてみたので，参考にすると良いぞ。[*13]

【処分性の判断要素】
Ⅰ　行為の公権力性
　①行為主体の行政庁該当性
　②民法上の法律関係・機能との同質性・異質性
　③「却下」，「処分」等の公権力性を窺わせる文言の有無
　④不服申立手続等の有無
　⑤処分根拠法規としての法律の有無。明確な法律がない場合，「制度の仕組み」に基づく解釈が可能か
Ⅱ　法律上の地位に対する影響
　①一般的・抽象的な法規範定立行為か，個別・具体的行為か。法規範定立行為であっても，直接的法効果性及び対象の特定性に照らして処分と同視でき，救済方法の合理性の観点から処分と認めるべき事情があるか
　②後続の具体的処分が存在する段階的行為か。段階的行為であっても，一般的・抽象的法効果にとどまらない個別・具体的法効果を観念でき，また実効的権利救済の観点から救済方法に合理性があるか
　③通達・職務命令等の内部的命令か否か。内部的命令であっても，権利・利益の重大な影響及び実効的権利救済の必要性はないか
　④行政機関相互の行為又はこれと同視される行為か否か
　⑤法的効果のない表示行為か否か。表示行為であっても，処分性の一般的基準や実効的権利救済の要請により処分性が認められないか。後続処分の確実性及び救済の必要性に照らして処分性を肯定する余地はないか
　⑥当該行為以前に法的効果が既発生ではないか，当該行為が既発生の法

的効果の確認ではなく，当該行為そのものから法的効果が発生していないか

⑦手続上の地位の変動はないか

以上

* 1　改正行訴執務資料27頁参照。
* 2　実務的研究110頁参照。
* 3　福岡高裁宮崎支判平成18年1月27日（LLI／DB 判例秘書登載。判例番号 L06121080）は，道路法10条1項に基づく市道の路線廃止につき当該市道を少なくとも日常的に利用する者の原告適格を肯定した。
* 4　三井グラウンド訴訟（東京地判平成20年5月29日判タ1286号103頁）は，東京都震災対策条例により避難場所に指定された土地を避難場所として利用することが予定されている地域の居住民について，同土地を施行地区とする土地区画整理事業の施行認可の取消訴訟の原告適格を肯定した。これに対して，原告らの所属する町会が指定した避難拠点に避難することは義務付けられておらず，別の避難拠点に避難することも全く制限されていないことから，災害時に必ず通行することを要するとは認められないとして原告適格を否定した例がある（筆者も代理人を務めた東京地判令和元年5月30日裁判所ウェブサイト）。
* 5　原告適格を基礎づけない利益でも重大な損害を基礎づける「損害」となりうる。条解752頁〔川神裕〕，大島・実務解説〔松尾剛行〕243頁。したがって，仮に原告適格の際に災害時における生命・身体利益を考慮しなかったとしても，重大な損害要件では考慮できる。
* 6　道路法令研究会編著『道路法解説〔改訂5版〕』（大成出版社，2017年）373頁は，法43条は「私法上の財産権保護の範囲を超えて道路の公益を保護しようとするもの」とする。そのため，私法上の財産権に基づくエンフォースメントよりも，法71条1項・43条2号のほうがカバー範囲が広い。
* 7　小林・行訴法163頁。大島・実務解説〔松尾剛行〕258頁参照。
* 8　道路法令研究会編著・前掲注6）373-374頁。
* 9　大島義則「海賊版サイトブロッキングの行政法上の諸問題」広島法科大学院論集15号（2019年）137-138頁。これに対し，処分根拠法規に照らし処分権限行使義務の存否を審理の対象とすべきとする見解として，石崎誠也「非申請型義務付け訴訟の概況及びその本案審理について」法政理論49巻2号（2017年）25-26頁。
*10　例えば，最判平成17年7月15日民集59巻6号1661頁は，行政指導の性質を有する都道府県知事の病院開設中止勧告（医療法（当時）30条の7）について，「当該勧告を受けた者に対し，これに従わない場合には，相当程度の確実さをもって，病院を開設しても保険医療機関の指定を受けることができなくなるという結果をもたらすものということができる」こと（後行処分の確実性）及び「保険医療機関の指定を受けることができない場合には，実際上病院の開設自体を断念せざるを得ないことになる」こと（救済の必要性）を考慮して処分性を肯定したことがある。
*11　増田稔・最判解民平成20年度452-454頁。
*12　西川・リーガル22頁〔小野裕信〕，実務的研究18-19頁。
*13　以下の判断要素については，大島・実務解説〔大島義則〕48-49頁でまとめたものである。

ゾーン

──平成29年司法試験その2──

処分性／行為の公権力性／法律上の地位に対する影響
／行政裁量の有無・幅／行政調査の瑕疵／判断過程統制審査
／裁量基準と乖離する処分

「ふふ。なんか楽しくなってきちゃった」

　そう言うセナさんの頬は赤くなり，気分も高揚しているようだ。

　明らかにさっきまでのセナさんとは違う。

「なるほどな。そういうことか」

　リオン君は，何かに合点がいったように頷いた。

「一流のスポーツ選手は，試合中に超集中状態である＜ゾーン＞に入ることがあるな。セナさんは，今，おそらく俺との対話を通じて，一時的なゾーン類似の状態に入っているんだろうな。でなければ，ここまでの力は，ありえない」

「んー，そうなのかなぁ。自分でもよく分からないけど，そういえば，さっきヴァイオリンを弾いてから，なんか緊張がほぐれて身体がリラックスしている。それでいて，頭の中から今まで勉強したことがすらすらと出てくる気がする」

「それが，＜ゾーン＞だ。俺もこのロー獄についてそんなに詳しくはないが，ラミ先生が言うには，このロー獄というのは＜ゾーン＞にシームレスに入るための諸条件が整えられているらしい」

「へー，そんな快適な環境には思えないけどな……ここ……」

「快適さだけが，＜ゾーン＞に入るための条件ではないとは思う。例えば，僧侶が座禅や読経などの修行をしている際に『悟りを開いた』という感覚になることがあるらしい。仏教における修行のシステムは，決して快適な環境を用意しているものではないが，システム的に悟りを仕組むようにできている，と聞いたことがある。このロー獄，というのは，まさに行政法修行のために仕組まれた場ということなんだろうな」

「そんな場を用意して，ラミ先生は何がしたいんだ」と僕はついつい突っ込んでしまう。

「なんでもAIを用いた法的推論システムの開発研究プロジェクトがあるらしく，その研究の一環らしいとは言っていたが……まあ，俺には関係のないことだ。さあ，設問2にいくか。セナさんの調子が良いようなので，続きを聞いていくぞ」

「はーい！」

「設問2(1)は，本件市道の路線廃止（法10条1項。以下「本件廃止」という。）の処

分性の問題だな。処分性の定式は？」

「定義もすらすら出てきちゃう！　公権力の主体たる国または公共団体が行う行為のうち，その行為によって，直接国民の権利義務を形成しまたはその範囲を確定することが法律上認められているもの，だね（判例 6 - 1　大田区ごみ焼却場判決最判昭和39年10月29日民集18巻 8 号1809頁）」

「そうだ。要約すると，行為の公権力性及び法律上の地位に対する影響の 2 つの要素により判定されるな。本件廃止には公権力性はあるかな？」

「本件廃止は『市町村長』（法10条 1 項）である Y 市長により行われるものだから，行為の公権力性はあるんじゃないかな」

「行為の公権力性の観点では，①行政庁に優越的な地位が認められていること，②行政庁の権限行使が法律上の根拠を有することが重要な判断要素とされている[*1]。地方自治体でも文房具を購入するなどの民事上の行為も行うわけだから，主体の行政官庁該当性だけを述べても完全な行為の公権力性のあてはめにはならない。本件廃止は，市町村長により一方的に法10条 1 項に基づき路線廃止の効果を発生させるものであるがゆえに，行為の公権力性は肯定できる，と言ったほうが説得力がありそうだな。では，法律上の地位に対する影響の要素との関係はどうだ？」

「会議録では，①『道路の区域の決定及び供用開始や路線の廃止が道路敷地の所有者の法的地位に及ぼす影響を検討する必要』があること，②『これらの行政上の行為が道路の通行者の法的地位にどのような影響を及ぼすかも検討』する必要があることが示されているから，これに即して検討していけばいいんじゃないかな」

「道路敷地所有者の法律上の地位への影響については，どうかな？」

「市町村道（法 3 条 4 号）の路線認定（法 8 条 1 項）がなされると，道路敷地所有者の私権が原則として制限されるので（法 4 条），本件廃止がされると道路敷地所有者の私権制限が解除されるんじゃないかな？」

「なるほど。法 4 条の私権制限は『道路』について発生するけど，『道路』とは何かな？」

「『道路』とは……『一般交通の用に供する道で次条各号に掲げるもの』……あっ法 3 条 4 号の市町村道の認定を受けた段階じゃ一般への供用がないから，まだ

法4条は適用されないのかな？*2」

「そうだな。もう少し段階的に道路法を読み解いていくとどうなる？」

「道路認定（法8条1項）の公示（法9条）がされた後，道路区域決定（法18条1項）の段階で道路予定区域に関する私権制限が働くとともに（法91条1項，2項），これにより通常受けるべき損失について損失補償しなければならなくなり（同条3項*3），道路の供用の開始（同条2項）により『道路』が成立することによって道路敷地所有者の私権が原則として制限される（法4条）。本件廃止により道路区域決定や道路供用行為は自動的に消滅すると理解されているから，道路区域決定に伴う私権制限等及び道路供用開始に伴う私権制限も消滅するので，道路敷地所有者の法律上の地位が変動する！」

「そうだ。道路の通行者の法的地位との関係はどうだ？」

「本件廃止によって道路の通行者の道路使用の自由権が制限される，と言えそう」

「ただ，さっき通行上の利益は道路等の公共用物が供されることによる一般的反射的な利益にとどまる，という見解がありうるという話をしたな。とすると，一般的な道路通行者の自由権制限とは言えないのでは？*4」

「あ，そうか。でも，だとすると，里道の用途廃止処分に関する判例である最判昭和62年11月24日集民152号247頁（判例5-1）を援用しながら特定個人の日常生活に必要不可欠であって，著しい支障が生ずる場合には，当該特定人の自由制限にまで至っている，と論証できたりして？」

「そのとおり。したがって，道路敷地所有者及び日常生活の必要不可欠なものとして利用している道路通行者の法律上の地位への影響があるとして，処分性を肯定しうるな。では，最後の設問2(2)にいくぞ。Xらが主張できる違法事由としては何が考えられる？」

「X2が通学路に利用していたことから，Xらとしては『一般交通の用に供する必要がなくなつた』とは言えないと主張できるかな」

「しかし，法10条1項の『一般交通の用に供する必要がなくなつたと認める場合』という文言は規範的・抽象的要件であること，道路管理者には道路管理上の政策的・技術的な観点からの行政裁量を与えるべきこと，からすると要件裁量が認められるんじゃないか。そして，Y市長としては，①本件市道の幅員

は約 1 メートルしかなく，普通乗用自動車が通行できないこと，②本件保育園の関係者以外の者による本件市道の利用は乏しいと思われること，③本件市道の近くには認定道路である B 通りがあること等から，道路法第10条第 1 項に基づき本件市道の路線を全部廃止しても支障がないと考えられる旨の報告書の提出を受けているよな。とすると，『一般交通の用に供する必要がなくなつた』と Y 市長が判断した事実の基礎には重大な事実誤認はなく，社会通念上著しく妥当性を欠く処分ではないという反論がありえないか？」

「でも，その Y 市長は，X 2 が通学路に利用している事実を考慮すべきなのに考慮していないし，そもそもその報告書は A のみの聞き取り調査に依拠して作成されていて X らの聞き取り調査をしていないのはおかしいよ！」

「仮に X 2 が通学路に利用していたとしても，本件保育園関係者と X 2 だけの利用では一般交通の用があるとまでは言えないんじゃないかな」

「だから，調査不足なんだってば！ 昔は園児と原動機付き自転車との接触事故があったし，もっと調査すれば一般交通の用があることがわかるんだって！」

「その調査不足が，どうして違法事由になるんだ？」

「行政調査の瑕疵は，全くの調査を欠き又は公序良俗に反する方法で行政調査を行った場合，当該調査に基づく処分は違法になったような……[*5]」

「で，本件は，今言った要件に該当するのかな？」

「……」

　確かに，Y 市長は不十分かもしれないが調査自体は実施しているし，調査に公序良俗に違反する部分もない。

「で，でも，X 2 は通学路に利用していたことから日常生活に不可欠な道路利用の自由を著しく制限されているし，災害時の緊急避難路でもあるから生命・身体利益にも関係するし，B 通りを通ると約400メートル遠回りになるから代替的な通学路・避難路が存在しているとは言えないことや原動機付自転車など本件保育園関係者と X 2 以外の利用もあったことを考慮すると，これらの事情を調査し又は考慮すべき義務が Y 市長にはあり，要考慮事項の不考慮や不十分な調査により『一般交通の用に供する必要がなくなつた』という要件認定に事実誤認があり，または調査経過に照らして社会通念上著しく妥当性を欠く

処分だったと言えるんじゃないかな[*6]」

「そうだな。行政調査の瑕疵から直ちに違法性を導くのではなく，X2の不利益の程度に照らして社会通念審査に判断過程統制審査を接合させ，事実誤認等の要素に要考慮事項の不考慮や調査不足を放り込むことで，裁量統制の中で調査不足の主張を構成するのが良いだろう[*7]。Y市は，市道の路線を廃止するには当該市道に隣接する全ての土地の所有者の同意を必要とする旨の内部基準を設け，その旨をウェブサイトで公表している点は，何か違法事由として言えるか？」

「あっ，これは前にやった裁量基準の問題だ。法10条1項の『できる』という文言から効果裁量が認められるとしても，Y市は，市道の路線を廃止するには当該市道に隣接する全ての土地の所有者の同意を必要とする旨の内部基準を設けており，当該内部基準は効果裁量を規律する裁量基準と言えそう。そうすると，平等原則及び相手方の信頼保護の要請に照らして自己拘束されるべきであり，特段の事情のない限り，当該内部基準と乖離する処分は違法だよね（判例1-4）。とすると，特段の事情もないのに内部基準に反してX2の同意を得なかったのは違法と主張できるよね」

「そこまで断定できるかな。そもそも道路については特定人の通行の自由権があるわけではないから，拒否権としての同意権を与える趣旨ではないのであり，同意を求めたが拒否された場合には特段の事情があるのではないか」

「そこは内部基準の趣旨次第かなと思う。確かに，この内部基準は隣接土地所有者の同意権を与える趣旨ではなく，あくまで『一般交通の用に供する必要がなくなつた』か否かを判断するための情報収集のために有用な手続を定める趣旨だと解釈すべきだとは思う。そうすると，絶対的にXらの同意が必要なわけではない。だけど，今回の場合には，Xらの意見聴取を十分にしていない結果として考慮不尽や調査不足による事実誤認が発生しているのだから，当該内部基準により想定されている情報収集機能がまさに阻害された局面と言えるので，特段の事情なく当該内部基準と乖離する処分としてやはり違法なんじゃないかな」

「んー。なるほどね。やっぱりセナさんは＜ゾーン＞に入ってるな。不本意だが，合格と判断せざるをえない」

「やったー！」

　セナさんは，ぴょんと飛び跳ねて，僕に抱きついてくる。

　僕の全身から汗が噴き出し，直立不動の状態になる。

「ちょ，ちょっとセナさん！」

「あっ，ごめんごめん！」

　そう言って，セナさんは僕を解放してくれる。

「これが鍵だ。俺を倒したのなら，逆に最後までクリアしてもらわなきゃ困るからな。頑張れよ」

■ 平成29年司法試験解答例

第 1　設問 1 (1)

1　X らは，道路法（以下「法」という。）71 条 1 項柱書・同項 1 号に基づき「道路管理者」である Y 市に対して「工作物その他の物件」に該当する本件フェンスについて「除却」し，道路につき原状回復命令を出すよう義務付ける非申請型義務付け訴訟（行政事件訴訟法〔以下、行訴法という。〕3 条 6 項 1 号）を提起すべきである。

2　まず，除却命令及び原状回復命令の処分要件は共通しており，また効果裁量の範囲内にある処分であるため，処分の一定性はある（行訴法 3 条 6 項 1 号）。

3 (1)　次に，X らは，行訴法37条の 2 第 3 項の「法律上の利益を有する者」に該当し，原告適格を有する。

(2)　「法律上の利益を有する者」とは，当該処分により自己の権利若しくは法律上保護された利益を侵害され，又は必然的に侵害されるおそれのある者をいい，処分根拠法規が専ら一般的公益の中に吸収解消できない個別的利益を保護する趣旨を含む場合，当該個別的利益は法律上保護された利益に当たる。

(3)　法71条 1 項・43条 2 号の「交通に支障を及ぼす虞」という処分要件の趣旨・目的（行訴法37条の 2 第 4 項・9 条 2 項）を検討すると，一般交通の利益は一般的公益に吸収解消されうる。しかし，特定個人の日常生活に著しい支障が生じる場合，当該個人の人格的利益を個別的利益として保障すべきである。X 2 は，C 小学校への通学路として本件市道を利用してきており，X 2 の個別的利益を保障する趣旨・目的を有する。

(4)　利益の内容・性質・害される態様・程度（同項）を見ると，ＸらはＣ
小学校への通学路として日常生活に必要不可欠なものとして利用している
にとどまらず，Ｂ通りよりも本件市道を通るほうが約400メートル近いと
いう事情があり，災害時に避難路として用いているから，Ｘらは通行の利
益につき直接的かつ重大な被害を受ける。

(5)　よって，Ｘらは，「法律上の利益を有する者」に該当する。

4(1)　重大な損害（行訴法37条の２第１項）は，認められる。

(2)　Ｘらの主張する通行の利益は金銭回復不可能な日常生活の支障であり，
災害時には生命・身体の利益侵害もあり，事後的な損害回復は極めて困難
である（同条２項）。

　　「損害の性質及び程度」（同項）を見ると，400メートル遠回りになる日
常生活の支障の程度は継続的かつ重大であり，生命・身体利益侵害は重大
である。

　　「処分の内容及び性質」（同項）について見ても，Ｘらの通行の利益侵害
は重大である一方で，将来も園児の事故が発生する危険は抽象的なものに
とどまっている。

(3)　よって，重大な損害がある。

5　「その損害を避けるため他に適当な方法」（行訴法37条の２第１項）はない。
　　判例によればＸらは民事訴訟を提起して本件フェンスについて妨害排除
請求をするという方法でも同一の目的は達成できそうである。しかし，非申
請型義務付け訴訟の相手方はＹ市，妨害排除請求の相手方はＡであり，両
訴訟の要件も異なるのであり，民事訴訟が代替手段にはならない。

第2　設問1(2)

1　Ｘらは，除却命令・原状回復命令を出さないことは裁量権逸脱・濫用であっ
て違法であると主張する。

2　法43条２号は「交通に支障を及ぼす虞」という規範的・抽象的要件を定め
ており，法71条１項柱書は「できる」という裁量の余地を認める文言を用い
ており，道路管理者には道路管理上の政策的・技術的な観念に基づく裁量が
認められるべきであるから，要件裁量及び効果裁量は認められる。

3　しかし，本件フェンスがない状況ではＸらのほか原動機付自転車の利用
などもあり，Ｙ市長の(ア)の判断は事実誤認である。また，Ｂ通りではＣ小
学校まで約400メートル遠回りになり，緊急避難路にもならないので，本件
市道の代替性はないので，(イ)の判断は社会通念上著しく妥当性を欠く。ま
た，設問2(2)で検討するとおり，法10条１項による路線廃止も認められない
ので，(ウ)の判断も社会通念上著しく妥当性を欠く。よって，「交通に支障を

及ぼす虞」がないとした判断は要件裁量を逸脱し，違法である。

4　仮に法43条2号違反があったとしても，Y市長としては園児の事故等を防止する必要性もあることから，規制権限を直ちに行使しないことはそれほど不合理ではないという反論が想定しうる。

　　しかし，事故防止のためには信号・横断歩道の設置という代替手段もある。法71条1項・43条2号の趣旨・目的は「道路網の整備」や「交通の発展」にあるから（法1条参照），道路の整備の観点から規制権限は行使されるべきで，園児の事故等の防止の必要性に比重を置いて考慮することは過大考慮であって効果裁量を逸脱し違法である。

第3　設問2(1)

1　本件市道の路線廃止（法10条1項。以下「本件廃止」という。）の「処分」性（行訴法3条2項）は，認められる。

2　処分性が認められるためには，公権力の主体たる国または公共団体が行う行為のうち，その行為によって，直接国民の権利義務を形成しまたはその範囲を確定することが法律上認められているものである必要がある。

3　本件廃止は，市町村長により一方的に法10条1項に基づき路線廃止の効果を発生させるものであり，行為の公権力性はある。

4(1)　道路認定（法8条）の公示（法9条）がされた後，道路区域決定（法18条1項）の段階で道路予定区域に関する私権制限が働くとともに（法91条1項，2項），これにより通常受けるべき損失について損失補償しなければならなくなり（同条3項），道路の供用の開始（同条2項）により「道路」が成立することによって道路敷地所有者の私権が原則として制限される（法4条）。本件廃止により道路区域決定や道路供用行為は自動的に消滅すると理解されているから，これらの私権制限の効果も消滅するので，道路敷地所有者の法律上の地位が変動する。

(2)　道路の通行者の法的地位との関係では，あくまで道路通行の利益は道路共用による反射的利益とも考えられるが，特定人の日常生活に不可欠な道路の場合には特定の通行者の法的地位を変動させる。

(3)　よって，道路敷地所有者及び道路の通行者の法律上の地位を変動させるので，処分性が認められる。

第4　設問2(2)

1　Xらは「一般交通の用に供する必要がなくなつた」（法10条1項）という要件について要件裁量の逸脱・濫用があり，また仮に要件該当性が認められても，効果裁量の逸脱・濫用があって，違法であると主張すべきである。

2(1)　確かに，法10条1項の「一般交通の用に供する必要がなくなつたと認め

る場合」という文言は規範的・抽象的要件であり，道路管理者に対して道路管理上の政策的・技術的な観点からの行政裁量が与えられるので，要件裁量は認められる。

　　　しかし，日常生活に不可欠な道路の通行の自由が著しく制限されており，災害時の緊急避難路でもあるから生命・身体利益も制限されうる。

　　　よって，要件裁量の幅は相当程度限定されるべきであり，要考慮事項の不考慮や不十分な調査により重大な事実誤認があり，社会観念上妥当性を欠く処分であれば違法になる。

(2)　本件保育園関係者以外にもＸらや原動機付自転車の利用があったことを考慮しておらず，また，Ｂ通りを通るとＸ2は約400メートルの遠回りをすることになり，災害時の避難方法も制約されることになるが，Ｙ市長はＡのみの聞き取り調査に依拠して不十分な調査をした結果，重大な事実誤認をしており要件裁量の逸脱・濫用がある。よって，違法である。

3　また，法10条1項の「できる」という文言から効果裁量が認められるとしても，Ｙ市は，市道の路線を廃止するには当該市道に隣接する全ての土地の所有者の同意を必要とする旨の内部基準を設けており，当該内部基準は効果裁量を規律する裁量基準である。

　　裁量基準は法規性を有しない行政規則であって裁量基準違反は違法事由にはならないのが原則である。しかし，行政庁は平等原則に照らして当該内部基準を公平かつ平等に適用すべきであり，またウェブサイトで公表していることから相手方信頼保護の要請も働く。そのため，当該内部基準を公表した行政庁は自己拘束され，特段の事情がない限り，裁量基準と乖離する処分は違法である。

　　当該内部基準は隣接土地所有者に拒否権を与える趣旨ではなく，情報収集のための手続を定めたに過ぎず，同意書の提出を求めたが拒否された場合には特段の事情は認められるとも思える。しかし，本件ではＸらからの意見聴取を十分にしなかった結果として要件判断に事実誤認が生じていることから，当該内部基準の情報収集機能が阻害されている。

　　よって，やはり特段の事情はなく，内部基準と乖離した本件廃止は，効果裁量の逸脱・濫用であり，違法である。

以上

＊1　西川・リーガル22頁〔小野裕信〕，実務的研究18-19頁。
＊2　土地の権原取得や道路新設工事を行った上で供用開始して道路が成立するのであり，法

4 条の適用の始期もこの段階からとなる。道路法令研究会編著『道路法解説〔改訂 5 版〕』（大成出版社，2017年）52頁。名古屋地判平成26年 4 月10日（LLI／DB 判例秘書登載，判例番号 L06950560）は，「路線認定（道路法 8 条）は，当該路線に属する道路を道路法上の道路とし，その道路管理者を決定することになる行為であるが，路線は，当該道路が道路網上果たすべき交通機能を示すのに必要な範囲内で表示される道路の位置にとどまるものであって，道路の具体的な区域や構造等を示すものではなく，路線認定によっては，いまだ道路の区域は確定しない。道路法その他の法令を精査してみても，路線認定によって土地所有者等の私権が制限されるとするような規定も見当たらないから，路線認定は，直接国民の権利義務を形成し又はその範囲を確定するものではないというほかはない」として路線認定の処分性を否定している（同裁判の上級審である名古屋高判平成27年 3 月19日 LLI／DB 判例秘書登載，判例番号 L07020402は控訴棄却している）。

＊3 東京高判昭和42年 7 月26日行裁集18巻 7 号1064頁は，「……新道路の区域の決定がされると，なんびとも，道路管理者がその敷地の上に権原を取得する以前においても，道路管理者の許可を受けなければ，新道路の敷地の形質を変更し，工作物を新築し，改築し，増築し，もしくは大修繕をし，または，物件を附加増置してはならないというように，右敷地に関する権利に対して制限が課せられ，これらの制限によって損失を受ける者がある場合においては，道路管理者はその者に対し，通常受けるべき損失を補償しなければならないのであるから（道路法第九一条第一項，第三項），右の新道路の区域の決定は，国民の権利義務に，直接に，法律上の影響を及ぼす行為であ」るとした。

＊4 前掲東京高判昭和42年 7 月26日は，「市道は一般交通の用に供することを目的として設置された公共施設であるから，なんびとも，他人の共同使用を妨げない限度で，これを交通のために自由に使用することができることはいうまでもない。しかし，それは，市道が供用の開始により一般交通の用に供された結果として享受することができる反射的利益であり，したがって，道路の供用が廃止された場合には，当然に消滅すべきものである」と指摘する。また，水戸地判昭和58年 4 月14日判タ503号127頁は，道路法10条に基づく市長による市道廃止処分について，「市道等の道路は，一般交通の用に供することを目的として設置された公共施設であり，一般公衆はこれを利用する自由を有するが，右の自由は，道路設置により一般交通の用に供されたことの結果として享受することができる反射的利益にすぎないものであり，特段の事由なき限り，一般公衆がその利用によって道路に対し特定の権利又は法律上の利益を有するものではないものといわなければならない」としている。後者の裁判例は「特段の事由」がある場合に例外を認める留保をしているようにも読める。

＊5 大島・実務解説103頁〔大島義則〕。

＊6 東京高判昭和56年 5 月20日判タ453号93頁は，市道廃止処分について，「道路法第一〇条第一項の要件がみたされていないのであり，又，路線廃止に際して必要な調査確認を行ったとはいえない」と判断し，「路線廃止処分は明白に道路法第一〇条第一項に違反するのみならず，その処分までの経過をみても権限の濫用にあたるとの評価を免れず重大かつ明白な瑕疵を帯び，当然無効である」とした。

＊7 判例では，判断過程の適切性の観点は「社会観念上著しく妥当を欠く」か否かという文脈で考慮されるようになっており，判断過程統制審査の手法は社会観念審査の判断手法に組み入れられるようになっている。森英明・最判解民平成18年度（下）1160頁，大島・実務解説88頁〔大島義則〕。

第 7 話

モニター室

──平成30年司法試験その1──
墓地埋葬法／原告適格／本案上の主張
／行政裁量の有無・幅／権利濫用／主張制限

　鍵の守人リオン君から受け取った鍵を使って，僕たちは無事に鉄格子の扉を開けることができた。扉を開けると，上方に向かって階段が伸びていた。僕とセナさんは階段を登り，先に進むことにした。

　階段を登りきると，そこは広々とした円形の部屋が広がっていた。壁一面には，無数のモニターが規則正しく碁盤目状に並んでいる。その数は100を超えるだろう。

　セナさんは円形の部屋を見渡して，呆けた顔をする。

「ほへー。ここって本当にロースクールの地下なのかな。もしかして全然，違う場所にいるってことない？」

「確かに，その可能性は否定できないけど……気絶している間にどこに移動させられたのか分からないしね。モニターはこのロー獄を監視するものみたいだね。通ってきた廊下とか部屋とかが映し出されているみたいだ。何かのデータを採取しているのかもね」

「私たちのデータなんて採取しても，何の意味もないのにね」

　とセナさんは笑ったが，僕はこのモニター監視の意味はなんとなく理解できる気がする。

　セナさんの行政法学修のスピードは異常であり，こうした学修過程を記録しておくことが目的なのだろう。

「ここまで来た学生は，君たちが初めてだな」

　モニター前にぽつんと1つだけ置いてあった黒革の椅子が，くるりと回転する。

　姿を現したのは，女性看守のコスプレをした女性だった。

　というか，この人は……

「「ラミ先生……」」

　僕とセナさんはハモってしまう。そこにいたのは，我々をロー獄に叩き落した張本人ラミ先生だった。

　裁判官のコスプレはやめて，今度は看守のコスプレをしているようだが……

「ん？　ああ，君たちの担任はラミの奴だったな。顔はそっくりだが，私はラミではない。ロミだ。ラミとはいとこ同士で似ているので，よく間違われるがな」

本当なのだろうか。ロー獄に叩き落されたことを責められたくないから，適当な嘘を言って誤魔化しているんじゃないか。

「……ラミ先生でもロミさんでもどっちでも良いんですが，そろそろこの茶番から僕らを解放してくれるんでしょうか」

「ロミさんではない。私はここではロー獄の看守長にして最終門番だ。ロミ様と呼びたまえ」

ロミ様は，そう言うと，手に持っていた短い黒い鞭をピシッと空中で振ってみせる。

「ええと。本当にどっちでも良いのですが，最終門番ということは，ロミ様を議論で打ち負かせば今度こそ本当に出られるのですよね」

「ま，そういうことだな」

「はいはいはい！　私，ちょっと調子が良いので，私やります！」

「良かろう。では，平成30年司法試験の問題でいくぞ」

■平成30年司法試験公法系科目第 2 問

　宗教法人 A は，宗教法人法に規定された宗教法人で，同法の規定により登記された事務所を，約10年前から B 市の区域内に有している。A は，以前から墓地用石材の販売等を扱う株式会社 C と取引関係にあったが，C から，B 市内に適当な広さの土地（以下「本件土地」という。）を見付けたので，大規模な墓地の経営を始めないかとの提案を持ち掛けられた。C がこのような提案をしたのは，B 市においては，「B 市墓地等の経営の許可等に関する条例」（以下「本件条例」という。）第３条の定めにより，株式会社である C は墓地の経営許可を受けることができず，墓地経営のために宗教法人である A の協力が必要であったという事情による。A は，大規模な墓地の経営に乗り出すことは財政的に困難であると考えたが，C から，用地買収や造成工事に必要な費用を全額無利息で融資するとの申出を受けたため，C の提案を受け入れ，本件土地において墓地（以下「本件墓地」という。）の経営を行うことを承諾した。そこで，A は，C から融資を受けて，平成29年９月25日に本件土地を購入した（なお，本件土地に所有権以外の権利は設定されていない。）。さらに，A は，「墓地，埋葬等に関する法律」（以下「法」という。）第10条第１項に基づき，本件墓地の経営許可を得るため，

本件条例に基づく必要な手続を開始した。なお，Ｂ市においては，法に基づく墓地経営許可の権限は，法第２条第５項に基づき，Ｂ市長が有している。

　Ａは，平成29年11月17日，周辺住民らに対して，本件条例第６条に基づく説明会（以下「本件説明会」という。）を開催した。本件説明会は，Ａが主催したが，Ｃの従業員が数名出席し，住民に対する説明は，Ａの担当者だけではなくＣの従業員も行った。本件土地の周囲100メートル以内に住宅の敷地はなかったが，本件土地から100メートルを超える場所に位置する住宅に居住する周辺住民らが，本件説明会に出席し，本件土地周辺の道路の幅員はそれほど広いものではないため，墓参に来た者の自動車によって渋滞が引き起こされること，供物等の放置による悪臭の発生並びにカラス，ネズミ及び蚊の発生又は増加のおそれがあることなど，生活環境及び衛生環境の悪化への懸念を示した。しかし，Ａは，その後も本件墓地の開設準備を進め，平成30年３月16日，Ｂ市長に対して本件墓地の経営許可の申請（以下「本件申請」という。）をした。

　他方，本件土地から約300メートル離れた位置にある土地には宗教法人Ｄの事務所が存在し，Ｄは，同所で約10年前から小規模な墓地を経営していた。Ｄは，本件説明会の開催後，本件土地において大規模な墓地の経営が始まることを知り，自己が経営する墓地の経営悪化や廃業のおそれがあると考えた。Ｄの代表者は，その親族にＢ市内で障害福祉サービス事業を営む法人Ｅの代表者がいたことから，これを利用して，本件申請に対するＢ市長の許可処分を阻止しようと考えた。Ｄの代表者は，Ｅの代表者と相談し，本件土地から約80メートル離れた位置にあるＤの所有する土地（以下「Ｄ所有土地」という。）に，Ｅの障害福祉サービスの事業所を移転するよう求めた。Ｅは，これを受けて，特に移転の必要性はなかったにもかかわらず，Ｄ所有土地を借り受けて事業所（以下「本件事業所」という。）を設置し，平成30年３月23日，Ｄ所有土地に事業所を移転した。本件事業所は，「障害者の日常生活及び社会生活を総合的に支援するための法律」に定められた要件に適合する事業所で，短期入所用の入所施設を有しており，本件条例第13条第１項第２号の「障害福祉サービスを行う施設（入所施設を有するものに限る。）」に該当する。本件事業所は，従来のＥの施設の利用者を引き継いでいたことから，定員に近い利用者が日常的に利用し，また，数日間連続して入所する利用者も見られた。

　Ｂ市は，本件事業所の移転やＤの代表者とＥの代表者に親族関係があるという事情を把握していなかったが，Ｄ及びＥがＢ市長に対して平成30年４月16日，本件申請に対して許可をしないよう求める旨の申入れを行ったことにより，

上記事情を把握するに至った。Ｄ及びＥの申入れの内容は、①本件墓地が大規模であるため、Ｂ市内の墓地の供給が過剰となり、Ｄの墓地経営が悪化し、廃業せざるを得ないこともあり得る、②本件事業所が本件土地から約80メートル離れた位置にあり、本件条例第13条第１項の距離制限規定に違反する、③本件墓地の経営が始まることにより、本件事業所周辺において、本件説明会で周辺住民が指摘したのと同様の生活環境及び衛生環境の悪化が生じ、本件事業所の業務に無視できない影響を与える懸念がある、④本件墓地の実質的経営者は、ＡではなくＣである、⑤仮にＢ市長が本件申請に対して許可をした場合には、Ｄ，Ｅ共に取消訴訟の提起も辞さない、というものであった。

Ｂ市長は、本件墓地の設置に対する周辺住民の反対運動が激しくなったことも踏まえ、本件申請に対して何らかの処分を行うこととし、平成30年５月16日、法務を担当する総務部長に対し、法に関する許可等を所管する環境部長及びＢ市の顧問弁護士Ｆを集めて検討会議を行い、本件申請に対して、許可処分（以下「本件許可処分」という。）を行うのか、あるいは不許可処分（以下「本件不許可処分」という。）を行うのか、また、それぞれの場合にどのような法的な問題があるのかを検討するよう指示した。

以下に示された【検討会議の会議録】を読んだ上で、弁護士Ｆの立場に立って、設問に答えなさい。ただし、検討に当たっては、本件条例は適法であるとの前提に立つものとする。

なお、関係法令の抜粋を【資料関係法令】に掲げてあるので、適宜参照しなさい。

〔設問１〕

Ｂ市長が本件申請に対して本件許可処分を行い、Ｄ及びＥが本件許可処分の取消しを求めて取消訴訟を提起した場合について、以下の点を検討しなさい。

(1) Ｄ及びＥは、上記取消訴訟の原告適格があるとして、それぞれどのような主張を行うと考えられるか。また、これらの主張は認められるか。Ｂ市が行う反論を踏まえて、検討しなさい。

(2) 仮に、Ｅが上記取消訴訟を適法に提起できるとした場合、Ｅは、本件許可処分が違法であるとして、どのような主張を行うと考えられるか。また、これに対してＢ市はどのような反論をすべきか、検討しなさい。

〔設問2〕

　B市長が本件申請に対して本件不許可処分を行い，Aが本件不許可処分の取消しを求めて取消訴訟を提起した場合，Aは，本件不許可処分が違法であるとして，どのような主張を行うと考えられるか。また，これに対してB市はどのような反論をすべきか，検討しなさい。

【検討会議の会議録】

総務部長：市長からの指示は，本件申請に対して本件許可処分を行った場合と本件不許可処分を行った場合それぞれに生じる法的な問題について，考えられる訴訟への対応も含めて検討してほしいというものです。法第10条第1項は，墓地経営許可の具体的な要件をほとんど定めておらず，本件条例が墓地経営許可の要件や手続を具体的に定めているのですが，本件条例の法的性質についてはどのように考えるべきでしょうか。

弁護士F：法第10条第1項の具体的な許可要件や手続を定める条例の法的性質については，様々な見解があり，また，地方公共団体によっても扱いが異なるようです。本日の検討では，本件条例は法第10条第1項の許可要件や手続につき，少なくとも最低限遵守しなければならない事項を具体的に定めたものであるという前提で検討することにしましょう。

総務部長：分かりました。では，まず，本市が本件申請に対して本件許可処分を行った場合の法的問題について検討しましょう。この場合，D及びEが原告となって本件許可処分の取消しを求めて取消訴訟を提起することが考えられます。このような訴訟は，法的に可能なのでしょうか。

弁護士F：D及びEに取消訴訟を提起する原告適格が認められるかどうかが争点となります。取消訴訟の他の訴訟要件については特に欠けるところはないと思います。D及びEは，本件許可処分が行われた場合，それぞれどのような不利益を受けると考えて取消訴訟を提起しようとしているのでしょうか。

環境部長：まず，Dについては，既にDの墓地は余り気味で，空き区画が出ているそうです。本件墓地は規模が大きく，本件墓地の経営が始まると，Dは，自らの墓地経営が立ち行かなくなるのではないかと懸念しています。墓地経営には公益性と安定性が必要であり，墓地の経営者の経営悪化によって，墓地の管理が不十分となることは，法の趣旨目的から適切ではないと考えることもできるでしょうね。

弁護士Ｆ：ええ。そのことと本件条例が墓地の経営主体を制限していることとの関連も検討する必要がありそうです。

環境部長：次に，Ｅについては，Ｄ所有土地に本件事業所を置いています。Ｅは，本件墓地の経営が始まることにより，本件事業所周辺において，本件説明会で周辺住民が指摘したのと同様の生活環境及び衛生環境の悪化が生じ，本件事業所の業務に無視できない影響を与える懸念があると考えています。本件事業所の利用者は数日間滞在することもありますので，その限りでは住宅の居住者と変わりがない実態があります。

総務部長：Ｄ及びＥに原告適格が認められるかどうかについては，いろいろな考え方があると思います。本市としては，Ｄ及びＥが，原告適格が認められるべきであるとしてどのような主張を行うことが考えられるのか，そして，それに対して裁判所がどのような判断をすると考えられるのかを検討する必要があると思います。これらの点について，Ｆ先生に検討をお願いします。

弁護士Ｆ：了解しました。

総務部長：次に，仮に原告適格が認められるとした場合，本件許可処分の違法事由としてどのような主張がされるのかについて検討します。主張される違法事由については，ＤとＥとで重複が見られますので，本日は，Ｅの立場からの主張のみを検討したいと思います。

環境部長：Ｅは，まず，本件事業所がＤ所有土地に存在することで本件許可処分は本件条例第13条第 1 項の規定に違反すると主張しています。そのような主張がされた場合，本市としてはどのように反論するのか考えておく必要がありますね。

弁護士Ｆ：そうですね。また，本件においては，仮に，本件墓地の経営許可を阻止するため，ＤとＥが協力して本件事業所を意図的にＤ所有土地に設置したという事情があるならば，このような事情を距離制限規定との関係で法的にどのように評価すべきかについても，検討する必要がありそうです。

総務部長：Ｆ先生が今指摘された事情は，Ｅの原告適格に関しても問題になるのではないでしょうか。

弁護士Ｆ：原告適格の問題として整理する余地もあると思います。しかし，本日の検討では，原告適格ではなく，本案の主張の問題として考えておきたいと思います。

環境部長：本件許可処分の他の違法事由として，Ｅは，本件墓地の実質的な経営者は，ＡではなくＣであると主張しています。

総務部長：本件墓地の実質的な経営者が，ＡとＣのいずれであるかは検討を要する問題ですね。仮に実質的な経営者がＣであるとした場合，法的に問題があるのでしょうか。

弁護士Ｆ：本件条例によると，墓地の経営者は，地方公共団体のほか，宗教法人，公益社団法人等に限られています。仮に本件墓地の実質的な経営者がＣであるとすれば，このような点も踏まえ，法や本件条例の関連諸規定に照らして違法となるのかについて，注意深く検討する必要がありますね。

総務部長：では，この点についてもＦ先生に検討をお願いします。また，以上のような本件許可処分の違法事由について，Ｅがこれら全てを取消訴訟において主張できるかについても，検討する必要がありますね。

弁護士Ｆ：はい。Ｅが，自己の法律上の利益との関係で，いかなる違法事由を主張できるかにも注意して検討すべきと考えています。

総務部長：次に，本件申請に対して，本件不許可処分を行った場合です。この場合にはＡが本件不許可処分の取消しを求めて取消訴訟を提起することが想定されます。本日は，この取消訴訟における本案の主張の検討をお願いします。

環境部長：環境部では本件不許可処分をする場合の処分理由として，次のことを考えています。㋐本件墓地周辺の生活環境及び衛生環境が悪化する懸念から，周辺住民の反対運動が激しくなったこと，㋑Ｄの墓地を含むＢ市内の墓地の供給が過剰となり，それらの経営に悪影響が及ぶこと，㋒本件事業所が本件土地から約80メートル離れた位置にあること，の3点です。

弁護士Ｆ：㋒については先ほど検討しましたので，本件不許可処分の問題としては，検討を省略しましょう。まず，㋐について補足される点はありますか。

環境部長：Ａは，本件墓地の設置に当たっては，植栽を行うなど，周辺の生活環境と調和するよう十分配慮しているとしていますが，住民の多くはそれでは十分ではないと考えています。

弁護士Ｆ：次に，㋑についてですが，本件墓地の経営は，Ｂ市内の既存の墓地に対して大きな影響を与えるのでしょうか。

環境部長：Dの墓地を含めて，B市内には複数の墓地がありますが，いずれも供
　　　　　給過剰気味で，空き区画が目立つようになっています。本件墓地の経営
　　　　　が始まれば，Dの墓地のような小規模な墓地は経営が破綻する可能性も
　　　　　あると思います。

総務部長：では，これらの(ア)及び(イ)の処分理由に対して想定されるAからの主
　　　　　張について，本市からの反論を含めて，F先生に検討をお願いします。

弁護士F：了解しました。

【資料　関係法令】

○　墓地，埋葬等に関する法律（昭和23年法律第48号）（抜粋）

第1条　この法律は，墓地，納骨堂又は火葬場の管理及び埋葬等が，国民の宗教
　　的感情に適合し，且つ公衆衛生その他公共の福祉の見地から，支障なく行われ
　　ることを目的とする。

第2条　この法律で「埋葬」とは，死体（中略）を土中に葬ることをいう。

2，3　（略）

4　この法律で「墳墓」とは，死体を埋葬し，又は焼骨を埋蔵する施設をいう。

5　この法律で「墓地」とは，墳墓を設けるために，墓地として都道府県知事（市
　　又は特別区にあつては，市長又は区長。以下同じ。）の許可を受けた区域をい
　　う。

6，7　（略）

第10条　墓地，納骨堂又は火葬場を経営しようとする者は，都道府県知事の許可
　　を受けなければならない。

2　（略）

○　B市墓地等の経営の許可等に関する条例（抜粋）

　（趣旨）

第1条　この条例は，墓地，埋葬等に関する法律（昭和23年法律第48号。以下
　　「法」という。）第10条の規定による経営の許可等に係る事前手続並びに墓地，
　　納骨堂又は火葬場（以下「墓地等」という。）の設置場所等，構造設備及び管
　　理の基準その他必要な事項を定めるものとする。

　（墓地等の経営主体）

第3条　墓地等を経営することができる者は，原則として地方公共団体とする。
　　ただし，次の各号のいずれかに該当し，B市長（以下「市長」という。）が適

当と認める場合は，この限りでない。

(1)　宗教法人法（中略）に規定する宗教法人で，同法の規定により登記された
　　事務所を，Ｂ市（以下「市」という。）の区域内に有するもの

(2)　墓地等の経営を目的とする公益社団法人又は公益財団法人で，登記された
　　事務所を，市の区域内に有するもの

2　前項に規定する事務所は，その所在地に設置されてから，３年を経過してい
　るものでなければならない。

（説明会の開催）

第６条　法第10条第１項の規定による経営の許可を受けて墓地等を経営しようと
　する者は，当該許可の申請に先立って，規則で定めるところ〔注：規則の規定
　は省略〕により，墓地の設置等の計画について周知させるための説明会を開催
　し，速やかにその説明会の内容等を市長に報告しなければならない。

（経営の許可の申請）

第９条　法第10条第１項の規定による経営の許可を受けようとする者は，次の各
　号に掲げる事項を記載した申請書を市長に提出しなければならない。

(1)～(6)　（略）

2　墓地又は火葬場の経営の許可を受けようとする者は，前項の申請書に次の各
　号に掲げる書類を添付しなければならない。

(1)　法人（地方公共団体を除く。）にあっては，その登記事項証明書

(2)　墓地又は火葬場の構造設備を明らかにした図面

(3)　墓地にあっては，その区域を明らかにした図面

(4)　墓地又は火葬場の周囲100メートル以内の区域の状況を明らかにした図面

(5)　墓地又は火葬場の経営に係る資金計画書

(6)　（略）

3　（略）

（墓地等の設置場所等の基準）

第13条　墓地及び火葬場は，次の各号に定めるものの敷地から100メートル以上
　離れていなければならない。ただし，市長が市民の宗教的感情に適合し，か
　つ，公衆衛生その他公共の福祉の見地から支障がないと認めるときは，この限
　りでない。

(1)　住宅

(2)　障害者の日常生活及び社会生活を総合的に支援するための法律（中略）に
　　規定する障害福祉サービスを行う施設（入所施設を有するものに限る。）

(3)～(5)　(略)

2　墓地及び火葬場は，飲料水を汚染するおそれのない場所に設置しなければならない。

3　墓地等の土地については，当該墓地等の経営者（地方公共団体を除く。）が，当該墓地等の土地を所有し，かつ，当該土地に所有権以外の権利が設定されていないものでなければならない。ただし，市長が当該墓地等の経営に支障がないと認めるときは，この限りでない。

（墓地の構造設備の基準等）

第14条　墓地には，次の各号に掲げる構造設備を設けなければならない。ただし，市長が市民の宗教的感情に適合し，かつ，公衆衛生その他公共の福祉の見地から支障がないと認めるときは，この限りでない。

(1)　外部から墳墓を見通すことができないようにするための障壁又は密植した垣根

(2)　雨水等が停滞しないようにするための排水路

(3)　墓地の規模に応じた管理事務所，便所，駐車場並びに給水及びごみ処理のための設備（墓地の付近にあるこれらのものを含む。）

2　墓地の構造設備については，植栽を行う等周辺の生活環境と調和するように配慮しなければならない。

「設問 1(1)では，処分の名宛人ではない第三者である D 及び E の原告適格が問題となるな。原告適格の判断枠組みについては，既に散々やってきたので省略だ。まず D の原告適格を検討するが，『法令の趣旨及び目的』（行訴法 9 条 2 項）を検討するにあたって問題となる処分根拠法規と問題となる被侵害利益は何かね」

「えと。処分根拠法規は法10条 1 項です。そして，法10条 1 項に基づく本件許可処分がなされた場合，D は自らの墓地経営が立ち行かなくなるとして，営業上の利益を主張しています。このような D の営業上の利益が法10条 1 項の定めにより法律上保護されたものかが問題になると思います」

「そうだな。法10条 1 項の趣旨・目的はなんだね？」

「法 1 条では『国民の宗教的感情に適合し，且つ公衆衛生その他公共の福祉の見地』が法全体の目的とされていますので，法10条 1 項の許認可権限も宗教的

感情や公衆衛生に基づく消極的目的によりなされていると考えることになるのではないでしょうか」

「ん？　そういう風に法10条1項を純粋な消極目的規制と考えた場合，Ｄの主張するような営業上の利益を保護しているとは言えなくなるのではないかな？　それはむしろＢ市による反論だろうな」

「あ，そか。そういえば会議録の誘導で『本件条例が墓地の経営主体を制限』していることとの関係を言っていました！　そうすると，法10条1項の許可要件等について最低限遵守しなければならない事項を具体的に定めた本件条例3条の趣旨・目的を検討して……。本件条例3条1項が墓地経営主体を一定の地方公共団体，宗教法人，公益社団法人及び公益財団法人に制限している趣旨・目的は，墓地経営の公益性及び安定性を確保する点にあり，既存墓地経営者の墓地経営の利益を個別的に保護する趣旨を含む，と主張することができそうです[*1]」

「そうだな。これに対しては先ほど言ったとおり法1条では主として消極目的規制を想定しており，需給調整などの積極的・政策的な既存経営者保護の趣旨・目的は含まないとのＢ市による反論が想定できるな。それと既存同業者の営業上の利益を本当に個別的に保護する趣旨・目的であれば，距離制限規定が置かれることが多いが，このような仕組みが存在していないな。既存同業者に関する近年の判例では一般廃棄物処理業の許可・更新処分について既存同業者の原告適格を認めた一般廃棄物処理業許可・更新処分事件（判例7-1　最判平成26年1月28日民集68巻1号49頁）が大事だ。同判例の調査官解説では，既存同業者の原告適格では既存同業者の営業上の利益を個別的利益として保護する処分要件の有無が問題となり，その検討に当たっては根拠法令の主目的が既存同業者保護の積極・社会経済政策目的か否か，距離制限等の既存同業者の存在に着目した個別関係規定の有無，営業区域・場所の限定等があるか等が考慮されることが指摘されているな[*2]。次にＥの原告適格はどうかね？」

「Ｄと異なり，Ｅは本件許可処分がなされることにより生活環境及び衛生環境の悪化が生じるという生活環境上の利益を主張しています。ここでは法1条で『国民の宗教的感情に適合し，且つ公衆衛生その他公共の福祉の見地』が法全体の目的とされており，法10条1項の許認可権限も宗教的感情や公衆衛生に基

づく消極的目的によりなされている，という説明がよりよく妥当するのではないでしょうか。[*3]それと本件条例13条 1 項 2 号の100mの距離制限規定の趣旨・目的は，障害福祉サービスを行う施設の生活環境上の利益を保護する趣旨と言えそうです」

「そうだな。Dと異なり具体的な距離制限の仕組みが実装されており，原告適格を肯定する手掛かりとなる法規が存在する点が特徴だな。しかし，これに対しては判例に基づく B 市による反論がありうる。大阪府墓地経営許可事件（判例 7 - 2　最判平成12年 3 月17日集民197号661頁）は，法10条 1 項が個別的利益保護の趣旨・目的ではないこと及び距離制限規定についても公益的見地からの制限解除がありうることから，原告適格を否定しているな。[*4]本件条例13条 1 項但書も『市長が市民の宗教的感情に適合し，かつ，公衆衛生その他公共の福祉の見地』，つまり法 1 条と同様の公益的見地からの制限解除規定を置いており，法13条 1 項 2 号もやはり障害福祉サービスを行う施設の生活環境上の利益を保護する趣旨とは言えない，という強力な反論がありえる」

「なるほど……判例があると厳しいかも」

「そこで諦めては法律家失格だな。この判例は平成16年行訴法改正前の判例であり，平成16年行訴法改正を受けて判例変更の可能性が示唆されているものだ。[*5]平成16年行訴法改正後の練馬区墓地経営許可事件（判例 7 - 3　東京地判平成22年 4 月16日判時2079号25頁）は，法のほか，条例の趣旨・目的を検討し，また『墓地周辺の衛生環境の悪化により健康又は生活環境に係る著しい被害』などを考慮して墓地周辺住民の原告適格を肯定しているぞ。法 9 条 2 項の考慮要素に沿って，より具体的に検討してみるとどうなるかな？」

「あっそうか。うーん。例えば……法 1 条からは『公衆衛生』という生活環境上の利益を読み取れる。また，本件条例 6 条は事前説明会開催等の周辺住民の手続関与規定を置いており，『公衆衛生』の観点からの意見具申の機会が与えられている。本件条例13条 1 項 2 号が100メートルの距離制限規定を置いており，一般的公益と区別しうる具体的な生活環境上の利益保障の趣旨が読み取れる。同条 2 項では飲料水汚染防止規定，本件条例14条 1 項 3 号ではごみ処理設備に関する規定があり，同条 2 項では周辺の生活環境と調和を図る規定もある。これらの規定からすると，少なくとも法の趣旨・目的は100メートル以内

にある障害福祉サービス施設の生活環境上の利益保障の点にあると解すること
ができる（本件条例9条2項4号が100メートル以内の図面添付を求めていることも参
照）。また，供物等の放置による悪臭の発生並びにカラス，ネズミ及び蚊の発
生又は増加のおそれがあることなど生活環境の悪化の危険があり本件事業所の*6
業務に無視できない影響を与える懸念があるほか，本件事業所の利用者は数日
間滞在することもあるので，その限りでは住宅の居住者と変わりがない実態が
ある。障害福祉サービス施設はその性質上，利用者の存在を当然予定してお
り，施設設置者と利用者は密接不可分の関係にあることから，施設設置者は利
用者の生活環境利益を援用できる。そのため，被侵害利益の内容，性質，害さ
れる態様及び程度を考慮すると，100メートル以内にある障害福祉サービス施
設の設置者の生活環境上の利益を個別的利益として保障しているものと解する
ことができる。って感じでしょうか？」

「ややのっぺりした論証だが，だいたいはそれでも良い。個別の細かい論点を
確認していくぞ。本件条例は，行訴法9条2項の考慮要素を考えていくとき，
根拠法令と関係法令のいずれで考えていけばいい？」

「あー，そこは何となく気になったのですが，よくわからなくて。法10条1項
の処分要件を定めたものが本件条例だとすると根拠法令そのもののような気も
しますし，とはいえ法10条1項とはだいぶ違うことも書いてあるし委任規定が
あるわけでもないしって考えていくと関係法令のような気もして」

「必ずしも答えがあるわけではないが，法10条1項は処分要件を空白にしてお
り，本件条例を委任条例とみてこの空白を補充するものだと考えれば根拠法令
そのものになるだろうが，法自体に授権規定がないことから本件条例を委任条
例とみることはできないと考えるのであれば，法10条1項の裁量判断を規律す
る裁量基準（行手法2条8号ロの審査基準）に該当すると考えることになり，本
件条例は関係法令と考えることになる。会議録では『本日の検討では，本件条*7
例は法第10条第1項の許可要件や手続につき，少なくとも最低限遵守しなけれ
ばならない事項を具体的に定めたものであるという前提で検討することにしま
しょう』との記載があるが，これが根拠法令構成と関係法令構成のいずれを示
唆するものかは必ずしも明らかではないな。ただ会議録のこの記載は根拠法令*8
か関係法令かの細かな議論を避けているようにも見えるし，少なくとも本件条

例が根拠法令・関係法令のいずれでもないという筋は否定されているように思えるな」

「じゃあ，あんまりそこで悩み過ぎなかったのは，正しかったってことなんですね」

「そうだな。次に最終的に100メートル以内の者に原告適格を認めているということは本件条例13条１項２号の100メートルの距離制限規定を重視したと思われるがね。位置基準に関しては何か判例はなかったかね」

「あっ，大阪サテライト判決……」

「そうだな。大阪サテライト判決（判例７－４　最判平成21年10月15日民集63巻８号1711頁）は『位置基準は，一般的公益を保護する趣旨に加えて，上記のような業務上の支障が具体的に生ずるおそれのある医療施設等の開設者において，健全で静穏な環境の下で円滑に業務を行うことのできる利益を，個々の開設者の個別的利益として保護する趣旨をも含む規定であるというべきであるから，当該場外施設の設置，運営に伴い著しい業務上の支障が生ずるおそれがあると位置的に認められる区域に医療施設等を開設する者は，位置基準を根拠として当該場外施設の設置許可の取消しを求める原告適格を有するものと解される』として位置基準を根拠に原告適格を肯定しているのが参考になるな。ちなみに飲料水汚染防止規定（本件条例13条２項），ごみ処理設備に関する規定（本件条例14条１項３号），周辺環境調和規定（本件条例14条２項）との関係でも，大阪サテライト判決は参考になる部分があるぞ。大阪サテライト判決（判例７－４）は周辺環境調和基準について『基本的に，用途の異なる建物の混在を防ぎ都市環境の秩序ある整備を図るという一般的公益を保護する見地からする規制』とするなどして原告適格の根拠にならないとしているな」

「そうすると，本件条例13条２項，本件条例14条１項３号，本件条例14条２項あたりを原告適格の根拠として挙げるのは誤りってことでしょうか？」

「補助的な原告適格の根拠として挙げる分には良いが，少なくとも位置基準よりは優先度が落ちるとは言えるだろうな。もしそれらの規定をメインの原告適格の根拠に挙げていった場合，100メートル以内の者に原告適格の範囲を線引きしていくこともできなくなるしな。いずれにしても位置基準の趣旨・目的を法や本件条例の仕組みから突き詰めていくことが何よりも重要だろうな。位置

基準を定めた本件条例13条1項2号をメインの根拠として主張していった場合に，でも同項但書の規制解除要件があるじゃないかという反論がされることが想定されるな。この主張反論構造を前提にしていずれの議論に軍配を挙げるかを，法や本件条例の仕組みに照らして説得的に論証していく必要があるだろう」

「100メートル関係で言うと，本件条例9条2項4号が墓地又は火葬場の周囲100メートル以内の区域の状況を明らかにした図面添付を要求している部分はどうなのでしょうか」

「補助的な原告適格の根拠として挙げる分には良いとは思う。ただ大阪サテライト判決（判例7-4）は見取図から一律に原告適格を導くことを否定しているのが参考になるな。本件条例9条2項4号の図面は本件条例13条1項2号の距離制限規定に関する審査資料の1つにはなるという限度で関係してくるので推認事情[*9]の1つにはなろうが，やはり本丸は距離制限規定の解釈のほうになるだろう。では，次に，設問1(2)だ。Eが提起した取消訴訟における本案上の主張だな。会議録を整理すると，①距離制限規定（本件条例13条1項）違反，②AのCに対する名義貸し，③①②に関する本案上の主張制限（行訴法10条1項），について検討する必要がありそうだな。まず①の点はどうだ？」

「法10条1項の許可要件として本件条例13条1項2号があり，本件事業所は本件土地から80メートルしか離れていないため本件条例13条1項2号違反があります。このように本件許可処分は本件条例13条1項2号の許可要件を充足しないでなされた違法なものである，と主張できると思います」

「これに対して，こういう反論がありうる。B市は，法10条1項では要件・基準が定められておらず，墓地行政においては各地方自治体における地域的実情を考慮する必要性があることから，要件裁量が認められる（ラミ先生のワンポイントアドバイス①参照）。そして，本件条例13条1項但書は，市民の宗教的感情に適合すること及び公衆衛生その他公共の福祉の見地から支障がないことについて市長が認めた場合には例外的に100メートルの距離制限はかからない。B市は本件条例13条1項但書により距離制限違反はないと判断したものであって，本件許可処分は適法である」

「宗教的感情や公共の福祉の適合性については，本件におけるより具体的なあ

てはめが必要ではないでしょうか。なかなか問題文からすると，事実がないようにも思うのですが……」

「もちろんそれはあったほうが良いが，市長の判断に要件裁量が働いているので，市長の要件該当性判断を覆しうるような事情が問題文にあるかを見ることになるかもしれないな。再反論はありうるかな？」

「本件墓地の経営許可を阻止するため，本件申請後に D と E が協力して本件事業所を意図的に D 所有土地に設置したという事情があり，D と E はいわば本件条例13条 1 項 2 号違反の状態をあえて作り出しています。E が本件条例13条 1 項 2 号違反を主張するのは不当だと思うのですが……」

「『不当』というだけでは法律構成を示したことにはならんな。本件墓地の経営許可を妨害する目的の場合，本件事業所の個別的利益を保護する必要性はなく，保護すべき「障害福祉サービスを行う施設」（本件条例13条 1 項 2 号）に該当しない，あるいは E の主張は権利濫用（民法 1 条 3 項参照）であって許されない，などと法律構成を示す必要がある。*10 次に，②E は，本件墓地の実質的な経営者は A ではなく C であるとの主張はどうかな？」

「法10条 1 項の許可を出すためには本件条例 3 条の墓地等の経営主体の要件を充足する必要があるはずです。そして，本件条例 3 条によれば，墓地の経営者は，地方公共団体のほか，宗教法人，公益社団法人等に限られています」

「ただ本件の墓地経営許可は宗教法人 A であって，本件条例 3 条違反はないのではないかね？」

「確かに形式的には A が許可を受けた主体になっていますが，実質的に本件墓地経営者が株式会社 C であるとすれば本件条例 3 条の主体規制を潜脱するものであって，本件条例10条 1 項の許可は違法になるのではないでしょうか」

「それが，いわゆる名義貸しと呼ばれるやつだな。*11 会議録で墓地経営には公益性・安定性が要求されることが指摘されていて，この指摘を踏まえると，本件条例 3 条が地方公共団体・宗教法人・公益社団法人・公益財団法人に経営主体を限定した趣旨は，墓地経営の公益性・安定性を実現する点にある。そうすると，非公益的で永続性も低い営利企業を実質的経営者とする名義貸しは本件条例 3 条の趣旨に反し，違法だ。問題は本件において実質的経営者は A か C かという点だ。なぜ実質的経営者が C だと主張できるんだね？」

「まず，本件土地を見つけて大規模墓地経営を提案したのがCであること，C
は用地買収や造成工事に必要な費用を全額無利息で融資し，当該融資を受けて
Aは本件土地を購入していること，本件説明会でAの担当者だけではなくC
の従業員も住民に対する説明を行っていることからすると，提案者，実質的費
用の負担者，対住民に対する説明者がいずれもAではなくCであって，実質
的経営者はCであると主張できると思います」

「本件条例9条2項5号が資金計画書を添付書類としていることから，AとC
のいずれの経済的負担で資金計画を立てているのかは重要なポイントとも言え
るだろうな。これに対して，B市は，墓地経営に当たってAがCの経営面に
おける助力を受けることは妨げられておらずCによる経営提案だけでは名義
貸しとは言えないこと，Cから融資を受けているとはいえAの資金で本件土
地を購入していること，本件説明会ではCの従業員だけではなくAの担当者
も説明していること，から実質的経営者はCではなくAであると反論できる
な」

「同じ事実でも色々な評価の仕方があるんですね！　単なる融資ではなく全額
無利息融資である点でCが経営リスクを負っているとも言えそうですし，逆
にあくまで融資形式であって出資形式ではないことから経営リスクはなおA
が負っていると言うこともできそうです。このあたりを深めても良さそうかな
と思いました！」

「そうだな。では，③最後に①，②で見てきた本件条例13条1項2号違反の主
張及び本件条例3条1項違反の主張を，Eは違法事由として主張できるかね？
行訴法10条1項は『自己の法律上の利益に関係のない違法』について主張制限
を定めており，当該違法について主張しても主張自体失当となり，その他の違
法事由がなければ請求は棄却されることになる。取消訴訟は原告の権利・利益
侵害の救済を目的とする主観訴訟であるため，同項は取消訴訟の主観訴訟性に
由来する当然の主張制限であると考えられているな[12]。問題は，何が『自己の法
律上の利益に関係のない違法』に該当するかだ」

「直感的には，Eの関連する距離制限規定（本件条例13条1項2号）違反につい
ては問題なくE自身に関係すると思うのですが，名義貸しのほうは公益的な
観点から規制されているようにも見えてEが主張できるかどうか……」

「条文の文言と直感的判断を無媒介につないで主張しても何の説得力も出ない
な。実務上は，(a)侵害処分の名宛人等が取消訴訟を提起する場合と(b)いわゆる
第三者が取消訴訟を提起する場合の2類型に即して，(a)の場合，処分要件を定
めた規定は処分要件をすべて充足した場合に初めて原告の権利利益の制限を許
容する趣旨であり，原則として当該処分にかかるすべての違法事由が主張でき
るとする一方で，(b)の場合，原告は自らの原告適格を基礎づける根拠規定に違
反した違法のみを主張できると解する見解が強いな。*13 この見解に従えば，本問
は(b)の局面における主張制限が問題になっているから，Eの原告適格を基礎づ
けた距離制限規定（本件条例13条1項2号）違反についてEは主張できるが，原
告適格を肯定する理由として挙げていなかった本件条例3条の違反については
主張制限を受けることになるな」

「でも，原告適格ってただでさえ厳しいハードルなのに，本案前の主張で原告
適格が認められたEについて，さらに本案上の主張でそんなに厳しく違法事
由の主張が制限されるってのもなんか変ですね……」

「もちろんこれに対する批判は強い。主張制限規定を狭く捉える主張制限緩和
論に立って両方の違法事由を主張できると解する方法や行訴法9条2項を原告
適格のみならず主張制限規定にも活用して主張制限を緩和する方法などもあり
うるな。*14 あるいは，本件条例3条1項も原告適格を基礎づける条項と捉える方
法もありえないわけではないが」*15

　セナさんとロミ様との間だけで会話が進んでいって非常に楽ちんである。

　このまま＜ゾーン＞に入ったセナさんに任せておけば，ロー獄脱出も容易そ
うである。

ワンポイントアドバイス ④　原告適格のモデル分析

ラミ先生の

　ワンポイントアドバイス②で原告適格の解釈技法については解説した
な。基本的には原告適格は個別行政法の解釈問題に始まり，個別行政法の
解釈問題で終わる。したがって，個別行政法を原告適格との関係で解釈す

る技法を身につければ，それですべてだとも言える。

　ただ原告適格に関しては多数の判例があり，判例・実務の相場観を知っておくことは有益だな。いくら解釈論に関する超絶技法があったとしても，判例・実務の相場観を理解したものでないと説得力は出にくいだろう。

　原告適格の判例をすべて網羅的に解説する紙面の余裕はないが，ここでは判例の傾向から見える一定のモデルについての話をしておこう。判例の[*16]分類方法は様々なものがあるだろうが，処分の名宛人ではない第三者の原告適格に関する判例については，①準名宛人モデル，②周辺住民モデル，③消費者・研究者モデル，④既存同業者モデルの4つに分けることができる。

　①準名宛人モデルは，処分の名宛人ではないが権利侵害又は義務賦課の対象になっている者について原告適格が肯定される類型だ。例えば，東京12チャンネル事件（最判昭和43年12月24日民集22巻13号3254頁）は，放送局開設に関して同一周波をめぐる競願となった場合，自己に対する免許拒否処分のみならず，他の者に対する免許処分についても取消訴訟を提起することを認めているな。

　②周辺住民モデルは司法試験で最も問われる類型だ。規制立法に基づく特定の処分に関して処分の名宛人ではない第三者たる周辺住民が当該処分の取消しを求めて提訴する取消訴訟などがこの類型に該当する。周辺住民モデルでは，係争処分に関する処分要件を分析して周辺住民の主張する利益が処分要件の保護する個別的利益かを判断していくことになる。周辺住民の主張する権利・利益が生命・身体の安全等の場合は処分要件から解釈可能な限り個別的利益と認められやすいが，財産権や生活環境上の利益の場合は処分要件の緻密な仕組み解釈が要求されることが多い。また，道路等の公共用物の利用の利益の場合，一般的反射的利益との区別が特に問題となり，原告適格が認められるためには生活への著しい支障が要求される。[*17]

　③消費者・研究者モデルでは，処分による影響が具体的に特定できない消費者や研究者の「薄まった」利益に関する取扱いが問題となる。主婦連ジュース表示事件（最判昭和53年3月14日民集32巻2号211頁）や近鉄特急事件（最判平成元年4月13日集民156号499頁）は消費者に関して，伊場遺跡事件（最判平成元年6月20日集民157

号163頁）は研究者に関して，いずれも原告適格を否定しており，「薄まった」利益については原告適格が否定される傾向にある。もっとも，平成16年行訴法改正後，「薄まった」利益についても判例を再検討する機運もあるので，ここでも処分要件の仕組みを解明して原告適格を肯定する余地がないかを緻密に検討していく必要がある。

④既存同業者モデルでは，既存同業者の営業上の利益を個別的利益として保護する処分要件の有無が問題となり，その検討に当たっては根拠法令の主目的が既存同業者保護の積極・社会経済政策目的か否か，距離制限等の既存同業者の存在に着目した個別関係規定の有無，営業区域・場所の限定等があるか等が考慮されることになる。

平成30年公法系第2問をこのモデル分析に当てはめると，宗教法人Dは既存同業者としての営業上の利益を主張していることから④既存同業者モデルで分析されることになる。これに対して，株式会社Eは生活環境上の利益を主張しており，②周辺住民モデルで分析されることになる。いずれも個別行政法の解釈を行って原告適格を検討する点では同じであるが，モデル分析を活用することにより，検討すべき個別行政法の仕組みが何であるかが分かりやすくなるぞ。

以上

＊1　平成12年12月6日付け厚生省生活衛生局長「墓地経営・管理の指針等について」（生衛発第1764号。以下「厚生省指針」という。）は，墓地経営について「地方公共団体が行うのが望ましい理由は，墓地については，その公共性，公益性にかんがみ，住民に対する基礎的なサービスとして需要に応じて行政が計画的に供給することが望ましいと考えられること，将来にわたって安定的な（破綻の可能性がない）運営を行うことができ，住民がより安心して利用できることである」としており，需給調整を行う趣旨・目的を読み取りうる。

＊2　大島・実務解説69頁〔大島義則〕，上村考由・最判解民平成26年度36頁以下。

＊3　法1条の目的は①国民の宗教的感情に適合すること，②公衆衛生その他公共の福祉の見地から支障を生じさせないことの2つであり，①は憲法上の信教の自由保障に由来し，②は火葬，埋葬行為やそれに関する施設の設置が取扱方法によって公衆衛生その他公共の福祉を害することがあり得ることによる。もっとも，近年では土葬できる地域は限定され，火葬が中心となっていることから，②の制約は少なくなっている。長谷川正浩編著，本間久雄＝秋山経生著『寺院の法律知識——適正な運営と紛争の予防』（新日本法規，2012年）329頁。

＊4　平成12年の判例以前の下級審においても①経営の許可等が周辺住民の権利利益に直接制限を加えていないこと，②周辺住民の利益は反射的利益に過ぎないことを根拠に原告適格が否定されてきたことについて，茨城県弁護士会編『墓地の法律と実務』（ぎょうせい，

1997年）28頁。

＊5　高木光「救済拡充論の今後の課題」ジュリスト1277号（2004年）16頁は，前掲最判平成
12年 3 月17日について「改正法の下では，原告適格を認める方向で見直しがされることが
確実」であると指摘する。

＊6　問題文では「墓参に来た者の自動車によって渋滞が引き起こされること」も指摘されて
いるが，交通渋滞からの保護を法及び本件条例から読み取ることは困難であろう。

＊7　橋本・基礎158-159頁。

＊8　平成30年の出題趣旨や採点実感を見ると「関係法令」の語が出てこないため根拠法令構
成を採用しているようにも見える。これに対して，橋本・基礎159頁や東京地判平成22年 4
月16日判時2079号25頁は関係法令構成を採用している。

＊9　関係地域の定めや見取図面添付に関して「立証命題の一つの推認事情として位置付けら
れることがあり得るにとどまる」と指摘するものとして，石垣智子「周辺住民等の原告適
格をめぐる諸問題」判タ1358号（2012年）43頁。

＊10　パチンコ店の開業妨害のために歯科診療所が設置されたのではないかが問題となった東
京地判平成 5 年 1 月26日判例地方自治115号 6 項で，パチンコ店側は当該診療所につき保護
対象施設に該当しない，仮に該当するとしても権利濫用であるとの主張を行ったが，結論
としては保護対象施設とされた。なお，余目町個室浴場事件（判例 7 - 5　最判昭和53年 6
月16日刑集32巻 4 号605頁）ではトルコ風呂の営業阻止目的でなされた児童遊園認可処分が
目的・動機違反により行政権の濫用とされた。本問は行政側の目的・動機違反が問題とな
るのではなく，既存同業者の行為が問題とされている点で，同事件とは事案が異なる。た
だし，同事件を想起して権利濫用の法律構成を思いうかべるという頭の使い方は必要で
あったと思われる。

＊11　厚生省指針は「特に宗教法人の墓地経営を許可する場合には，宗教法人の名を借りて実
質的に経営の実権を営利企業が握るいわゆる『名義貸し』の防止に留意することが必要で
ある」と指摘している。生活衛生法規研究会監修『逐条解説　墓地，埋葬等に関する法律〔新
訂第 3 版〕』（第一法規，2017）49頁は，名義貸しが態様によっては法10条違反となる，
とする。墓地経営許可の名義貸しの問題については，さいたま地判平成17年 6 月22日（LLI
／DB 判例秘書登載，判例番号 L06050208）参照。

＊12　杉本40頁参照。

＊13　実務的研究190-193頁。

＊14　大島・実務解説115-119頁〔大島義則〕。

＊15　本件条例 3 条 1 項が墓地等の経営主体を制限している趣旨から既存競業者の保護を何ら
かの形で読み取れば，実務上の通説からも両違法事由を主張しうることになる。

＊16　判例の概説や各モデルの考え方について，大島・実務解説58頁以下〔大島義則〕。

＊17　里道の用途廃止処分について周辺住民の原告適格を否定したものとして，最判昭和62年
11月24日集民152号247頁。供用廃止により著しい支障が生ずる場合には原告適格が肯定さ
れる余地を示すものとして，実務的研究110頁。

第 8 話

プリズン・ブレイク

──平成30年司法試験その2──

他事考慮／本案上の主張と仕組み解釈

「それにしても，このモニター室は圧巻ですね。やっぱりこのロー獄における学生の挙動を監視して分析するのが目的なのですか？」

　僕は，気になっていたことをついつい直接，ロミ様に聞いてしまう。

「だいたいはそのとおりだ。現在，我々は，ヘラクレス（Hercules）のような神のごとき力をもつヘラクレス裁判官という仮想的存在を現実に創れたとしたら，唯一の正解としての法解釈にたどり着けるのではないかと考えており，そのために AI にこの世に存在するあらゆる法的実践を学ばせているところなのだ。君たちは，いわばその素材―― AI に喰わせるエサというわけだ。ただ，監視しているのは，何もロー獄だけではないがな。このＫロースクールで起きたあらゆる挙動を監視，記録，分析しているのが，このモニター室というわけだ」*1

　なんか，とんでもないことを言い出したぞ。

　学生のプライバシーとか大丈夫なのか。

「……なーんてな。ちょっと信じたかね？　そんな大それたことをするわけはなかろう。ハハハハハハ」

　なんだその嘘くさい笑いは……

「そんなことはどうでも良い。そういえば，君はまだ何も答えていないじゃないか。私の見たところ……うーむ」

　唐突にロミ様が，僕のほうに近づいてくる。

　そしてロミ様は，僕の顎を右手人差し指だけでくいっと押し上げ，僕の顔を下から覗き込むように見る。

　僕は突然のことに固まってしまう。

「ほう，やはり。君も＜ゾーン＞に入りかけているな。よし，そこから，君の能力を引き出してやろう」

　ロミ様が僕の耳元に顔を近づけて囁く。

　耳元にかかるロミ様の吐息に，僕の脳髄がかき回される。

「ちょちょちょちょっと，二人の距離が近すぎるよ！」セナさんが僕とロミ様の間に両手で割って入る。「君も鼻の下伸ばして，だらしない顔しちゃって！」

　セナさんはよくわからないが，何か怒っているようだ。

「これは失礼した。では，ともかく設問２へいくぞ。まずＡは本件不許可処分

の違法事由をどのように主張するのかね？」

「A は，周辺住民の反対運動の激化及び B 市内の墓地供給過剰による経営への悪影響を理由として本件不許可処分を行ったことは，他事考慮であって裁量権逸脱・濫用であり，違法であると主張できます（行訴法30条）」

　A の主張を法律構成する前提として，法10条 1 項に基づく本件不許可処分の裁量の有無・幅が論理的には問題となるが，法10条 1 項に基づく処分の裁量性を否定することはそれほど簡単ではなく，また，会議録で(ア)(イ)の 2 つの事由に争点が絞られているから，争点に正面から答える主張をするのが妥当であろう。

「そうだな。まず(ア)……住民の反対運動の考慮は典型的な他事考慮の事例だな。確かに住民の反対運動の有無は処分要件に掲げられておらず，運動の存否をそのまま生で考慮したというのであれば他事考慮であって社会通念上著しく妥当性を欠く違法な処分になるかもしれない。しかし，反対運動そのものではなく，その反対運動の理由に着目した場合にはどうか。すなわち，法10条 1 項は要件・基準を定めていないこと，墓地行政では地域的実情を考慮する必要があることから，B 市には広範な裁量があり，本件不許可処分における裁量判断で考慮したのは，反対運動の存否そのものではなく，本件墓地周辺の生活環境及び衛生環境の悪化である。そして，本件条例14条 2 項が周辺の生活環境への配慮義務を定めていることから，生活環境・衛生環境悪化を考慮することは予定されているため他事考慮ではなく適法である，と反論できるな」

　なるほど，条文から解釈論により考慮要素を導出すると同時に，その返す刀で本来的考慮要素と異なる他事考慮の範囲を確定した上で，本件不許可処分で考慮した事項が本来的考慮要素か他事考慮かを判断するわけか。

「そういう B 市の反論もありうると思います。そうすると，生活環境・衛生環境悪化の有無があるかないかが重要なわけですよね」

「そこまで本問で突き詰められる学生は多くはないと思うが，そこを深めていったらなお面白いな。問題文によれば，供物等の放置による悪臭の発生並びにカラス，ネズミ及び蚊の発生又は増加のおそれがあることなど生活環境の悪化の具体的な危険があるのではないかな。そうすると，これを本件条例14条 2 項の考慮要素として考慮することについては，許容されるのではないかね？」

「そもそも日本では土葬はほとんどなく火葬に埋葬方法が限定されつつありますから，周辺への生活環境・衛生環境悪化というのは抽象的な懸念にとどまるのではないでしょうか。それと供物等の放置が主な根拠として挙げられているようですが，供物等に関しては寺院又は寺院により委託を受けた清掃業者により清掃することもできるのですから，その根拠は妥当しないのではないでしょうか」

「そこまで地に足がついた議論ができると非常に良いな。では，(イ)B市内の墓地供給過剰による他の宗教法人等への経営の悪影響のほうも見てみよう。こちらも他事考慮という主張をしていたが，B市は，法10条1項・本件条例3条1項が墓地経営主体を一定の者に制限している趣旨・目的は前述のとおり既存墓地経営者保護の点にあり，他法人等への経営の悪影響も考慮できると反論できるのではないかね？」

「その点は，設問1(1)のDの原告適格のところと連動する議論だと思います。信教の自由保障や公衆衛生保障の見地から法10条1項・本件条例3条1項も一定の公共的主体に墓地経営主体を制限しているのであって，既存墓地経営者の利益を保護する趣旨を含まない，と解釈すべきです。そのため，やはり需給状況の考慮は他事考慮と言えるでしょう。仮に原告適格の論証の際に既存墓地経営者の利益保障の趣旨を読み込んでいれば，他事考慮とは言いにくいのでしょうね」

　ロミ様は，パチパチパチとわざとらしく拍手する。

「君もなかなか良いじゃないかね！　本案上の主張において，行政法総論で学ぶ他事考慮という概念論的な解釈法学を超えて，さらに個別行政法の条文の仕組みから考慮要素を解釈論的に導出し同時に他事考慮の範囲を確定する，という営為はなかなか学生ではできることではないぞ。合格だ！」

「よっし！」

「やったー！」

　僕は年甲斐もなくガッツポーズをしてしまった。セナさんも，ぴょんぴょん飛び跳ねて喜んでいる。

「約束通り，これで君たちをロー獄から解放してやろう」

　ロミ様はモニタールームの奥のほうの暗がりへ向かい，無機質な壁のあたり

をいじる。そうすると，ただの壁だったところが，電動ガレージのシャッターのように開いていく。

壁の後ろには，上の階へ向かう階段が設置されていた。

僕とセナさんは，その階段を使って，上の階に向かうのであった。

■ 平成30年司法試験解答例

第1　設問1(1)

　1　Dの原告適格

　　(1)　本件許可処分の名宛人ではないD・Eに原告適格が認められるために
　　　は，D・Eが「法律上の利益を有する者」（行政事件訴訟法〔以下「行訴法」
　　　という。〕9条1項）に該当する必要がある。「法律上の利益を有する者」
　　　とは，当該処分により自己の権利若しくは法律上保護された利益を侵害さ
　　　れ，又は必然的に侵害されるおそれのある者をいい，処分根拠法規が専ら
　　　般的公益の中に吸収解消できない個別的利益を保護する趣旨を含む場
　　　合，当該個別的利益は法律上保護された利益に当たる（同条2項参照）。

　　(2)　そこで，Dは，法10条1項・本件条例3条1項が墓地経営主体を一定の
　　　者に制限している趣旨・目的（行訴法9条2項）につき，墓地経営の公益
　　　性及び安定性を確保し，もって既存墓地経営者の墓地経営の利益を保護す
　　　る趣旨を含む，と主張することができる。

　　　　これに対して，B市は，信教の自由保障や公衆衛生保障の見地（法1条
　　　参照）から一定の公共的主体に墓地経営主体を制限しているのであって，
　　　既存墓地経営者の利益を保護する趣旨を含まない，と反論できる。

　　(3)　既存墓地経営者の個別的利益保護を推知させる距離制限規定がないの
　　　で，B市の反論は妥当であり，Dの主張は認められない。よって，既存同
　　　業者として営業上の利益を主張するDの原告適格は，認められない。

　2　Eの原告適格

　　(1)　Eは，本件条例13条1項2号が100メートルの距離制限規定を置いてい
　　　ることから，一般的公益と区別しうる100メートル以内にある障害福祉
　　　サービス施設の生活環境上の利益保障の趣旨が読み取れる，と主張でき
　　　る。

　　　　これに対して，B市は，本件条例13条1項但書が公益的見地から距離制
　　　限の解除事由を定めていることから，必ずしも100メートル以内の当該施
　　　設の生活環境上の利益を個別的に保障する趣旨ではない，と反論できる。

⑵　そこで，本件条例13条１項２号の趣旨・目的（行訴法９条２項）を検討すると，法１条には前述のように公衆衛生保障の趣旨があり，本件条例13条１項但書もあくまで公衆衛生保障の見地からの解除事由を定めているに過ぎず，100メートル以内にある障害福祉サービス施設の生活環境上の利益保障の趣旨が読み取れる。

　　また，飲料水汚染防止規定（本件条例13条２項），ごみ処理設備に関する規定(本件条例14条１項３号)，周辺環境調和規定(同条２項)の存在も，個別的な生活環境上の利益保障を推認させる。また，事前説明会開催等の周辺住民の手続関与規定（本件条例６条）を置いており，「公衆衛生」の観点からの意見具申の機会が与えられている。これらの規定も併せて考えれば，本件条例13条１項２号の趣旨・目的から生活環境上の利益を導出できる。

⑶　また，供物等の放置による悪臭の発生並びにカラス，ネズミ及び蚊の発生又は増加のおそれがあることなど生活環境の悪化の危険があり，本件事業所の業務に無視できない影響を与える懸念があるほか，本件事業所の利用者は数日間滞在することもあるので，その限りでは住宅の居住者と変わりがない実態がある。施設設置者は利用者と密接不可分の関係にあり，利用者の生活環境利益を援用できる。そのため，被侵害利益の内容，性質，害される態様及び程度を考慮すると（行訴法９条２項），100メートル以内にある障害福祉サービス施設の設置者の生活環境上の利益を個別的利益として保障しているものと解することができる。

⑷　本件事業所は本件土地から約80メートル離れた位置にあり，100メートル以内にあることからすると，Ｅの主張する生活環境上の利益は本件条例13条２項により個別的利益として保障されている。

　　よって，Ｅの原告適格は，認められる。

第２　設問１⑵

１　Ｅは，本件事業所は本件土地から80メートルしか離れていないため本件条例13条１項２号違反があり，法10条１項に基づく本件許可処分は違法である，と主張できる。

　　これに対して，Ｂ市は，法10条１項では要件・基準が定められておらず，墓地行政においては各地方自治体における地域的実情を考慮する必要性があることから，要件裁量が認められること，Ｂ市は本件条例13条１項但書を適用して距離制限違反はないと判断したものであって，重大な事実誤認又は社会通念上著しく妥当性を欠くものではなく，適法である，と反論できる。

　　また，Ｂ市は，本件墓地の経営許可を阻止するため，本件申請後にＤと

Ｅが協力して本件事業所を意図的にＤ所有土地に設置したという事情が存
在する場合，本件条例13条１項２号違反をあえて作出する目的・動機を有す
るＥが本件条例13条１項２号違反を主張することは権利濫用（民法１条３
項参照）である，と反論できる。

2 Ｅは，本件条例３条が地方公共団体等に主体を制限している趣旨は，墓地
経営の公益性・安定性を実現する点にあり，非公益的で永続性の低い営利企
業を実質的経営者とする名義貸しは本件条例３条の趣旨に反して違法であ
る，本件墓地の実質的な経営者はＡではなくＣであって，Ａに対する法10
条１項に基づく本件許可処分は本件条例３条の処分要件を充足しない違法な
ものである，と主張できる。具体的には，提案者，融資を通じた実質的費用
の負担者，対住民に対する説明者がいずれもＡではなくＣであり，実質的
経営者はＣであって違法であると主張できる。

これに対して，Ｂ市は，ＡがＣの経営面における助力を受けることは妨
げられておらずＣによる経営提案だけでは名義貸しとはいえないこと，Ｃ
から融資を受けているとはいえＡの資金で本件土地を購入していること，
本件説明会ではＡの担当者も説明していること，から実質的経営者はＡで
あると反論できる。

3 仮に本件条例13条１項２号違反の主張及び本件条例３条１項違反が存在す
るとしても，Ｂ市は「自己の法律上の利益に関係のない違法」について主張
制限（行訴法10条１項）を受ける，と反論できる。

取消訴訟は原告の権利・利益侵害の救済を目的とする主観訴訟であり，行
訴法９条１項は訴訟要件面から，行訴法10条１項は本案要件面から主観訴訟
性の観点からの制約を定めたものである。そのため，処分の名宛人ではない
原告の場合，自らの原告適格を基礎づける根拠規定違反のみを本案で主張で
きる，と解すべきである。

本件条例13条１項２号はＥの原告適格を基礎づけるが，本件条例３条１
項は原告適格を基礎づけない。そこで，本件条例３条１項についてＢ市は
主張制限にかかると反論できる。

第3 設問2

1 Ａは，本件不許可処分の際に周辺住民の反対運動が激しくなったことを考
慮することは，他事考慮であって社会通念上著しく妥当性を欠くものであ
り，裁量権逸脱・濫用として違法であると主張できる（行訴法30条）。

これに対して，Ｂ市は，法10条１項は要件・基準を定めない白地要件に
なっており，墓地行政では地域的実情を考慮する必要性があることから広範
な要件裁量があり，周辺環境配慮義務（本件条例14条２項）があることから

反対運動の理由である生活環境・衛生環境悪化を裁量判断として考慮することは他事考慮ではなく適法である，と反論できる。

　この点について，Ａは，供物等であれば通常の清掃をすれば良いだけであり，生活環境・衛生環境悪化の具体的危険性はなく，生活環境・衛生環境悪化の懸念を考慮することはやはり他事考慮であり，違法であると主張できる。

2　次に，Ａは，法10条１項・本件条例３条１項が墓地経営主体を一定の者に制限している趣旨・目的は前述のとおり既存墓地経営者保護の点にはなく，法10条１項の趣旨・目的には需給調整を含まないことから，本件不許可処分の際にＢ市内の墓地の需給状況を考慮することは社会通念上著しく妥当性を欠くものであり，違法であると主張できる。

　これに対して，Ｂ市は，本件墓地の経営が始まればＤの墓地のような小規模な墓地は経営が破綻する可能性があり，このようなＢ市内の墓地の需給状況を考慮することは社会通念上著しく妥当性を欠くものとまではいえず，適法である，と反論できる。

以上

＊１　Ronald Dworkin, *Law's Empire* (Harvard University Press, 1986) pp.263-266.

第 9 話

ロースクールの魔女

──令和元年司法試験その1──

土地収用法／事業認定／権利収用裁決／処分性
／違法性の承継／たぬきの森事件

　長い長い階段を僕たちが上っていくと，やがて前方から光が射してくる。ずっと薄暗い地下にいたため，眩しく感じる。

「よいしょっと。とうちゃーく！」

　セナさんは僕より先に光の方へ飛び出していく。

　僕もセナさんの背中を追って，階段の外に出る。

「ここに繋がっていたのか……」

　周囲を見渡すと，そこは法廷教室であった。階段の出口は，ちょうど裁判官席の裏に開いていた。こんなところに隠し階段があるなんて，思ってもみなかった。

「そんなところで，何をされているのですか？」

　法廷教室の入り口のほうから女性の声がした。

「あ，カレイナさんじゃん！　こんなところで何してるの？」

　セナさんがカレイナさんと呼ばれた女性のほうへ駆け寄っていく。

「今度の模擬裁判の準備です。法廷教室の下見にきたのです」

「へー。そうなんだ。予習に余念がないね。さすがロースクールの魔女！」

「……ロースクールの魔女って？」

「え，カレイナさんのロースクールでのあだ名だよ。カレイナさんは，Ｋロースクール史上初のオールＳ評価でGPA4.0をマークしているんだよ。うちのロースクールでオールＳっていうのは，司法試験１位をとるより難しいのは知ってるよね。その圧倒的学力からついたあだ名が＜ロースクールの魔女＞っていうわけ。ほんとに君は他人に関心がないんだねー。何にも知らないんだ」

「へえ」

「そんな大したことではなくて。不器用なので一生懸命に勉強しているだけです」

　カレイナさんは，ふわっと笑って，両手でチューリップの蕾を作るように手を合わせて笑う。カレイナさんは白ニットのセーターに大きな花柄をあしらったネイビースカートの装いで，存在全体が華やかな花を感じさせる。

「そうだ。そういえば，今度，お友達と一緒に令和元年司法試験公法系第２問を素材にして自主ゼミをやろうというお話があるのですが，みなさんはもう解かれましたか？」

「あー，見るには見たかなぁ」

　とセナさんは言う。

「あら，それはちょうど良かったです。じゃあ，すこし今，一緒に検討してみませんか？」

「あっ面白そうかも。ね，やってみようよ！」

「まあ，別に良いけど……」

　学年トップのカレイナさんと一緒に司法試験過去問を検討できる機会というのは，僕にとっても有益である。

「問題文は，こちらですね」

■ 令和元年司法試験公法系科目第 2 問

　Ａは，Ｂ県Ｃ市内に所有する土地（以下「本件土地」という。）に自宅を建て，長年にわたって居住していた。本件土地周辺は，戸建住宅中心の住宅地域であり，住環境は良好であった。本件土地内には，Ｃ市内では珍しいことであるが，様々な水生生物が生息する池が存在しており，この池は，毎年，近隣の小学校の学外での授業に用いられていた。もっとも，本件土地内に，学術上貴重な生物や，絶滅のおそれがある生物が生息しているという事実はない。

　Ｃ市は，本件土地周辺での道路整備の必要性を検討してきたが，平成元年に，本件土地周辺に道路を整備した場合の環境への影響の調査（以下「平成元年調査」という。）をしたところ，平成17年には1日当たりの交通量が約1万台に達すると予測され，自動車の騒音や排気ガス等により，周辺環境への影響が大きいとされた。そのため，Ｃ市は，一旦，本件土地周辺での道路整備の検討を中断していたが，その後，再開した。Ｃ市の再検討によると，①本件土地周辺では道路の整備が遅れており，自動車による幹線道路へのアクセスが不便であって，これを解消するため，「道路ネットワークの形成」が必要であり，②本件土地周辺の狭い道路には，周辺の道路から通過車両が入り込むなどしていることから，通学生徒児童等を始めとした「通行者の安全性の確保」を図る必要があり，③本件土地周辺では道路が未整備であるため災害時の円滑な避難や消防活動等が困難であることから，「地域の防災性の向上」が必要であるとの課題があるとされた。Ｃ市は，これらの課題を解決するため，本件土地を含む区間に道路（以下「本件道路」と

いう。）を新規に整備することとして，平成22年に本件道路の事業化調査（以下「平成22年調査」という。）を実施した。平成22年調査においては，本件道路の交通量は１日当たり約3500台と予測され，大気汚染，騒音，振動のいずれについても周辺環境への影響が軽微であり，一方で，本件道路の整備による利便性や安全機能・防災機能の向上が期待できることから，本件道路を整備する必要性が高いとの総括的な判断が示された。

　C市は，平成22年調査の結果を受けて，土地収用法（以下「法」という。）を適用して本件道路を整備することを決定した。C市は，平成28年３月１日，法第18条第１項に基づき，C市を起業者とし，本件土地を含む土地を起業地とする本件道路の整備事業について，B県知事に対して事業計画書を添付した事業認定申請書（以下「本件申請書」という。）を提出した。B県知事は，同年８月１日，C市に対して事業認定（以下「本件事業認定」という。）を行い，法第26条第１項に基づいて理由（以下「本件理由」という。）を付し，これを告示した。C市は，本件道路の用地については，当面土地収用は行わず，所有権者から任意買収を行う方針を表明し，買収交渉を進めたところ，起業地の９割以上の土地を任意買収することができた。

　しかし，本件土地については，Aとの間で任意買収の協議が整う見通しが立たなかったことから，C市は，方針を変更し，土地収用によって本件土地を取得することとした。C市は，平成29年７月12日，法第39条第１項に基づいて，本件土地につき，B県収用委員会に収用裁決の申請を行った。B県収用委員会は，平成30年５月11日，本件土地の所有権をC市に取得させる権利取得裁決（以下「本件権利取得裁決」という。）を行った。また，本件土地について，収用を原因とするC市への所有権移転登記が行われた。

　C市は，本件権利取得裁決後も，明渡裁決の申立て（法第47条の２第３項）を行わず，Aと交渉を続けたが，Aは本件事業認定が違法であると主張して，本件土地に居住し続けた。Aは，令和元年５月14日，C市が近く明渡裁決を申し立てる可能性があると考え，訴訟で争うことを決意し，弁護士Dに相談した。

　以下に示された【法律事務所の会議録】（Aの相談を受けて行われた，弁護士Dとその法律事務所に所属する弁護士Eとの会議の会議録）を踏まえて，弁護士Eの立場に立って，設問に答えなさい。

　なお，土地収用法の抜粋を【資料　関係法令】に掲げてあるので，適宜参照しなさい。

〔設問1〕

　Aが，B県に対して本件権利取得裁決の取消訴訟（以下「本件取消訴訟」という。）を提起した場合，Aは，本件取消訴訟において，本件事業認定の違法を主張することができるか。B県が行う反論を踏まえて，弁護士Eの立場から，検討しなさい。ただし，行政事件訴訟法（以下「行訴法」という。）第14条第1項及び第2項にいう「正当な理由」が認められ，本件取消訴訟が適法に提起できることを前提としなさい。

〔設問2〕

(1)　Aは，B県に対して本件権利取得裁決の無効確認訴訟（行訴法第3条第4項）を適法に提起することができるか。行訴法第36条の「当該処分若しくは裁決の存否又はその効力の有無を前提とする現在の法律関係に関する訴えによって目的を達することができないもの」という訴訟要件に絞って，B県が行う反論を踏まえて，弁護士Eの立場から，検討しなさい。

(2)　本件事業認定が法第20条第3号の要件を充足せず違法であるとのAの主張として，どのようなものが考えられるか。B県が行う反論を踏まえて，弁護士Eの立場から，検討しなさい。

【法律事務所の会議録】

弁護士D：Aさんは，本件事業認定は違法であると考えているとのことです。本件権利取得裁決には固有の違法事由はありませんので，本件では，本件事業認定の違法性についてのみ検討することとしましょう。もっとも，まずは，どのような訴訟を提起するかについて，検討しておく必要がありますね。

弁護士E：本件事業認定も本件権利取得裁決も，行訴法第3条第2項における「処分その他公権力の行使」に該当しますが，いずれも，既に出訴期間を徒過し，取消訴訟を提起することはできないのではないでしょうか。

弁護士D：そうですね。もっとも，本件取消訴訟については，行訴法第14条第1項及び第2項における「正当な理由」が認められ，適法に提起することができるかもしれません。

弁護士E：仮に本件取消訴訟を適法に提起することができたとしても，本件権利取得裁決には固有の違法事由はありませんので，本件取消訴訟では専ら本件事業認定の違法性を主張することとなりますね。

弁護士D：では，E先生には，仮に本件取消訴訟を適法に提起することができるとした場合，本件事業認定の違法性を主張することができるかについて検討をお願いします。ただし，「正当な理由」が認められるかについては，検討する必要はありません。

弁護士E：承知しました。

弁護士D：とはいえ，「正当な理由」が認められない場合の対応も考えておく必要があります。本件取消訴訟を適法に提起することができないとすれば，どのような訴訟を提起することができると考えられますか。

弁護士E：本件事業認定に無効の瑕疵があり，したがって，本件権利取得裁決も無効であるとして，B県に対し，行訴法第3条第4項に基づいて，本件権利取得裁決の無効確認訴訟を提起することが考えられます。また，本件権利取得裁決が無効であるなら，別途，C市に対する訴訟も提起することができます。

弁護士D：では，B県に対する無効確認訴訟が訴訟要件を充足しているか，E先生に検討していただきましょう。無効確認訴訟の訴訟要件については，いくつかの考え方がありますが，E先生は，行訴法第36条の訴訟要件である「当該処分若しくは裁決の存否又はその効力の有無を前提とする現在の法律関係に関する訴えによって目的を達することができないもの」について検討してください。C市に対してどのような訴訟を提起することができるのか，また，C市に対する訴訟を提起できる場合にも無効確認訴訟を適法に提起することができるのかという点に絞って検討していただければ結構です。

弁護士E：承知しました。

弁護士D：では，次に，本件事業認定の違法性について検討していきましょう。無効確認訴訟の場合，最終的には，重大かつ明白な違法性を主張しなければなりませんが，まずは，取消訴訟でも主張できる違法事由としてどのようなものがあるかについて検討することとし，今回は，それらが重大かつ明白な違法といえるのかについては検討しないこととします。

弁護士E：本件理由によると，B県知事は，本件申請書に基づき，本件道路の整備には，「道路ネットワークの形成」，「通行者の安全性の確保」，「地域の防災性の向上」の3つの利益があり，それに比べて，本件土地の収用によって失われる利益はそれほど大きくはなく，また，事業計画は適正かつ合理的であるとして，法第20条第3号の要件を充足しているとして

います。

弁護士Ｄ：Ｂ県知事が挙げる理由は妥当でしょうか。まず，新たに本件道路が整備されると交通量が増えて，環境が悪化することはないのでしょうか。

弁護士Ｅ：確かに，交通量は増えると思われますが，本件理由によると，Ｂ県やＣ市は，平成22年調査の結果から，本件道路の交通量は１日当たり約3500台なので，周辺環境への影響が軽微であり失われる利益が大きいとはいえないと判断しています。しかし，Ａさんによると，平成元年調査の時には，周辺環境への影響が大きいとして，本件道路の整備は見送られているのに，平成22年調査で予想される交通量が平成元年調査の約３分の１に減っているのは疑問が残るとのことです。

弁護士Ｄ：Ｃ市の人口変動が原因ではないのですか。

弁護士Ｅ：いいえ。平成元年調査から平成22年調査の間のＣ市の人口の減少は１割未満です。また，Ａさんによると，平成22年調査にはＣ市の調査手法に誤りがあり，そのため，調査の正確性について疑問があるとのことです。それに加えて，Ａさんは，交通量が約３分の１にまで減るのであれば，土地収用によって得られる利益とされる「道路ネットワークの形成」の必要性に疑問があるとしています。そして，仮に「道路ネットワークの形成」のために本件道路が必要であるとしても，その必要性はそれほど大きいものではなく，かえって通過車両が増加するなどして，良好な住環境が破壊されるだけではないのかとの懸念もＡさんは示しています。

弁護士Ｄ：本件道路のルートについては，どのように検討されたのでしょうか。

弁護士Ｅ：本件理由によると，本件道路の近くにある小学校への騒音等の影響を緩和することを考慮し，同小学校から一定の距離をとるよう，本件道路のルートが決められたとのことです。しかし，本件土地の自然環境の保護については，学術上貴重な生物が生息しているわけではないとして，特に考慮はされていません。したがって，本件理由によると，小学校への騒音等の影響を緩和しつつ，本件土地の自然環境にも影響を与えないようなルートを採ることができるかについては検討されていません。

弁護士Ｄ：Ａさんによると，本件土地にある池は，地下水が湧出した湧水によるものとのことですね。本件土地の周辺では地下水を生活用水として利用している住民もいて，道路工事による地下水への影響も懸念されるとのことですが，道路工事による地下水への影響は検討されたのでしょ

か。

弁護士E：本件理由によると，本件土地での掘削の深さは2メートル程度なので
地下水には影響がないと判断しています。もっとも，Aさんによる
と，以前，本件土地周辺の工事では，深さ2メートル程度の掘削工事で
井戸がかれたことがあり，きちんと調査をしない限り，影響がないとは
いえないのではないかとのことです。また，本件土地の周辺では災害時
等の非常時の水源として使うことが予定されている防災目的の井戸もあ
るのですが，これらの井戸への影響については，調査されておらず，し
たがって，考慮もされていません。

弁護士D：それでは，E先生には，以上の点を整理して，本件事業認定が違法か
どうかを検討していただきましょう。本件事業認定が違法かどうかにつ
いては，法第20条第4号の要件について検討する余地もありますが，A
さんの主張は法第20条第3号の要件の問題であるとして検討すること
としましょう。また，法に定められている土地収用の手続はいずれもC
市やB県によって適法に履行されていますので，本件事業認定の手続
的な瑕疵については検討する必要はありません。

弁護士E：承知しました。

【資料　関係法令】

○　土地収用法（昭和26年法律第219号）（抜粋）

（この法律の目的）

第1条　この法律は，公共の利益となる事業に必要な土地等の収用又は使用に関
し，その要件，手続及び効果並びにこれに伴う損失の補償等について規定し，
公共の利益の増進と私有財産との調整を図り，もって国土の適正且つ合理的な
利用に寄与することを目的とする。

（土地の収用又は使用）

第2条　公共の利益となる事業の用に供するため土地を必要とする場合におい
て，その土地を当該事業の用に供することが土地の利用上適正且つ合理的であ
るときは，この法律の定めるところにより，これを収用し，又は使用すること
ができる。

（土地を収用し，又は使用することができる事業）

第3条　土地を収用し，又は使用することができる公共の利益となる事業は，次
の各号のいずれかに該当するものに関する事業でなければならない。

一　道路法（昭和27年法律第180号）による道路（以下略）

二～三十五　（略）

（定義等）

第８条　この法律において「起業者」とは，土地（中略）を収用（中略）することを必要とする第３条各号の一に規定する事業を行う者をいう。

２　この法律において「土地所有者」とは，収用（中略）に係る土地の所有者をいう。

３～５　（略）

（事業の説明）

第15条の14　起業者は，次条の規定による事業の認定を受けようとするときは，あらかじめ，国土交通省令で定める説明会の開催その他の措置を講じて，事業の目的及び内容について，当該事業の認定について利害関係を有する者に説明しなければならない。

（事業の認定）

第16条　起業者は，当該事業又は当該事業の施行により必要を生じた第３条各号の一に該当するものに関する事業（以下「関連事業」という。）のために土地を収用し，又は使用しようとするときは，（中略）事業の認定を受けなければならない。

（事業の認定に関する処分を行う機関）

第17条　事業が次の各号のいずれかに掲げるものであるときは，国土交通大臣が事業の認定に関する処分を行う。

一～四　（略）

２　事業が前項各号の一に掲げるもの以外のものであるときは，起業地を管轄する都道府県知事が事業の認定に関する処分を行う。

３　（略）

（事業認定申請書）

第18条　起業者は，第16条の規定による事業の認定を受けようとするときは，国土交通省令で定める様式に従い，左に掲げる事項を記載した事業認定申請書を，（中略）前条第２項の場合においては都道府県知事に提出しなければならない。

一　起業者の名称

二　事業の種類

三　収用又は使用の別を明らかにした起業地

　　四　事業の認定を申請する理由

2　前項の申請書には，国土交通省令で定める様式に従い，次に掲げる書類を添付しなければならない。

　　一　事業計画書

　　二〜七　（略）

3，4　（略）

（事業の認定の要件）

第20条　国土交通大臣又は都道府県知事は，申請に係る事業が左の各号のすべてに該当するときは，事業の認定をすることができる。

　　一，二　（略）

　　三　事業計画が土地の適正且つ合理的な利用に寄与するものであること。

　　四　土地を収用し，又は使用する公益上の必要があるものであること。

（事業の認定の告示）

第26条　国土交通大臣又は都道府県知事は，第20条の規定によつて事業の認定をしたときは，遅滞なく，その旨を起業者に文書で通知するとともに，起業者の名称，事業の種類，起業地，事業の認定をした理由及び次条の規定による図面の縦覧場所を国土交通大臣にあつては官報で，都道府県知事にあつては都道府県知事が定める方法で告示しなければならない。

2，3　（略）

4　事業の認定は，第1項の規定による告示があつた日から，その効力を生ずる。

（起業地を表示する図面の長期縦覧）

第26条の2　国土交通大臣又は都道府県知事は，第20条の規定によつて事業の認定をしたときは，直ちに，起業地が所在する市町村の長にその旨を通知しなければならない。

2　市町村長は，前項の通知を受けたときは，直ちに，（中略）起業地を表示する図面を，事業の認定が効力を失う日（中略）まで公衆の縦覧に供しなければならない。

3　（略）

（補償等について周知させるための措置）

第28条の2　起業者は，第26条第1項の規定による事業の認定の告示があつたときは，直ちに，国土交通省令で定めるところにより，土地所有者及び関係人が受けることができる補償その他国土交通省令で定める事項について，土地所有

者及び関係人に周知させるため必要な措置を講じなければならない。

（事業の認定の失効）

第29条　起業者が第26条第1項の規定による事業の認定の告示があつた日から1年以内に第39条第1項の規定による収用又は使用の裁決の申請をしないときは，事業の認定は，期間満了の日の翌日から将来に向つて，その効力を失う。

2　（略）

（収用又は使用の裁決の申請）

第39条　起業者は，第26条第1項の規定による事業の認定の告示があつた日から1年以内に限り，収用し，又は使用しようとする土地が所在する都道府県の収用委員会に収用又は使用の裁決を申請することができる。

2，3　（略）

（却下の裁決）

第47条　収用又は使用の裁決の申請が左の各号の一に該当するときその他この法律の規定に違反するときは，収用委員会は，裁決をもつて申請を却下しなければならない。

　一　申請に係る事業が第26条第1項の規定によつて告示された事業と異なるとき。

　二　申請に係る事業計画が第18条第2項第1号の規定によつて事業認定申請書に添附された事業計画書に記載された計画と著しく異なるとき。

（収用又は使用の裁決）

第47条の2　収用委員会は，前条の規定によつて申請を却下する場合を除くの外，収用又は使用の裁決をしなければならない。

2　収用又は使用の裁決は，権利取得裁決及び明渡裁決とする。

3　明渡裁決は，起業者，土地所有者又は関係人の申立てをまつてするものとする。

4　明渡裁決は，権利取得裁決とあわせて，又は権利取得裁決のあつた後に行なう。ただし，明渡裁決のため必要な審理を権利取得裁決前に行なうことを妨げない。

（土地若しくは物件の引渡し又は物件の移転）

第102条　明渡裁決があつたときは，当該土地又は当該土地にある物件を占有している者は，明渡裁決において定められた明渡しの期限までに，起業者に土地若しくは物件を引き渡し，又は物件を移転しなければならない。

「それではまず，設問１から参りましょう。設問１は，本件事業認定の違法性を本件取消訴訟で主張できるかという，いわゆる違法性の承継の問題ですね[*1]」

「はいはいはい！　違法性の承継の論点は，平成28年の問題でやったから，わかる！　行政上の法律関係の早期安定という公定力及び出訴期間の趣旨に照らして，原則として違法性の承継は遮断されます。けれど，例外的に違法性承継が認められる場合もあります。違法性承継の基準については，たぬきの森事件（判例４−１　最判平成21年12月17日民集63巻10号2631頁）が，①先行行為と後行行為の目的・効果の一体性の有無（実体法的基準），②先行行為を争うための（a）手続的保障の有無・程度及び（b）争訟提起の切迫性（手続法的基準）を基準として提示したよね」

「違法性の承継の根拠，原則として違法性は遮断されること，例外として違法性の承継が肯定される基準，がいずれも述べられて良いですね。ところで，違法性の承継が論点になるのは先行行為と後行行為がいずれも処分性を有する場合に限られますが，本件事業認定の処分性は論じなくて良いのでしょうか」

「んー，そこはちょっと悩んだけど，会議録で本件事業認定も本件権利取得裁決も，行訴法３条２項の『処分その他公権力の行使』に該当するって指摘されているから，問題文では当然の前提にされているのかなぁ。これを論じていると，検討時間も足りなくなりそうだしね」

「最判平成４年11月26日民集46巻８号2658頁は『再開発事業計画の決定は，その公告の日から，土地収用法上の事業の認定と同一の法律効果を生ずるものであるから（同法二六条四項），市町村は，右決定の公告により，同法に基づく収用権限を取得するとともに，その結果として，施行地区内の土地の所有者等は，特段の事情のない限り，自己の所有地等が収用されるべき地位に立たされることとなる』と述べていますから，判例に照らしても本件事業認定の処分性を争うことはかなり困難ですね。それに論理的に処分性が問題になりうるとしても，本問でそれを問う趣旨かはまた別です。ご指摘の会議録での誘導の意図を十分理解すれば処分性の検討は不要だったと言えるでしょう。処分性定式を挙げて本件事業認定の処分性を検討するプロセスを踏んでも誤りではありませんが，答案冒頭から出題意図を掴み損ねるのは印象が良くないでしょうし，他のより重要な論点の検討が不十分になるおそれがありますね。さて，実体法的

見地からＡの主張を組み立てるとどうなりますか？」

「本件事業認定と本件権利取得裁決は連続的に行われるのみならず，事業認定は土地の収用に向けて行われ（法16条１項），権利取得裁決により土地所有権取得の効果が発生するので，両者の目的・効果は実体法上一体である，と言えそう」

「Ｂ県からは本件事業認定の主体はＢ県知事であり（法17条２項），本件権利取得裁決の主体はＢ県収用員会であることから（法47条の２），両者の主体・権限は異なる，と反論できそうですね。②手続法的観点は，どうでしょうか」

「①事業の説明（法15条の①４），②事業の認定告示（法26条１項），③図面長期縦覧（法26条の２），④補償等の周知措置（法28条の２）の各手続保障の評価が問題になりそう！」

「そうですね。Ｂ県側としては，これらの手続保障規定の存在により争訟提起の切迫性まで認められる状況であったと反論できそうです。これに対してＡとしては，①〜③は土地所有者に対する個別的周知措置ではなく，④は土地所有者に対する個別的周知措置ではあるものの，不服申立手続及び出訴期間の教示の手続とは異なり手続保障として不十分である，と主張できるのではないでしょうか[*2]」

「こう見ると，【資料　関係法令】で抜粋された土地収用法の条文をかなり使いながら論じることになるんだね」

「そうです。違法性の承継という論点に関する総論的な解釈論から事案を一刀両断できるわけではなく，あくまで土地収用法という個別行政法の法的な仕組みを解明する仕組み解釈を施しながら各条文に即して違法性の承継の有無を個別具体的に検討することが重要でしょう。たぬきの森事件のことを知っているのは大事ですが，その上でさらに柔軟な仕組み解釈を現場思考でどう展開できるのかが大事だと思いますね。それにしても，みなさん，物凄く行政法ができるのですね！　一緒にお話しできて，とても楽しいです」

ワンポイントアドバイス ⑤　仕組み解釈の技法

　本書には「仕組み」という言葉が頻出するが，行政法事例問題を解くに当たっては「仕組み解釈」の技法をマスターすることが重要だ。しかし，この「仕組み解釈」というのは実に厄介な概念であり，最近では学生から「バズワードに過ぎないと思っています」という率直な感想を聞くことも多くなってきたな。確かに，「仕組み解釈」という名の下で，多様な解釈的営為が行われており，それに統一的な説明を与えることができるのか，というのは私にとっても永遠の課題だな。

　仕組み解釈とは，憲法的価値を含む法律の目的，価値を考慮し，「法律による行政の原理」を中心とした行政法ドグマティクとの論理的整合性を重視しながら当該条文のみならず関連法令にまで視野を拡げて，法律全体の仕組みの中で当該条文を解釈する方法のことと（学説を踏まえながらも）私見を説明したことがあるが[*3]，これで仕組み解釈のすべての現象を説明できているのか心もとないところだ。

　このような概念的な話をするよりも，むしろ本書で出てきた仕組み解釈の技法を振り返って，個別行政法に関する仕組み解釈のやり方を体得したほうがはるかに早いかもしれない。ここでは本書で取り扱った本案論，処分性論，原告適格論，違法性の承継論を仕組み解釈という視点から整理しておくことにしよう。

①本案論　第0話では，行政裁量の有無を検討する際に「附款」の仕組みを考慮する技法を紹介したな。裁量の有無・幅は，①処分の目的・性質等，②判断の性質，③文言などを総合的に勘案し，処分根拠法規の趣旨に照らして判断することになることが多いが（ラミ先生のワンポイントアドバイス①），①〜③を個別に見ていっても裁量を肯定することも否定することもできるという風に悩んでしまう人もいるだろう。そういう時に「附款」という法的な仕組みから裁量性を推知することで，個別行政法に基づく制度の仕組みに即した強力な論証を提供することができたりする。

　また，第0話において直接の処分根拠法規のみならず広く関係する採石法の仕組みを参照して要考慮事項を解釈論的に導出する方法を説明したが，これも仕組み解釈の1つである。

　さらに，第10話では，土地収用法20条3号の要件解釈をする際に法1条の「公共の利益の増進」の中に自然環境が含まれるという解釈論を示した上で，土地収用法20条3号の要件解釈において法1条で示された法全体の趣旨・目的としての自然環境を要考慮事項とする仕組み解釈を紹介している。要考慮事項の不考慮が違法という総論的な説明だけではなく，個別行政法の仕組みから要考慮事項を導出することにより説得力を増すことができる。そのほか，第8話でもB市墓地等の経営の許可等に関する条例14条2項の周辺生活環境配慮義務の仕組みから裁量判断における要考慮事項を解釈論的に導出する技法を用いたな。

②処分性論　第6話では，市道の路線廃止（道路法10条1項）の処分性を検討したな。処分性の論点では，行為の公権力性及び法律上の地位に対する影響の2点を検討していくことになるが，この問題では，個別行政法の仕組みを丹念に明らかにすることにより道路敷地所有者や道路通行者に対する個別具体的な法効果性を確定していく作業が重要になった。処分性定式も重要でないわけではないが，個別行政法の仕組みの把握が何よりも重要だったわけた。また，本書では明示的には出てこなかったが，平成16年行訴法改正の際に重視された「国民の権利利益の実効的救済」という行政法ドグマティクを反映させて，処分性定式を柔軟に解釈し，処分性を実質的に拡大する解釈も，仕組み解釈の1つだ。[*4]具体的には，医療法勧告事件（最判17年7月15日民集59巻6号1661頁）や青写真判決を判例変更した最大判平成20年9月10日民集62巻8号2029頁などの解釈方法が参考になるだろう。

③原告適格論　第3話では，第三者の原告適格を判断する際の行訴法9条2項の必要的考慮事項4つの運用方法を学んだな。原告適格に関する法律により保護された利益説を機械的・硬直的に解釈してしまうと，法体系から孤立した処分根拠法規の文言のみを重視して簡単に第三者の原告適格を否定する結論が導かれてしまうことがある。しかし，処分根拠法規も法令全体の趣旨・目的全体の制度の中に位置づける必要があり，また，被制約利益の内容・性質面からも処分根拠法規の意味内容を整合的に説明できるかを裏から検証すれば，第三者の原告適格を実質的に拡大することが可能だ。行訴法9条2項が，仕組み解釈の方法を条文化したものであると評される所以だな。[*5]第三者の原告適格は第5話，第7話でも取り扱っており，いずれも行訴法9条2項に即した仕組み解釈が肝

だったと思う。

④違法性の承継　第4話では，いわゆる違法性の承継が問われたな。たぬきの森事件（判例4−1　最判平成21年12月17日民集63巻10号2631頁）以降，先行行為と後行行為の関係性や先行行為の適否を争うための手続保障の十分性を個々の行政法規を踏まえて仕組み解釈することが求められているな。[*6]第4話では建築基準法のみならず要綱などの下位規範まで視野を拡大した仕組み解釈を行う必要があり，論証の説得力はたぬきの森事件の規範よりもむしろ建築基準法の解釈次第であることは実感したであろう。第9話でもたぬきの森事件の規範を前提にしつつも，土地収用法の参照条文をフル活用した仕組み解釈に支えられた違法性の承継の論証が求められていたはずだ。

以上のように，それぞれの論証の説得力は，教科書的に書かれている規範や知識よりも，個別行政法の仕組み解釈のほうに依存していることが多い。単に教科書的に書かれている規範や知識を問うだけならば一行問題で足りるはずだ。あえて行政法事例問題が出題されているということは，（教科書的に書かれている規範や知識を前提にしつつも）個別行政法の仕組みをきちんと解釈できるかが問われていると言えるであろう。

以上

*1　従前，違法性の承継が認められる代表的な事例として，土地収用法上の事業認定と収用裁決が挙げられてきており，下級審判決も土地収用法上の事業認定と収用裁決の違法性の承継を肯定してきた（東京地判昭和63年6月28日行集39巻5・6号535頁等）。しかし，平成13年の土地収用法改正により先行処分である事業認定の際の手続保障が拡充され，近時，土地収用法上の事業認定と収用裁決の間の違法性の承継を否定する裁判例が出てきている（東京高決平成15年12月25日判時1842号19頁，東京高判平成24年1月24日判時2214号3頁）。ただし，事業認定段階において違法性の承継を否定しうる程度の十分な手続保障となっているかは精査する必要がある。当該論点に関しては，大島・実務解説95頁以下〔大島義則〕参照。

*2　被収用者の立場からは事業認定段階では収用区域や補償内容が明確ではないことから争訟提起の切迫性がないとも言える一方で，被収用者としては事業認定段階でも収用・使用が運命付けられることは認識できるし補償内容は収用・使用裁決段階まで判明しないが，これが判明しないと争訟提起の切迫性がないとまで言えるのか疑問とする見解もある。小澤道一『逐条解説　土地収用法〔第四次改訂版〕（下）』（ぎょうせい，2019年）773-775頁。

＊3　大島義則『行政法ガール』（法律文化社，2014年）108頁。塩野Ⅰ58頁，橋本・基礎3－8頁等も参照。

＊4　橋本・行政判例14-15頁参照。

＊5　橋本・基礎113頁。

＊6　倉地康弘・最判解民平成21年度（下）980頁。

第 10 話

銀髪の天才

──令和元年司法試験その 2 ──

無効確認訴訟の原告適格／直截・適切基準説／争点訴訟
／拘束力／判決の第三者効／社会通念審査／判断過程統制審査

「そういえば，さっき過去問検討の自主ゼミをやるって言ってたけど，やっぱ自主ゼミってやったほうがいいのかなぁ。私はロースクールの勉強についていくのでいっぱいいっぱいで，ヴァイオリンの練習とかもあるし，なかなか自主ゼミやったことないんだよね」

「自主ゼミは結構好きですね。わたくしは結構，サボり癖があるので，過去問検討をする自主ゼミを答案を書く強制の契機にしている感じですね。自主ゼミそのものが重要というよりは，自主ゼミをペースメーカーにして頑張るイメージでしょうか。予備校の答練みたいな位置づけですね。わたくしは予備校には通っていないので，その代わり週1回の過去問検討の自主ゼミを入れて，週の前半に基本書などでインプットして後半で答案検討をして，仕上げにみんなで決めた過去問を自主ゼミで力試しで解く感じです。自主ゼミそれ自体は一種の息抜きで，議論を楽しむようにしています。そういう意味では自主ゼミそのものは勉強時間にカウントしていませんね」

「えっ，ロースクールの講義の予習復習のほかに，そんな勉強サイクルを回しているってこと！？」

　カレイナさんはさらっと言っているが，ロースクールでオールSをとりつつ，そのほかにロースクールとは別の勉強サイクルを回すというのは相当に難しいと思う。夏休みや春休みなどの長期休暇だったら，カレイナさんの言うような勉強サイクルは回せるだろうが……

「ロースクールの勉強はもちろん司法試験の勉強に役立ちますので，しっかりやりますけど，それとは別に受験勉強もする必要があるので，そういう風にしています」

「ひえー。それは私の生活では無理かも……」

「別に絶対の方法はないと思いますよ。受験勉強って基本的には一人で孤独にやるものだと思いますし，みんなでだらだらと目的意識なく自主ゼミをやっても意味はないと思いますし」

　確かに，週にいくつもの自主ゼミを掛け持ちしてやっている人もいるが，自分自身の勉強時間を十分に確保できていなければ意味がないかもしれない。

「それぞれの可処分時間の中で，司法試験の合格に向けて，どういう勉強計画を立てて，それを実行していくか，じゃないでしょうか。司法試験合格に向け

た Plan Do See の PDS サイクルを何であれ立てて回していくしかないと思っています。一番まずいのは，本番までの時間のうち自分が確保できる勉強時間を把握せず，また自分の弱点にきちんと向き合わないまま無策で司法試験で突入することじゃないでしょうか」

「なるほどなぁ。私の場合，ヴァイオリンは捨てられないから，残りの可処分時間を計算して，その手持ち時間の中でどういう策を講じていくかってことかぁ。今まで何にも考えずに，その時々の課題に応じて勉強するだけだったかもしれない。ありがと，カレイナさん！」

「それでは，残りの問題を解いてしまいましょうか。設問2(1)は，本件権利取得裁決の無効確認訴訟の訴訟要件のうち原告適格を問うものですね。具体的には，行訴法36条の『当該処分若しくは裁決の存否又はその効力の有無を前提とする現在の法律関係に関する訴えによつて目的を達することができないもの』という訴訟要件に絞って，Aの主張を組み立てる必要があります。さらに会議録では，①C市に対してどのような訴訟を提起することができるのか，②C市に対する訴訟を提起できる場合にも無効確認訴訟を適法に提起することができるのかという点に絞って検討すればよいとしており，さらに問いを限定する誘導がされていますね。まず①としては，どのような訴訟が考えられますか？」

「んー，これも難しいなぁと思ったんだよね。C市が近く明渡裁決（法47条の2第1項，2項）をしようとしているわけで，これを何とかしたいって思ったかな。そうすると，C市に対して明渡裁決の差止訴訟（行訴法37条の4）の手段がありうるかな？」

「えーと，セナさん。行訴法36条の『現在の法律関係に関する訴え』というのは，どのような意味か覚えていらっしゃいますか？」

「てへへ。ぶっちゃけ覚えてない，かな」

「そうですか。そちらのお方は？」

　カレイナさんが僕のほうに話を向ける。

「確か，『現在の法律関係に関する訴え』とは，処分の無効を前提にした当事者訴訟又は民事訴訟のことだったと思うけど」

「そうです。そうすると，明渡裁決の差止訴訟は抗告訴訟ですから要件検討の

際に考慮することはできませんね。それに，そもそも明渡裁決をするのはB県収用委員会ですから，C市に対する訴訟手段を問う問題文の趣旨からも外れます。それ以外に何か手段はありませんか？」

僕は思案して答える。

「さっきのが抗告訴訟だから駄目だとすると，明渡裁決を受けない地位の確認訴訟とか収用されない地位の確認訴訟とかを実質的当事者訴訟（行訴法4条後段）として提起する方法はどうかな？」

「それは表現を変えただけで実質的には明渡裁決の差止訴訟と機能的に等価ですよね。そうすると，いくら確認訴訟の形式をとったとしても，実質的に判断して抗告訴訟と性質決定されてしまいますから，やはり『現在の法律関係に関する訴え』の検討とはいえないのではないでしょうか」

涼やかなカレイナさんの表情に，怒りの青筋が透けてみえる。

こ，これは，やばそうだ。

セナさんから不用意に同答権を奪ってしまったのはまずかったか。

何かないか何かないか。

「実質的当事者訴訟がダメだとすると……『現在の法律関係に関する訴え』には争点訴訟もありうるから，AはC市に対して本件権利取得裁決の無効を前提とした本件土地所有権の確認訴訟又は所有権移転登記抹消請求訴訟といった民事訴訟（争点訴訟。行訴法45条1項）を提起する方法……があるかな」

僕の回答に，カレイナさんはにっこり笑う。

「そうですね。次に，それらの争点訴訟で『目的を達すること』はできるでしょうか。②の誘導部分の検討ですね。この文言については様々な学説がありますけども，もんじゅ訴訟（判例10-1　最判平成4年9月22日民集46巻6号1090頁）の示した直截・適切基準説——『当該処分の無効を前提とする当事者訴訟又は民事訴訟との比較において，当該処分の無効確認を求める訴えのほうがより直截的で適切な争訟形態であるとみるべき場合をも意味するものと解するのが相当である』と考える見解に沿って考えてみてください」

「Aの目的は本件土地の所有権を保全すること……だと思うんだよね。そうすると，本件土地所有権の確認訴訟又は所有権移転登記抹消請求訴訟で勝訴すれば，民事的にも所有権は確認されるし，登記も得られるから，これで解決！

じゃない？」

　セナさんが勢いよく答える。

「そういう考え方もありますね。ただ争点訴訟には行訴法45条で取消訴訟の拘束力（同一処分・同一過誤の反復禁止効等。行訴法33条）について準用がありませんよね。そうすると，Ｃ市は法39条1項に基づく明渡裁決の申請をすることができ，Ｂ県収用委員会が明渡裁決をすることが考えられます。この場合，法102条で本件土地の引渡しを求められてしまう可能性がありますね」

「え，Ｃ市は民事訴訟で敗訴してもそんなことをやってくることってあるの！？　ちょっと常識的じゃないんじゃないの」

「実際にやるかどうかは別として違法ではなさそうです。もっとも，本件土地所有権の確認訴訟又は所有権移転登記抹消請求訴訟によりＡに所有権が帰属し，また所有権の登記も保全されていますね。この所有権移転登記をＣ市が得ようとしたら，どうしたらいいですか」

「えー，確か本件権利取得裁決でＣ市は所有権を取得したはずだから，もう一度，権利取得裁決の申請をすれば良いかも！」

「そうなのですけれども，ただ，法29条1項により事業認定から1年以内に権利取得裁決の申請をしないと事業認定が失効することになっています。本件事業認定は平成28年8月1日で，弁護士の相談日の時点で令和元年5月14日ですから，セナさんがおっしゃる方法では，争点訴訟で敗訴した時点で権利取得裁決申請をしようとしてもできないかもしれませんね。他方で，ＡがＢ県に対して無効確認訴訟を提起する場合，Ｂ県収用委員会による本件権利取得裁決の無効確認訴訟における認容判決の効力については明文で第三者効の準用はなされていません（行訴法38条参照）。第三者効がないと考えると，本件権利取得裁決の無効確認訴訟の認容判決が出たとしても，今度はＣ市に判決の効力が及びませんから，Ｃ市としては本件土地所有権の確認訴訟又は所有権移転登記抹消請求訴訟で敗訴するまでは所有権登記を保持することが可能になり，Ａの本件土地の所有権を保全する目的が達成できないともいえそうです（判例10−2世田谷区事業認定無効確認・収用裁決無効確認等事件・東京地判平成30年4月27日Westlaw文献番号2018WLJPCA04278009参照）。これはＢ県の反論として出てきそうですね。しかし，無効確認訴訟は出訴期間のない準取消訴訟とも呼ばれてお

り取消訴訟と同様に考えるべきであること，無効確認訴訟の執行停止には第三者効があること（行訴法32条2項・38条3項・25条2項）から無効確認訴訟にも第三者効があると解することができるならば，無効確認訴訟の手段によることが有効・適切とＡは主張できるでしょう[*1]」

　正直言って判決の効力論についてはなかなか手が回っていなかった。行訴法38条と睨めっこしながら現場である程度考えていくしかない問題かもしれない。

「次は設問2(2)です。Ａが本件事業認定についてどのような本案上の主張をするかが問題となりますね。これはどうでしょうか」

「まず本件事業認定は，法20条3号の文言が抽象的・規範的であること及び土地収用には種々の事情を総合考慮する必要性があることから広範な要件裁量が認められそうなので，行訴法30条の裁量権逸脱・濫用の有無を検討していくことになりそう，かな」

「本件事業認定を争うＡの立場から，行政裁量の広範性を認めてしまって大丈夫ですか？」

「あ，そかー。でも，どうしたら良いんだろう……」

「行政裁量が否定できないとしても，何らかの方法で裁量を限定して審査密度を高める主張はできないでしょうか。例えば，法1条は公共の利益と私有財産との調整を図ることを目的として定めており，多元的公益及び私益を衡量するにあたっては民主的政治過程の決定を尊重しつつも適切な司法的コントロールを及ぼすべき，などと立論をして法1条を参照しながら判断過程統制審査の視点を出していくことが考えられますね[*2]」

「なるほど，確かにＡの立場で裁量を拡げる主張ばかりするのは変かも」

「通常の裁量権逸脱濫用審査だと，全くの事実の基礎を欠くか又は社会通念上著しく妥当性を欠くかを審査するマクリーン基準（判例0-1）を使うことになるのでしょうけど，判断過程統制審査の場合はより緻密な審査が可能ですよね。土地収用法に関する判断過程統制審査なので日光太郎杉訴訟（東京高判昭和48年7月13日行裁集24巻6・7号533頁）の判断枠組みでも良いかもしれませんが，小田急線高架化訴訟本案判決（判例10-3　最判平成18年11月2日民集60巻9号3249頁）を参考にすべきでしょう。同判決は『その基礎とされた重要な事実に

誤認があること等により重要な事実の基礎を欠くこととなる場合，又は，事実に対する評価が明らかに合理性を欠くこと，判断の過程において考慮すべき事情を考慮しないこと等によりその内容が社会通念に照らし著しく妥当性を欠くものと認められる場合に限り，裁量権の範囲を逸脱し又はこれを濫用したものとして違法となるとすべきものと解するのが相当である』という基準を用いています。判断過程の適切性の観点を『社会通念上著しく妥当性を欠く』か否かという文脈で考慮して社会通念審査に接ぎ木するような形になっているのですね[*3]」

「んー。マクリーン基準と具体的にどこが違うの？　規範が長いのはよくわかるんだけど」

「まず事実面の審査についてマクリーン判決では『全くの事実の基礎を欠く』かを審査していたのに対して，小田急線高架化訴訟本案判決は『重要な事実の基礎を欠く』かを審査しているので，より深く事実面を見ることができますね。それと小田急高架化訴訟本案判決では社会通念上著しく妥当性を欠くかを判断する際に要考慮事項の不考慮の審査が流し込まれています」

「へえ，そんなことができるんだ。本問だと具体的にはどうなるの？」

「本問の問題点をどのように整理するか次第ですけれど，本問では①平成22年調査の調査手法の過誤と②ルート選択論（小学校への騒音等の影響を緩和しつつ，本件土地の自然環境にも影響を与えないようなルートを採ることができるか）の2点が問題のように思います。マクリーン基準であれば①平成22年調査がある以上は『全くの事実の基礎を欠く』とまでは言えないと思いますし，②平成22年調査を基礎にしたルート選択をしている限り社会通念上著しく妥当性を欠くとまでは言えないのではないでしょうか。ここで，判断過程統制審査を社会通念審査に接ぎ木すると，まず調査手法の過誤等の重大な事実誤認があるか又は判断過程において要考慮事項の不考慮等の社会通念上著しく妥当性を欠く処分ではないか，というような基準を立てることができ，上記①②を司法がよりきめ細やかに踏み込んで審査することが可能になるのですね。判断過程統制審査の下で平成22年調査の過誤を認定して①の観点から違法と主張することもできそうですし，法1条の『公共の利益の増進』の中には自然環境が含まれるとした上で法20条3号の『適正且つ合理的な利用』の中において自然環境への影響を要

考慮事項とすべきであると要考慮事項を解釈論的に導出し，防災井戸の存在や学術上貴重又は絶滅危惧の生物の不存在の点を具体的に論じていくことが考えられそうです。単に社会通念審査か判断過程統制審査かという二元論的な思考枠組みで考えていくのではなく，むしろ法の仕組みを解析して要考慮事項を解釈論的に導出するという仕組み解釈により社会通念審査の内容を具体化していくほうが地に足のついた議論ができます」

「はぁ，さすがカレイナさんだなぁ」

「そんなことはありません。わたくしが見る限り，ほとんどみんな実力は違わないと思いますよ。そうだ！　わたくしの自主ゼミのメンバーの一人と会ってみませんか？　彼女はわたくし以上に頭が良いので，勉強になると思いますよ」

「いやいや，カレイナさん，謙遜も過ぎると嫌味になるよ！　オールＳ評価のカレイナさんよりも頭が良いなんて，このロースクールにいるわけないじゃん」

「いえ，本当に彼女のほうが頭が良いです。会ってみればわかります。それにロースクール生ではないですしね」

「ほんとかなぁ」

　僕が雑談していると，法廷教室のドアがバタンと開く。ドアを開けて突然登場したのは，綺麗なさらさらロングヘアーの銀髪の女の子だった。僕らロースクール生よりちょっと幼く見える。

「──ちょっとカレイナさん！　もう自主ゼミの時間になっちゃいますよ！」

「あっ，トウコさん。ちょうど良かった。今，あなたのお話をしていたところなのです」カレイナさんは，トウコと呼ばれた銀髪の女の子の怒った声を緩やかに受け止める。「みなさん，こちらが先ほど話していた自主ゼミ仲間の子です。司法試験に17歳の時点で既に合格している天才なんですよ。ほら，トウコさんもご挨拶して」

「あ，お二人とも，はじめまして。Ｋ大学法学部２年生のトウコと言います。……って，この人たちは？」

　そういえば，うちの大学の場合，飛び級制度が整備されていたんだっけ。それにしても大学２年生って……

「なかなか優秀そうなお二人でしたので，わたくしたちの自主ゼミにゲストで来てもらったら勉強になるのではないかと思いまして，自主ゼミに勧誘していたところなのです」

「そういう企画は面白そうかも！」トウコは，顔をぱっと明るくさせる。「最近，同じメンバーで議論していて，ちょっとマンネリ感もあったからね」

「決まりですね。それでは，自主ゼミ用にロースクールの空き教室を予約しておりますので，一緒にいきましょう」

　行政法学修のためにロー獄にぶち込まれて行政法の勉強をたくさんさせられたが，カレイナさんたちのさらなる勉強会への誘いは不思議と嫌には感じなかった。

　最初のほうはロー獄での行政法の議論は，正直言って，苦痛であった。

　でも今は。

　ロー獄で鍛えた自分たちの行政法の実力が，カレイナさんやトウコさんにどこまで通じるのか楽しみになってしまっているのだ。

　僕がセナさんのほうをちらっと見ると，セナさんも同じようなことを考えていたようだ。

　僕とセナさんは一瞬，顔を合わせて，二人で笑ってしまった。

▉ 令和元年司法試験解答例

第1　設問1

1　Aは，本件事業認定の違法性は本件権利取得裁決に承継されるため，本件取消訴訟において本件事業認定の違法性を主張できる，と主張する。

　　先行行為である本件事業認定は処分であるため，公定力（取消訴訟の排他的管轄）及び出訴期間の制限（行政事件訴訟法〔以下「行訴法」という。〕14条1項本文，2項本文）が発生する。公定力及び出訴期間の趣旨は行政上の法律関係の早期安定の点にあり，後行行為で先行行為の違法事由の主張を許せばこの趣旨が没却されるので，違法性の承継は原則，否定される。

　　しかし，①先行行為と後行行為の目的・効果の一体性の有無（実体法的基準），②手続的保障の有無・程度及び争訟提起の切迫性（手続法的基準）を検討して，違法性が承継される場合があると解する。

2⑴　Ｂ県は，本件事業認定の主体はＢ県知事であり（法17条２項），本件権利取得裁決の主体はＢ県収用委員会であることから（法47条の２），両者の主体・権限は異なる，と反論しうる。しかし，本件事業認定と本件権利取得裁決は連続的に行われるのみならず，事業認定は土地の収用に向けて行われ（法16条１項），権利取得裁決により土地所有権取得の効果が発生するので，両者の目的・効果は実体法上一体である（①）。

⑵　また，Ｂ県は，(a) 事業の説明（法15条の14），(b) 事業の認定告示（法26条１項），(c) 図面長期縦覧（法26条の２），(d) 補償等の周知措置（法28条の２）の各手続保障があり，かつ争訟提起の切迫性もあったと反論しうる。しかし，(a)〜(c) は土地所有者に対する個別的周知措置ではなく，(d) は土地所有者に対する個別的措置ではあるものの，不服申立手続及び出訴期間の教示の手続とは異なり手続保障は不十分である（②）。

3　よって，Ａは違法性の承継を主張できる。

第２　設問２(1)

1　行訴法36条の「現在の法律関係に関する訴え」とは処分無効を前提とする当事者訴訟又は民事訴訟のことであり，「目的を達することができない場合」とはこれらの訴訟との比較において無効確認訴訟のほうが直截的で適切な争訟形態であることをいう。

2　Ｂ県は，ＡはＣ市に対して本件権利取得裁決の無効を前提とした本件土地所有権の確認訴訟又は所有権移転登記抹消請求訴訟といった民事訴訟（争点訴訟。行訴法45条１項）を提起することが可能であり，これらの訴訟のほうが直截・適切な解決である，と反論しうる。

しかし，これらの争点訴訟には既判力はあるものの既判力は判決理由中の判断には及ばない。また，関係行政庁に対する拘束力も存在しないため（行訴法45条参照），Ｃ市に対する争点訴訟の結論にＢ県収用委員会が拘束されることはない。

むしろ，本件権利取得の無効確認訴訟の場合，第三者効によりＣ市も法的に拘束できる。無効確認訴訟には第三者効（行訴法32条）の準用はないもの（行訴法38条参照），無効確認訴訟は出訴期間のない準取消訴訟とも呼ばれており取消訴訟と同様に考えるべきであること，無効確認訴訟の執行停止には第三者効があること（行訴法32条２項・38条３項・25条２項）からすれば，第三者効があると解すべきである。

3　したがって，無効確認訴訟によることが直截かつ適切であり，Ａの主張は認められる。

第３　設問２(2)

1 Ａは，法20条３号に仮に要件裁量が認められるとしても判断過程統制審査がなされるべきであり，本件事業認定は裁量権逸脱・濫用（行訴法30条）として違法である，と主張できる。

2 ここでＢ県は法20条３号の「適正且つ合理的な利用」という文言が抽象的・規範的であること，事業計画に関しては計画裁量が認められるべきことから，要件裁量は広範であり，道路ネットワークの形成，通行者の安全性の確保，地域の防災性の向上の３つの利益は失われる利益を上回るため，法20条３号の要件該当性は認められる，と反論しうる。

これに対して，Ａは，法１条は公共の利益と私有財産との調整を図ることを目的として定めており，多元的公益及び私益を衡量するにあたっては民主的政治過程の決定を尊重しつつも適切な司法的コントロールを及ぼすべきであり，法１条の「公共の利益」には自然環境も含まれる，と主張できる。

よって，Ａは，基礎となる調査手法に過誤があること等によって重大な事実誤認があり，又は自然環境などの要考慮事項の考慮不尽等により社会通念上著しく妥当性を欠く場合には，本件事業認定は違法と主張できる。

3(1) Ｃ市は，平成22年調査に基づき本件道路の交通量は１日3500台なので，周辺環境への影響は軽微であり，失われる利益は小さいと判断している。

しかし，平成元年調査の約３分の１に交通量が減っていることは，Ｃ市の人口減少を考慮しても説明できず，平成22年調査の手法・正確性に過誤があり，その結果，失われる利益に係る前提事実を誤認している，とＡは主張できる。

(2) 次に，平成22年調査が正確であれば，道路ネットワークの形成の利益は小さく，交通量を適正に評価していない，とＡは主張できる。

(3) 仮に「道路ネットワークの形成」の必要性があったとしても，本件土地周辺は戸建住宅中心の住宅地域であって良好な住環境が損なわれる，とＡは主張できる。

4 次に，Ａは，学術上貴重又は絶滅危惧の生物は生息していないものの，小学校への騒音等の影響を緩和しつつ，本件土地の自然環境にも影響を与えないようなルートを採ることの検討がなされておらず，自然環境への影響を考慮しなかった考慮不尽があって社会通念上著しく妥当性を欠くと主張できる。また，Ａは，本件土地周辺の工事で井戸が枯れたことがあり，非常時水源となる防災目的の井戸もあるが，これらの調査がなされておらず考慮されていないことから，調査手法の過誤による重大な事実誤認及び考慮不尽が存在する，と主張できる。

以上

＊1　条解850頁〔高橋滋〕。

＊2　処分要件に当たるか否かの判断における判断過程の審査において個別政策的・公益評価的裁量が発生する場合，判断過程の過誤，欠落が審査されることがあり，土地収用法の事業認定に関する法20条3号がこの類型に該当しうる。川神裕「裁量処分と司法審査（判例を中心として）」判時1932号（2006年）12頁，15-16頁。

＊3　最高裁判例の傾向としては判断過程の適切性の観点は「社会観念上著しく妥当を欠く」か否かという文脈で考慮されるようになっていることについて，森英明・最判解民平成18年度（下）1158-1159頁参照。

おわりに

　本書『行政法ガールⅡ』は，私の人生6冊目の単著になります。2013年に『憲法ガール』を出版して以降，『行政法ガール』(2014年)，『憲法の地図』(2016年)，『憲法ガール Remake Edition』(2018年。『憲法ガール』の改訂・新装版)，『憲法ガールⅡ』(2018年) をいずれも法律文化社から出版させていただいており，本書はこのうち『行政法ガール』の続編です。ストーリー的には，ガール関連書籍は同一の世界線上で展開されていますが，それぞれ単独でも楽しめるように執筆しているつもりですので，気になった方は他のガール関連書籍もお手に取ってみてください。

　私が『行政法ガール』を執筆したきっかけは，もともと公法系科目 (憲法・行政法) が好きだったということもありますが，行政法学者の橋本博之先生 (慶應義塾大学大学院法務研究科教授) の講義を法科大学院時代に受けたことが大きいと思います。私が慶應義塾大学の法科大学院に在籍していた当時，橋本先生の「仕組み解釈」の学説を十分に理解していたわけではありませんでしたが，「仕組み解釈」の技法を用いて行政法紛争事例を解決する術を教えてくださる橋本先生の講義には，感動したものです。現在では，私自身も慶應義塾大学法科大学院非常勤講師として，前期は公共政策法務フォーラム・プログラムという科目を，後期は公法総合Ⅱという科目を橋本先生とともに担当しており，「人生，何があるか分からないものだなぁ」というのが正直な感想です。

　一口に「仕組み解釈」といっても，様々な考え方があると思います。橋本学説における「仕組み解釈」と私が本書で展開する「仕組み解釈」は，必ずしも同一のものではないと思います。「仕組み解釈」とは教科書的な処分性論や原告適格論といった講学上の論点知識自体から行政紛争事案を一刀両断に解決す

るのではなく，むしろ個別行政法の仕組みを解析して思考していく行政法的思考方法・解釈学的方法論なのだろうと思います。したがって，「仕組み解釈」は，特定論点に関する特定の見解というものではなく，解釈学的な「方法論」であるためにその用い方によって論者により結論が異なるのは当然のことです。また，方法論としても機械的・形式的に個別行政法の条文を列挙して結論を正当化しているように見せる「悪しき仕組み解釈」もあれば，処分根拠法規を中心にしながらも憲法や関連法令等にまで視野を拡げて実質的な処分根拠法規の意味内容を探求する「良き仕組み解釈」もあり，一様ではありません。このように「仕組み解釈」は様々な姿をしていますが，「良き仕組み解釈」の視点は行政法紛争事例を読み解くために重要です。

　本書が司法試験過去問を素材にしているのは，行政法思考としての「仕組み解釈」を体得する素材として司法試験過去問が有益だからです。本文を見ていただければわかるとおり，現在の司法試験では，長文の行政法事例問題に個別行政法の参考条文が付されて出題される傾向にあります。処分性や原告適格といった行政法の典型論点の知識を聞くだけであれば一行問題を出題すれば足りますが，司法試験ではこのような行政法事例問題の出題形式を採用することにより，要するに「あなたはきちんと行政法的思考ができますか」ということを問うているのだと思います。もちろん重要論点の知識は必須ですが，その知識を前提に個別行政法の仕組みを解析する仕組み解釈ができていることを答案上で示してやることが必要です。本書を通じて読者の皆様に「行政法的なものの考え方」が少しでも伝われば，幸甚に存じます。

　さて，本書執筆にあたっては，多数の方々にお世話になりました。櫻井敬子先生（学習院大学法学部教授）には平素よりご指導いただいているほか，本書の魅力を伝える素晴らしい帯文を寄稿していただきました。『憲法ガールRemake Edition』と『憲法ガールⅡ』に引き続き，本書のイラストは，イラストレーターの紅木春様にご担当いただきました。紅木様によるイラストは，筆者以上にキャラクターイメージの形成に寄与していると言ってよいと思います。紅木様は仕事のスピードが凄まじく速く，個人事業主である弁護士としても仕事の仕方に見習うべき部分が多いと常々感じております。また，今回はヒロインのキャラクター造形や服装の文章による描写を考える際に，トータ

ルビジュアルプロデューサーの MANAMI 様とロースクール生である笠井菜央様にご助言をいただきました。もちろん各助言を踏まえながらも私自身でキャラクター描写を最終決定したので文責は私自身にありますが，服装の考え方についての助言は非常に役立ちました（なお，これは文章による描写の話で，本書イラストはもちろん本書の文章を基にして紅木様がすべて考案したものであることを申し添えます）。本書の下読み及び校正作業の際には，工藤優輔様，坂上咲季様，仁木湧大様，西村直祐様，廣神達也様，古田雄飛様にご協力いただきました。また，ストーリー展開や校正などにつき酒井麻千子様（東京大学大学院情報学環准教授）にも多大なサポートをしていただきました。法律文化社編集者の舟木和久様には，今回も企画・編集面においてご尽力いただきました。さらに『行政法ガール』の続編を出すことができたのは，読者の皆様による応援があったからだと思っております。そのほか，ここにすべての方のお名前を記すことは叶いませんが，職場の同僚，友人，家族等の存在はいつも支えになっております。本書執筆に貢献していただいたすべての方に，御礼申し上げます。

令和 2 年 7 月

弁護士 大島 義則

判例一覧

0-1	マクリーン事件［最大判昭和53年10月4日民集32巻7号1223頁］

【社会通念審査（マクリーン基準）】
「裁判所は，法務大臣の右判断についてそれが違法となるかどうかを審理，判断するにあたつては，右判断が法務大臣の裁量権の行使としてされたものであることを前提として，その判断の基礎とされた重要な事実に誤認があること等により右判断が全く事実の基礎を欠くかどうか，又は事実に対する評価が明白に合理性を欠くこと等により右判断が社会通念に照らし著しく妥当性を欠くことが明らかであるかどうかについて審理し，それが認められる場合に限り，右判断が裁量権の範囲をこえ又はその濫用があつたものとして違法であるとすることができるものと解するのが，相当である。」

0-2	マクリーン事件［最大判昭和53年10月4日民集32巻7号1223頁］

【裁量基準違反の法的効果】
「……行政庁がその裁量に任された事項について裁量権行使の準則を定めることがあつても，このような準則は，本来，行政庁の処分の妥当性を確保するためのものなのであるから，処分が右準則に違背して行われたとしても，原則として当不当の問題を生ずるにとどまり，当然に違法となるものではない。処分が違法となるのは，それが法の認める裁量権の範囲をこえ又はその濫用があつた場合に限られるのであり，また，その場合に限り裁判所は当該処分を取り消すことができるものであつて，行政事件訴訟法三〇条の規定はこの理を明らかにしたものにほかならない。」

0-3	伊方原発訴訟［最判平成4年10月29日民集46巻7号1174頁］

【裁量基準の合理性及びあてはめの合理性の審査】
「右の原子炉施設の安全性に関する判断の適否が争われる原子炉設置許可処分の取消訴訟における裁判所の審理，判断は，原子力委員会若しくは原子炉安全専門審査会の専門技術的な調査審議及び判断を基にしてされた被告行政庁の判断に不合理な点があるか否かという観点から行われるべきであって，現在の科学技術水準に照らし，右調査審議において用いられた具体的審査基準に不合理な点があり，あるいは当該原子炉施設が右の具体的審査基準に適合するとした原子力委員会若しくは原子炉安全専門審査会の調査審議及び判断の過程に看過し難い過誤，欠落

	があり，被告行政庁の判断がこれに依拠してされたと認められる場合には，被告行政庁の右判断に不合理な点があるものとして，右判断に基づく原子炉設置許可処分は違法と解すべきである。」
0－4	小田急線高架化訴訟［最大判平成17年12月 7 日民集59巻10号2645頁］

【第三者の原告適格の判断枠組み】

「行政事件訴訟法 9 条は，取消訴訟の原告適格について規定するが，同条 1 項にいう当該処分の取消しを求めるにつき「法律上の利益を有する者」とは，当該処分により自己の権利若しくは法律上保護された利益を侵害され，又は必然的に侵害されるおそれのある者をいうのであり，当該処分を定めた行政法規が，不特定多数者の具体的利益を専ら一般的公益の中に吸収解消させるにとどめず，それが帰属する個々人の個別的利益としてもこれを保護すべきものとする趣旨を含むと解される場合には，このような利益もここにいう法律上保護された利益に当たり，当該処分によりこれを侵害され又は必然的に侵害されるおそれのある者は，当該処分の取消訴訟における原告適格を有するものというべきである。

　そして，処分の相手方以外の者について上記の法律上保護された利益の有無を判断するに当たっては，当該処分の根拠となる法令の規定の文言のみによることなく，当該法令の趣旨及び目的並びに当該処分において考慮されるべき利益の内容及び性質を考慮し，この場合において，当該法令の趣旨及び目的を考慮するに当たっては　当該法令と目的を共通にする関係法令があるときはその趣旨及び目的をも参酌し，当該利益の内容及び性質を考慮するに当たっては，当該処分がその根拠となる法令に違反してされた場合に害されることとなる利益の内容及び性質並びにこれが害される態様及び程度をも勘案すべきものである（同条 2 項参照）。」

0－5	総合設計許可事件［最判平成14年 1 月22日民集56巻 1 号46頁］

【第三者の原告適格――周辺住民（総合設計許可）】

「上記の見地に立って，まず，上告人らの本件総合設計許可の取消しを求める原告適格について検討する。

　建築基準法は，52条において建築物の容積率制限，55条及び56条において高さ制限を定めているところ，これらの規定は，本来，建築密度，建築物の規模等を規制することにより，建築物の敷地上に適度な空間を確保し，もって，当該建築物及びこれに隣接する建築物等における日照，通風，採光等を良好に保つことを目的とするものであるが，そのほか，当該建築物に火災その他の災害が発生した場合に，隣接する建築物等に延焼するなどの危険を抑制することをもその目的に含むものと解するのが相当である。そして，同法59条の 2 第 1 項は，上記の制限を超える建築物の建築につき，一定規模以上の広さの敷地を有し，かつ，敷地内に一定規模以上の空地を有する場合においては，安全，防火等の観点から支障がないと認められることなどの要件を満たすときに限り，これらの制限を緩和することを認めている。このように，同項は，必要な空間を確保することなどを要件として，これらの制限を緩和して大規模な建築物を建築することを可能にするものである。容積率制限や高さ制限の規定の上記の趣旨・目的等をも考慮すれば，同項が必要な空間を確保することとしているのは，当該建築物及びその周辺の建

築物における日照，通風，採光等を良好に保つなど快適な居住環境を確保することができるようにするとともに，地震，火災等により当該建築物が倒壊，炎上するなど万一の事態が生じた場合に，その周辺の建築物やその居住者に重大な被害が及ぶことがないようにするためであると解される。そして，同項は，特定行政庁が，以上の各点について適切な設計がされているかどうかなどを審査し，安全，防火等の観点から支障がないと認めた場合にのみ許可をすることとしているのである。以上のような同項の趣旨・目的，同項が総合設計許可を通して保護しようとしている利益の内容・性質等に加え，同法が建築物の敷地，構造等に関する最低の基準を定めて国民の生命，健康及び財産の保護を図ることなどを目的とするものである（1条）ことにかんがみれば，同法59条の2第1項は，上記許可に係る建築物の建築が市街地の環境の整備改善に資するようにするとともに，当該建築物の倒壊，炎上等による被害が直接的に及ぶことが想定される周辺の一定範囲の地域に存する他の建築物についてその居住者の生命，身体の安全等及び財産としてのその建築物を，個々人の個別的利益としても保護すべきものとする趣旨を含むものと解すべきである。そうすると，総合設計許可に係る建築物の倒壊，炎上等により直接的な被害を受けることが予想される範囲の地域に存する建築物に居住し又はこれを所有する者は，総合設計許可の取消しを求めるにつき法律上の利益を有する者として，その取消訴訟における原告適格を有すると解するのが相当である。」

0-6	林地開発許可事件［最判平成13年3月13日民集55巻2号283頁］	

【第三者の原告適格——周辺住民（林地開発許可）】

「本件において，被上告人B6及び同B7は，本件開発区域に近接する住居に居住しており，本件開発許可に基づく開発行為によって起こり得る土砂の流出又は崩壊その他の災害あるいは水害により，その生命，身体等を侵害されるおそれがあると主張している。そこで検討するのに，森林法10条の2第2項1号は，当該開発行為をする森林の現に有する土地に関する災害の防止の機能からみて，当該開発行為により当該森林の周辺の地域において土砂の流出又は崩壊その他の災害を発生させるおそれがないことを，また，同項1号の2は，当該開発行為をする森林の現に有する水害の防止の機能からみて，当該開発行為により当該機能に依存する地域における水害を発生させるおそれがないことを開発許可の要件としている。これらの規定は，森林において必要な防災措置を講じないままに開発行為を行うときは，その結果，土砂の流出又は崩壊，水害等の災害が発生して，人の生命，身体の安全等が脅かされるおそれがあることにかんがみ，開発許可の段階で，開発行為の設計内容を十分審査し，当該開発行為により土砂の流出又は崩壊，水害等の災害を発生させるおそれがない場合にのみ許可をすることとしているものである。そして，この土砂の流出又は崩壊，水害等の災害が発生した場合における被害は，当該開発区域に近接する一定範囲の地域に居住する住民に直接的に及ぶことが予想される。以上のような上記各号の趣旨・目的，これらが開発許可を通して保護しようとしている利益の内容・性質等にかんがみれば，これらの規定は，土砂の流出又は崩壊，水害等の災害防止機能という森林の有する公益的機能の確保を図るとともに，土砂の流出又は崩壊，水害等の災害による被害が直接的に及ぶことが想定される開発区域に近接する一定範囲の地域に居住する住

民の生命，身体の安全等を個々人の個別的利益としても保護すべきものとする趣旨を含むものと解すべきである。そうすると，土砂の流出又は崩壊，水害等の災害による直接的な被害を受けることが予想される範囲の地域に居住する者は，開発許可の取消しを求めるにつき法律上の利益を有する者として，その取消訴訟における原告適格を有すると解するのが相当である。」

「しかし，森林法10条の2第2項1号及び同項1号の2の規定から，周辺住民の生命，身体の安全等の保護に加えて周辺土地の所有権等の財産権までを個々人の個別的利益として保護すべきものとする趣旨を含むことを読み取ることは困難である。また，同項2号は，当該開発行為をする森林の現に有する水源のかん養の機能からみて，当該開発行為により当該機能に依存する地域における水の確保に著しい支障を及ぼすおそれがないことを，同項3号は，当該開発行為をする森林の現に有する環境の保全の機能からみて，当該開発行為により当該森林の周辺の地域における環境を著しく悪化させるおそれがないことを開発許可の要件としているけれども，これらの規定は，水の確保や良好な環境の保全という公益的な見地から開発許可の審査を行うことを予定しているものと解されるのであって，周辺住民等の個々人の個別的利益を保護する趣旨を含むものと解することはできない。」

| 1−1 | 君が代予防訴訟上告審判決［最判平成24年2月9日民集66巻2号183頁］ |

【差止訴訟における重大な損害要件の考慮要素に関する判断方法】

「そこで，本件差止めの訴えのうち，免職処分以外の懲戒処分（停職，減給又は戒告の各処分）の差止めを求める訴えの適法性について検討するに，差止めの訴えの訴訟要件については，当該処分がされることにより「重大な損害を生ずるおそれ」があることが必要であり（行訴法37条の4第1項），その有無の判断に当たっては，損害の回復の困難の程度を考慮するものとし，損害の性質及び程度並びに処分の内容及び性質をも勘案するものとされている（同条2項）。

　行政庁が処分をする前に裁判所が事前にその適法性を判断して差止めを命ずるのは，国民の権利利益の実効的な救済及び司法と行政の権能の適切な均衡の双方の観点から，そのような判断と措置を事前に行わなければならないだけの救済の必要性がある場合であることを要するものと解される。したがって，差止めの訴えの訴訟要件としての上記「重大な損害を生ずるおそれ」があると認められるためには，処分がされることにより生ずるおそれのある損害が，処分がされた後に取消訴訟等を提起して執行停止の決定を受けることなどにより容易に救済を受けることができるものではなく，処分がされる前に差止めを命ずる方法によるのでなければ救済を受けることが困難なものであることを要すると解するのが相当である。

　本件においては，前記第1の2(3)のとおり，本件通達を踏まえ，毎年度2回以上，都立学校の卒業式入学式等の式典に際し，多数の教職員に対し本件職務命令が繰り返し発せられ，その違反に対する懲戒処分が累積し加重され，おおむね4回で（他の懲戒処分歴があれば3回以内に）停職処分に至るものとされている。このように本件通達を踏まえて懲戒処分が反復継続的かつ累積加重的にされる危険が現に存在する状況の下では，事案の性質等のために取消訴訟等の判決確定に至るまでに相応の期間を要している間に，毎年度2回以上の各式典を契機として

上記のように懲戒処分が反復継続的かつ累積加重的にされていくと事後的な損害の回復が著しく困難になることを考慮すると，本件通達を踏まえた本件職務命令の違反を理由として一連の累次の懲戒処分がされることにより生ずる損害は，処分がされた後に取消訴訟等を提起して執行停止の決定を受けることなどにより容易に救済を受けることができるものであるとはいえず，処分がされる前に差止めを命ずる方法によるのでなければ救済を受けることが困難なものであるということができ，その回復の困難の程度等に鑑み，本件差止めの訴えについては上記「重大な損害を生ずるおそれ」があると認められるというべきである。」

| 1－2 | 墓地埋葬法通達変更事件［最判昭和43年12月24日民集22巻13号3147頁］ |

【解釈基準の行政機関・国民・裁判所に対する拘束力】

「元来，通達は，原則として，法規の性質をもつものではなく，上級行政機関が関係下級行政機関および職員に対してその職務権限の行使を指揮し，職務に関して命令するために発するものであり，このような通達は右機関および職員に対する行政組織内部における命令にすぎないから，これらのものがその通達に拘束されることはあつても，一般の国民は直接これに拘束されるものではなく，このことは，通達の内容が，法令の解釈や取扱いに関するもので，国民の権利義務に重大なかかわりをもつようなものである場合においても別段異なるところはない。このように，通達は，元来，法規の性質をもつものではないから，行政機関が通達の趣旨に反する処分をした場合においても，そのことを理由として，その処分の効力が左右されるものではない。また，裁判所がこれらの通達に拘束されることのないことはもちろんで，裁判所は，法令の解釈適用にあたつては，通達に示された法令の解釈とは異なる独自の解釈をすることができ，通達に定める取扱いが法の趣旨に反するときは独自にその違法を判定することもできる筋合である。」

| 1－3 | パチンコ球遊器課税事件［最判昭和33年3月28日民集12巻4号624頁］ |

【解釈基準が法の正しい解釈内容と合致する場合】

「物品税は物品税法が施行された当初（昭和四年四月一日）においては消費税として出発したものであるが，その後次第に生活必需品その他いわゆる資本的消費財も課税品目中に加えられ，現在の物品税法（昭和一五年法律第四〇号）が制定された当時，すでに，一部生活必需品（たとえば燐寸）（第一条第三種一）や「撞球台」（第一条第二種甲類一一）「乗用自動車」（第一条第二種甲類一四）等の資本財もしくは資本財たり得べきもの課税品目として掲げられ，その後の改正においてさらにこの種の品目が数多く追加されたこと，いわゆる消費的消費財と生産的消費財との区別はもともと相対的なものであつて，パチンコ球遊器も自家用消費財としての性格をまつたく持つていないとはいい得ないこと，その他第一，二審判決の掲げるような理由にかんがみれば，社会観念上普通に遊戯具とされているパチンコ球遊器が物品税法上の「遊戯具」のうちに含まれないと解することは困難であり，原判決も，もとより，所論のように，単に立法論としてパチンコ球遊器を課税品目に加えることの妥当性を論じたものではなく，現行法の解釈として「遊戯具」中にパチンコ球遊器が含まれるとしたものであつて，右判断は，正当である。

　なお，論旨は，通達課税による憲法違反を云為しているが，本件の課税がたまたま所論通達を機縁として行われたものであつても，通達の内容が法の正しい解

釈に合致するものである以上，本件課税処分は法の根拠に基く処分と解するに妨げがなく，所論違憲の主張は，通達の内容が法の定めに合致しないことを前提とするものであつて，採用し得ない。」

1－4	風営法営業停止処分事件［最判平成27年3月3日民集69巻2号143頁］

【裁量基準と乖離した裁量処分の適法性】

「行政手続法は，行政運営における公正の確保と透明性の向上を図り，もって国民の権利利益の保護に資することをその目的とし（1条1項），行政庁は，不利益処分をするかどうか又はどのような不利益処分とするかについてその法令の定めに従って判断するために必要とされる基準である処分基準（2条8号ハ）を定め，かつ，これを公にしておくよう努めなければならないものと規定している（12条1項）。

　上記のような行政手続法の規定の文言や趣旨等に照らすと，同法12条1項に基づいて定められ公にされている処分基準は，単に行政庁の行政運営上の便宜のためにとどまらず，不利益処分に係る判断過程の公正と透明性を確保し，その相手方の権利利益の保護に資するために定められ公にされるものというべきである。したがって，行政庁が同項の規定により定めて公にしている処分基準において，先行の処分を受けたことを理由として後行の処分に係る量定を加重する旨の不利益な取扱いの定めがある場合に，当該行政庁が後行の処分につき当該処分基準の定めと異なる取扱いをするならば，裁量権の行使における公正かつ平等な取扱いの要請や基準の内容に係る相手方の信頼の保護等の観点から，当該処分基準の定めと異なる取扱いをすることを相当と認めるべき特段の事情がない限り，そのような取扱いは裁量権の範囲の逸脱又はその濫用に当たることとなるものと解され，この意味において，当該行政庁の後行の処分における裁量権は当該処分基準に従って行使されるべきことが羈束されており，先行の処分を受けた者が後行の処分の対象となるときは，上記特段の事情がない限り当該処分基準の定めにより所定の量定の加重がされることになるものということができる。

　以上に鑑みると，行政手続法12条1項の規定により定められ公にされている処分基準において，先行の処分を受けたことを理由として後行の処分に係る量定を加重する旨の不利益な取扱いの定めがある場合には，上記先行の処分に当たる処分を受けた者は，将来において上記後行の処分に当たる処分の対象となり得るときは，上記先行の処分に当たる処分の効果が期間の経過によりなくなった後においても，当該処分基準の定めにより上記の不利益な取扱いを受けるべき期間内はなお当該処分の取消しによって回復すべき法律上の利益を有するものと解するのが相当である。」

2－1	河川附近地制限令事件［最大判昭和43年11月27日刑集22巻12号1402頁］

【特別犠牲の有無——相当の資本の投入】

「もつとも，本件記録に現われたところによれば，被告人は，名取川の堤外民有地の各所有者に対し賃借料を支払い，労務者を雇い入れ，従来から同所の砂利を採取してきたところ，昭和三四年一二月一一日宮城県告示第六四三号により，右地域が河川附近地に指定されたため，河川附近地制限令により，知事の許可を受けることなくしては砂利を採取することができなくなり，従来，賃借料を支払い，

労務者を雇い入れ，相当の資本を投入して営んできた事業が営み得なくなるために相当の損失を被る筋合であるというのである。そうだとすれば，その財産上の犠牲は，公共のために必要な制限によるものとはいえ，単に一般的に当然に受忍すべきものとされる制限の範囲をこえ，特別の犠牲を課したものとみる余地が全くないわけではなく，憲法二九条三項の趣旨に照らし，さらに河川附近地制限令一条ないし三条および五条による規制について同令七条の定めるところにより損失補償をすべきものとしていることとの均衡からいつて，本件被告人の被つた現実の損失については，その補償を請求することができるものと解する余地がある。」

【法令に損失補償規定がない場合の憲法29条3項に基づく損失補償請求の可否】

「しかし，同令四条二号による制限について同条に損失補償に関する規定がないからといつて，同条があらゆる場合について一切の損失補償を全く否定する趣旨とまでは解されず，本件被告人も，その損失を具体的に主張立証して，別途，直接憲法二九条三項を根拠にして，補償請求をする余地が全くないわけではないから，単に一般的な場合について，当然に受忍すべきものとされる制限を定めた同令四条二号およびこの制限違反について罰則を定めた同令一〇条の各規定を直ちに違憲無効の規定と解すべきではない。」

2－2	ガソリンタンク移転事件［最判昭和58年2月18日民集37巻1号59頁］

【特別犠牲の有無——警察目的】

「……警察法規が一定の危険物の保管場所等につき保安物件との間に一定の離隔距離を保持すべきことなどを内容とする技術上の基準を定めている場合において，道路工事の施行の結果，警察違反の状態を生じ，危険物保有者が右技術上の基準に適合するように工作物の移転等を余儀なくされ，これによつて損失を被つたとしても，それは道路工事の施行によつて警察規制に基づく損失がたまたま現実化するに至つたものにすぎず，このような損失は，道路法七〇条一項の定める補償の対象には属しないものというべきである。

これを本件についてみると，原審の適法に確定したところによれば，被上告人は，その経営する石油給油所においてガソリン等の地下貯蔵タンクを埋設していたところ，上告人を道路管理者とする道路工事の施行に伴い，右地下貯蔵タンクの設置状況が消防法一〇条，一二条，危険物の規制に関する政令一三条，危険物の規制に関する規則二三条の定める技術上の基準に適合しなくなつて警察違反の状態を生じたため，右地下貯蔵タンクを別の場所に移設せざるを得なくなつたというのであつて，これによつて被上告人が被つた損失は，まさしく先にみた警察規制に基づく損失にほかならず，道路法七〇条一項の定める補償の対象には属しないといわなければならない。」

2－3	ため池条例事件［最大判昭和38年6月26日刑集17巻5号521頁］

【特別犠牲の有無——警察目的】

「本条例は，災害を防止し公共の福祉を保持するためのものであり，その四条二号は，ため池の堤とうを使用する財産上の権利の行使を著しく制限するものではあるが，結局それは，災害を防止し公共の福祉を保持する上に社会生活上已むを得

ないものであり，そのような制約は，ため池の堤とうを使用し得る財産権を有する者が当然受忍しなければならない責務というべきものであつて，憲法二九条三項の損失補償はこれを必要としないと解するのが相当である。」

| 3 - 1 | 旅券発給拒否処分事件［最判昭和60年1月22日民集39巻1号1頁］ |

【理由附記違反の手続的瑕疵】

「旅券法が右のように一般旅券発給拒否通知書に拒否の理由を付記すべきものとしているのは，一般旅券の発給を拒否すれば，憲法二二条二項で国民に保障された基本的人権である外国旅行の自由を制限することになるため，拒否事由の有無についての外務大臣の判断の慎重と公正妥当を担保してその恣意を抑制するとともに，拒否の理由を申請者に知らせることによつて，その不服申立てに便宜を与える趣旨に出たものというべきであり，このような理由付記制度の趣旨にかんがみれば，一般旅券発給拒否通知書に付記すべき理由としては，いかなる事実関係に基づきいかなる法規を適用して一般旅券の発給が拒否されたかを，申請者においてその記載自体から了知しうるものでなければならず，単に発給拒否の根拠規定を示すだけでは，それによつて当該規定の適用の基礎となつた事実関係をも当然知りうるような場合を別として，旅券法の要求する理由付記として十分でないといわなければならない。この見地に立つて旅券法一三条一項五号をみるに，同号は「前各号に掲げる者を除く外，外務大臣において，著しく且つ直接に日本国の利益又は公安を害する行為を行う虞があると認めるに足りる相当の理由がある者」という概括的，抽象的な規定であるため，一般旅券発給拒否通知書に同号に該当する旨付記されただけでは，申請者において発給拒否の基因となつた事実関係をその記載自体から知ることはできないといわざるをえない。したがつて，外務大臣において旅券法一三条一項五号の規定を根拠に一般旅券の発給を拒否する場合には，申請者に対する通知書に同号に該当すると付記するのみでは足りず，いかなる事実関係を認定して申請者が同号に該当すると判断したかを具体的に記載することを要すると解するのが相当である。そうであるとすれば，単に「旅券法一三条一項五号に該当する。」と付記されているにすぎない本件一般旅券発給拒否処分の通知書は，同法一四条の定める理由付記の要件を欠くものというほかはなく，本件一般旅券発給拒否処分に右違法があることを理由としてその取消しを求める上告人の本訴請求は，正当として認容すべきである。」

| 3 - 2 | 個人タクシー事件［最判昭和46年10月28日民集25巻7号1037頁］ |

【聴聞手続関連の手続的瑕疵──結果への影響がある場合】

「おもうに，道路運送法においては，個人タクシー事業の免許申請の許否を決する手続について，同法一二二条の二の聴聞の規定のほか，とくに，審査，判定の手続，方法等に関する明文規定は存しない。しかし，同法による個人タクシー事業の免許の許否は個人の職業選択の自由にかかわりを有するものであり，このことと同法六条および前記一二二条の二の規定等とを併せ考えれば，本件におけるように，多数の者のうちから少数特定の者を，具体的個別的事実関係に基づき選択して免許の許否を決しようとする行政庁としては，事実の認定につき行政庁の独断を疑うことが客観的にもつともと認められるような不公正な手続をとつてはならないものと解せられる。すなわち，右六条は抽象的な免許基準を定めているに

すぎないのであるから，内部的にせよ，さらに，その趣旨を具体化した審査基準を設定し，これを公正かつ合理的に適用すべく，とくに，右基準の内容が微妙，高度の認定を要するようなものである等の場合には，右基準を適用するうえで必要とされる事項について，申請人に対し，その主張と証拠の提出の機会を与えなければならないというべきである。免許の申請人はこのような公正な手続によって免許の許否につき判定を受くべき法的利益を有するものと解すべく，これに反する審査手続によって免許の申請の却下処分がされたときは，右利益を侵害するものとして，右処分の違法事由となるものというべきである。」

「……これらの点に関する事実を聴聞し，被上告人にこれに対する主張と証拠の提出の機会を与えその結果をしんしやくしたとすれば，上告人がさきにした判断と異なる判断に到達する可能性がなかつたとはいえないであろうから，右のような審査手続は，前記説示に照らせば，かしあるものというべく，したがつて，この手続によつてされた本件却下処分は違法たるを免れない。」

| 3 - 3 | 群馬中央バス事件〔最判昭和50年5月29日民集29巻5号662頁〕 |

【聴聞手続関連の手続的瑕疵——結果への影響がない場合】

「ところで，原審の認定したところによれば，上告人の本件申請計画における右の諸難点については，すでに，右公聴会において，一応，他の利害関係人からの指摘がなされており，また，運輸審議会の委員からも，上告人の申請計画に関して乗車回数の推定根拠，乗車密度，平均乗車粁，道路舗装状況等について質問がなされたというのであるから，上告人においても，右申請の問題点が何であるかについては，おおよそ推知することができたものと考えられるのであるが，さらに進んで問題をより具体化し，上告人の事業計画並びにその根拠資料における上記運賃，輸送時間の比較及びこれとの関係における輸送需要（見込）量と供給力との均衡等に関する問題点ないしは難点を具体的に明らかにし，上告人をして進んでこれらの点についての補充資料や釈明ないしは反駁を提出させるための特段の措置はとられておらず，この点において，本件公聴会審理が上告人に主張立証の機会を与えるにつき必ずしも十分でないところがあつたことは，これを否定することができない。しかしながら，原審が当事者双方の完全な主張・立証のうえに立つて認定したところによれば，運輸審議会が重視した上記のごとき既設輸送機関との運賃及び輸送時間の比較については，本件処分当時においても，申請路線によるそれが，所要時間において相当に劣り，また運賃も太田，草津間を除いては計画自体においてもすでに他の輸送機関のそれよりも高額であるのみならず，上告人が申請路線について旅客に対し適切な役務を提供するに足りる企業の採算性を維持しようとするためには，遠距離逓減率を考慮しても申請にかかる運賃を根本的に修正しなければならないこととなり，既設交通機関を選択した場合の運賃と比較すれば，その差異は，太田，草津間においても，またその他の区間においても相当の懸隔を生ずることが明らかであるというのであり，原審が右認定の理由として説くところから見ても，仮に運輸審議会が，公聴会審理においてより具体的に上告人の申請計画の問題点を指摘し，この点に関する意見及び資料の提出を促したとしても，上告人において，運輸審議会の認定判断を左右するに足る意見及び資料を追加提出しうる可能性があつたとは認め難いのである。してみると，右のような事情のもとにおいて，本件免許申請についての運輸審議会の審理

手続における上記のごとき不備は，結局において，前記公聴会審理を要求する法の趣旨に違背する重大な違法とするには足りず，右審理の結果に基づく運輸審議会の決定（答申）自体に瑕疵があるということはできないから，右諮問を経てなされた運輸大臣の本件処分を違法として取り消す理由とはならないものといわなければならない。」

| 4-1 | たぬきの森事件［最判平成21年12月17日民集63巻10号2631頁］ |

【違法性承継の基準】
「以上のとおり，建築確認における接道要件充足の有無の判断と，安全認定における安全上の支障の有無の判断は，異なる機関がそれぞれの権限に基づき行うこととされているが，もともとは一体的に行われていたものであり，避難又は通行の安全の確保という同一の目的を達成するために行われるものである。そして，前記のとおり，安全認定は，建築主に対し建築確認申請手続における一定の地位を与えるものであり，建築確認と結合して初めてその効果を発揮するのである。」
「他方，安全認定があっても，これを申請者以外の者に通知することは予定されておらず，建築確認があるまでは工事が行われることもないから，周辺住民等これを争おうとする者がその存在を速やかに知ることができるとは限らない（これに対し，建築確認については，工事の施工者は，法89条1項に従い建築確認があった旨の表示を工事現場にしなければならない。）。そうすると，安全認定について，その適否を争うための手続的保障がこれを争おうとする者に十分に与えられているというのは困難である。仮に周辺住民等が安全認定の存在を知ったとしても，その者において，安全認定によって直ちに不利益を受けることはなく，建築確認があった段階で初めて不利益が現実化すると考えて，その段階までは争訟の提起という手段は執らないという判断をすることがあながち不合理であるともいえない。」
「以上の事情を考慮すると，安全認定が行われた上で建築確認がされている場合，安全認定が取り消されていなくても，建築確認の取消訴訟において，安全認定が違法であるために本件条例4条1項所定の接道義務の違反があると主張することは許されると解するのが相当である。」

| 5-1 | 里道用途廃止処分事件［最判昭和62年11月24日集民152号247頁］ |

【第三者の原告適格——周辺住民（里道用途廃止処分）】
「本件里道が上告人に個別的・具体的な利益をもたらしていて，その用途廃止により上告人の生活に著しい支障が生ずるという特段の事情は認められず，上告人は本件用途廃止処分の取消しを求めるにつき原告適格を有しないとした原審の認定判断は，原判決挙示の証拠関係及びその説示に照らし，正当として是認することができ，原判決に所論の違法はない。」

| 6-1 | 大田区ごみ焼却場判決［最判昭和39年10月29日民集18巻8号1809頁］ |

【処分性の定式】
「……行政事件訴訟特例法一条にいう行政庁の処分とは，所論のごとく行政庁の法令に基づく行為のすべてを意味するものではなく，公権力の主体たる国または公共団体が行う行為のうち，その行為によって，直接国民の権利義務を形成しまた

はその範囲を確定することが法律上認められているものをいうものであることは，当裁判所の判例とするところである」

「ところで，原判決の確定した事実によれば，本件ごみ焼却場は，被上告人都がさきに私人から買収した都所有の土地の上に，私人との間に対等の立場に立つて締結した私法上の契約により設置されたものであるというのであり，原判決が被上告人都において本件ごみ焼却場の設置を計画し，その計画案を都議会に提出した行為は被上告人都自身の内部的手続行為に止まると解するのが相当であるとした判断は，是認できる。

それ故，仮りに右設置行為によつて上告人らが所論のごとき不利益を被ることがあるとしても，右設置行為は，被上告人都が公権力の行使により直接上告人らの権利義務を形成し，またはその範囲を確定することを法律上認められている場合に該当するものということを得ず，原判決がこれをもつて行政事件訴訟特例法にいう「行政庁の処分」にあたらないからその無効確認を求める上告人らの本訴請求を不適法であるとしたことは，結局正当である。」

| 7-1 | 一般廃棄物処理業許可・更新処分事件〔最判平成26年1月28日民集68巻1号49頁〕 |

【第三者の原告適格——既存同業者（一般廃棄物処理業許可・更新処分）】

「以上のような一般廃棄物処理業に関する需給状況の調整に係る規制の仕組み及び内容，その規制に係る廃棄物処理法の趣旨及び目的，一般廃棄物処理の事業の性質，その事業に係る許可の性質及び内容等を総合考慮すると，廃棄物処理法は，市町村長から一定の区域につき一般廃棄物処理業の許可又はその更新を受けて市町村に代わってこれを行う許可業者について，当該区域における需給の均衡が損なわれ，その事業の適正な運営が害されることにより前記のような事態が発生することを防止するため，上記の規制を設けているものというべきであり，同法は，他の者からの一般廃棄物処理業の許可又はその更新の申請に対して市町村長が上記のように既存の許可業者の事業への影響を考慮してその許否を判断することを通じて，当該区域の衛生や環境を保持する上でその基礎となるものとして，その事業に係る営業上の利益を個々の既存の許可業者の個別的利益としても保護すべきものとする趣旨を含むと解するのが相当である。したがって，市町村長から一定の区域につき既に廃棄物処理法7条に基づく一般廃棄物処理業の許可又はその更新を受けている者は，当該区域を対象として他の者に対してされた一般廃棄物処理業の許可処分又は許可更新処分について，その取消しを求めるにつき法律上の利益を有する者として，その取消訴訟における原告適格を有するものというべきである。」

「廃棄物処理法において一般廃棄物収集運搬業と一般廃棄物処分業とは別途の許可の対象とされ，各別に需給状況の調整等が図られる仕組みが設けられているところ，本件において，上告人は，一般廃棄物収集運搬業の許可及びその更新を受けている既存の許可業者であるから，本件更新処分1及び本件更新処分2のうち一般廃棄物収集運搬業の許可更新処分について，その取消しを求める原告適格を有していたものというべきである。他方，上告人は，一般廃棄物処分業の許可又はその更新を受けていないから，本件更新処分2のうち一般廃棄物処分業の許可更新処分については，その取消しを求める原告適格を有しない。」

7-2	大阪府墓地経営許可事件［最判平成12年3月17日集民197号661頁］
	【第三者の原告適格──周辺住民（墓地経営許可処分）】 「墓地，埋葬等に関する法律（以下「法」という。）一〇条一項は，墓地，納骨堂又は火葬場（以下「墓地等」という。）を経営しようとする者は，都道府県知事の許可を受けなければならない旨規定するのみで，右許可の要件について特に規定していない。これは，墓地等の経営が，高度の公益性を有するとともに，国民の風俗習慣，宗教活動，各地方の地理的条件等に依存する面を有し，一律的な基準による規制になじみ難いことにかんがみ，墓地等の経営に関する許否の判断を都道府県知事の広範な裁量にゆだねる趣旨に出たものであって，法は，墓地等の管理及び埋葬等が国民の宗教的感情に適合し，かつ，公衆衛生その他公共の福祉の見地から支障なく行われることを目的とする法の趣旨に従い，都道府県知事が，公益的見地から，墓地等の経営の許可に関する許否の判断を行うことを予定しているものと解される。法一〇条一項自体が当該墓地等の周辺に居住する者個々人の個別的利益をも保護することを目的としているものとは解し難い。また，大阪府墓地等の経営の許可等に関する条例（昭和六〇年大阪府条例第三号）七条一号は，墓地及び火葬場の設置場所の基準として，「住宅，学校，病院，事務所，店舗その他これらに類する施設の敷地から三百メートル以上離れていること。ただし，知事が公衆衛生その他公共の福祉の見地から支障がないと認めるときは，この限りでない。」と規定している。しかし，同号は，その周辺に墓地及び火葬場を設置することが制限されるべき施設を住宅，事務所，店舗を含めて広く規定しており，その制限の解除は専ら公益的見地から行われるものとされていることにかんがみれば，同号がある特定の施設に着目して当該施設の設置者の個別的利益を特に保護しようとする趣旨を含むものとは解し難い。したがって，墓地から三〇〇メートルに満たない地域に敷地がある住宅等に居住する者が法一〇条一項に基づいて大阪府知事のした墓地の経営許可の取消しを求める原告適格を有するものということはできない。以上と同旨の原審の判断は，正当として是認することができる。論旨は，独自の見解に立って原判決を論難するものにすぎず，採用することができない。」
7-3	練馬区墓地経営許可事件［東京地判平成22年4月16日判時2079号25頁］
	【第三者の原告適格──周辺住民（墓地経営許可処分）】 「そして，墓埋法10条1項及び本件条例に基づく墓地経営の許可は，本件条例6条以下の基準に適合することを要件としてされるものであると解されるところ，上記墓埋法の規定に加えて，本件条例の規定の趣旨及び目的をも参酌し，併せて本件条例において，上記のように墓地等の周辺地域の飲料水の汚染等の衛生環境の悪化を防止することを目的とした規定があり，隣接住民等に対して墓地経営許可に係る手続への関与を認めた規定があることをも考慮すれば，墓地経営許可に関する墓埋法及び本件条例の規定は，墓地の経営に伴う衛生環境の悪化等によって，墓地の周辺地域に居住する住民に健康又は生活環境の被害が発生することを防止し，もって良好な衛生環境を確保し，良好な生活環境を保全することをも，その趣旨及び目的とするものと解される。」 「本件条例の規定に違反した違法な墓地の経営が許可された場合には，そのような

墓地の経営に起因して，周辺地域の飲料水ともなる地下水の汚染，土壌の汚染，雨水や汚水の滞留，供物等の放置による悪臭又は烏，鼠及び蚊の発生及び増加，排水設備の不備による周辺への浸水などが生ずるおそれがある。そして，周辺住民等，すなわち，墓地の周辺の一定範囲の地域に居住し，又は住宅を有する者は，上記のような衛生環境の悪化による被害を直接受けるおそれがあり，その被害の程度は，住宅の場所が墓地に接近するにつれて増大するものと考えられる。また，周辺住民等がそのような被害を反復，継続して受けた場合には，それは，周辺住民等の健康や生活環境に係る著しい被害にも至りかねないものである。そして，墓埋法10条1項の許可をする際に考慮すべき基準等を定める本件条例の各規定は，周辺住民等に対し，条例違反の墓地の経営による墓地周辺の衛生環境の悪化により健康又は生活環境に係る著しい被害を受けないという具体的利益を保護しようとするものと解されるところ，そのような被害の内容や性質，程度等に照らせば，この具体的利益は，一般的公益の中に吸収解消させることが困難なものといわざるを得ない。」

「したがって，周辺住民等のうち，違法な墓地経営に起因する墓地周辺の衛生環境の悪化により健康又は生活環境の著しい被害を直接的に受けるおそれのある者は，墓地経営許可の処分の取消しを求めるにつき法律上の利益を有する者として，その取消しの訴えにおける原告適格を有するというべきである。」

「ところで，本件条例6条1項3号は，原則として住宅等から墓地までの距離はおおむね100メートル以上であることとしており，おおむねその範囲内の地域に居住し，又は住宅を有する周辺住民等については前記のような被害が直接及び得ることを想定していると考えられるところ，証拠（甲41の1，42から53まで）及び弁論の全趣旨によれば，原告Aについては，本件墓地からその居住地までの距離が約127.5メートルであって，おおむね100メートルの範囲内とは認め難いが，それ以外の原告らについては，本件墓地からおおむね100メートルの距離の範囲内の地域に居住し，又は住宅を有する者と認められ，本件墓地周辺の衛生環境の悪化による健康又は生活環境の著しい被害を直接受けるおそれがある者ということができるから，本件処分の取消しを求める法律上の利益を有する者であると認めることができる。」

| 7-4 | 大阪サテライト判決［最判平成21年10月15日民集63巻8号1711頁］ |

【第三者の原告適格——位置基準】

「このように，位置基準は，一般的公益を保護する趣旨に加えて，上記のような業務上の支障が具体的に生ずるおそれのある医療施設等の開設者において，健全で静穏な環境の下で円滑に業務を行うことのできる利益を，個々の開設者の個別的利益として保護する趣旨をも含む規定であるというべきであるから，当該場外施設の設置，運営に伴い著しい業務上の支障が生ずるおそれがあると位置的に認められる区域に医療施設等を開設する者は，位置基準を根拠として当該場外施設の設置許可の取消しを求める原告適格を有するものと解される。そして，このような見地から，当該医療施設等の開設者が上記の原告適格を有するか否かを判断するに当たっては，当該場外施設が設置，運営された場合にその規模，周辺の交通等の地理的状況等から合理的に予測される来場者の流れや滞留の状況等を考慮して，当該医療施設等が上記のような区域に所在しているか否かを，当該場外施設

と当該医療施設等との距離や位置関係を中心として社会通念に照らし合理的に判断すべきものと解するのが相当である。」

【第三者の原告適格──見取図等】

「なお、原審は、場外施設の設置許可申請書に、敷地の周辺から1000m以内の地域にある医療施設等の位置及び名称を記載した見取図等を添付すべきことを義務付ける定めがあることを一つの根拠として、上記地域において医療等の事業を営む者一般に上記の原告適格を肯定している。確かに、上記見取図は、これに記載された個々の医療施設等に前記のような業務上の支障が生ずるか否かを審査する際の資料の一つとなり得るものではあるが、場外施設の設置、運営が周辺の医療施設等に対して及ぼす影響はその周辺の地理的状況等に応じて一様ではなく、上記の定めが上記地域において医療等の事業を営むすべての者の利益を個別的利益としても保護する趣旨を含むとまでは解し難いのであるから、このような地理的状況等を一切問題とすることなく、これらの者すべてに一律に上記の原告適格が認められるとすることはできないものというべきである。」

【第三者の原告適格──周辺環境調和基準】

「次に、周辺環境調和基準は、場外施設の規模、構造及び設備並びにこれらの配置が周辺環境と調和したものであることをその設置許可要件の一つとして定めるものである。同基準は、場外施設の規模が周辺に所在する建物とそぐわないほど大規模なものであったり、いたずらに射幸心をあおる外観を呈しているなどの場合に、当該場外施設の設置を不許可とする旨を定めたものであって、良好な風俗環境を一般的に保護し、都市環境の悪化を防止するという公益的見地に立脚した規定と解される。同基準が、場外施設周辺の居住環境との調和を求める趣旨を含む規定であると解したとしても、そのような観点からする規制は、基本的に、用途の異なる建物の混在を防ぐ都市環境の秩序ある整備を図るという一般的な公益を保護する見地からする規制というべきである。また、「周辺環境と調和したもの」という文言自体、甚だ漠然とした定めであって、位置基準が上記のように限定的要件を明確に定めているのと比較して、そこから、場外施設の周辺に居住する者等の具体的利益を個々人の個別的利益として保護する趣旨を読み取ることは困難といわざるを得ない。」

7-5	余目町個室浴場事件［最判昭和53年6月16日刑集32巻4号605頁］

【目的・動機違反】

「本来、児童遊園は、児童に健全な遊びを与えてその健康を増進し、情操をゆたかにすることを目的とする施設（児童福祉法四〇条参照）なのであるから、児童遊園設置の認可申請、同認可処分もその趣旨に沿つてなされるべきものであつて、前記のような、被告会社のトルコぶろ営業の規制を主たる動機、目的とするa町のb児童遊園設置の認可申請を容れた本件認可処分は、行政権の濫用に相当する違法性があり、被告会社のトルコぶろ営業に対しこれを規制しうる効力を有しないといわざるをえない」

10-1	もんじゅ訴訟［最判平成4年9月22日民集46巻6号1090頁］

【直截・適切基準説】

「処分の無効確認訴訟を提起し得るための要件の一つである、右の当該処分の効力

の有無を前提とする現在の法律関係に関する訴えによって目的を達することができない場合とは，当該処分に基づいて生ずる法律関係に関し，処分の無効を前提とする当事者訴訟又は民事訴訟によっては，その処分のため被っている不利益を排除することができない場合はもとより，当該処分に起因する紛争を解決するための争訟形態として，当該処分の無効を前提とする当事者訴訟又は民事訴訟との比較において，当該処分の無効確認を求める訴えのほうがより直截的で適切な争訟形態であるとみるべき場合をも意味するものと解するのが相当である」

「被上告人らは本件原子炉施設の設置者である動力炉・核燃料開発事業団に対し，人格権等に基づき本件原子炉の建設ないし運転の差止めを求める民事訴訟を提起しているが，右民事訴訟は，行政事件訴訟法三六条にいう当該処分の効力の有無を前提とする現在の法律関係に関する訴えに該当するものとみることはできず，また，本件無効確認訴訟と比較して，本件設置許可処分に起因する本件紛争を解決するための争訟形態としてより直截的で適切なものであるともいえないから，被上告人らにおいて右民事訴訟の提起が可能であって現にこれを提起していることは，本件無効確認訴訟が同条所定の前記要件を欠くことの根拠とはなり得ない。」

| 10-2 | 世田谷区事業認定無効確認・収用裁決無効確認等事件 ［東京地判平成30年4月27日 Westlaw 文献番号2018WLJPCA04278009］ |

【直截・適切基準説のあてはめ】

「そこで検討すると，本件事業認定を前提としてされた本件権利取得裁決によって，原告が所有していた本件土地の所有権を本件事業の起業者である被告世田谷区が収用により取得したものとされ，本件土地について当該収用を原因とする原告から被告世田谷区への所有権移転登記（本件移転登記）がされているところ（前記前提事実(3)ないし(5)），原告は，自身がなお本件土地の所有権を有する旨主張し，本件土地を含む原告方宅地に居住していることからすれば，原告の本件事業認定の無効確認を求める訴え及び本件権利取得裁決の無効確認を求める訴えの目的は，いずれも，原告の本件土地に対する所有権を保全確保することにあるものと解される。

　　しかるに，本件事業認定及び本件権利取得裁決の無効を主張する原告としては，上記各訴えの被告である東京都との間で本件事業認定又は本件権利取得裁決が無効であることを確認する判決を得ても，その判決は第三者に対して効力を有しないため，被告世田谷区との関係で，当該判決をもって，当然に本件土地の所有権が原告に帰属していることを確認したり，本件土地の所有者としての登記名義を回復したりすることができるわけではない一方，請求3に係る訴えのように，被告世田谷区を相手方として，本件事業認定及び本件権利取得裁決が無効であることを前提に，原告が本件土地の所有権を有することの確認や本件移転登記の抹消登記手続等を求める民事訴訟を提起すれば，その認容判決の効力によって，原告の本件土地に対する所有権を保全確保するという上記の目的を達成することができる。そうすると，本件事業認定及び本件権利取得裁決に基づいて生ずる法律関係に関し，これらの処分の無効を前提とする当事者訴訟又は民事訴訟によってはこれらの処分のために被っている不利益を排除することができないということはできないし，本件事業認定及び本件権利取得裁決に起因する紛争を解決

	するための争訟形態として，これらの処分の無効を前提とする当事者訴訟又は民事訴訟との比較において，これらの処分の無効確認を求める訴えの方がより直截的で適切な争訟形態であるということもできない。」
10-3	小田急線高架化訴訟本案判決〔最判平成18年11月2日民集60巻9号3249頁〕
	【社会通念審査に接合された判断過程統制審査】 「都市計画法は，都市計画について，健康で文化的な都市生活及び機能的な都市活動を確保すべきこと等の基本理念の下で（2条），都市施設の整備に関する事項で当該都市の健全な発展と秩序ある整備を図るため必要なものを一体的かつ総合的に定めなければならず，当該都市について公害防止計画が定められているときは当該公害防止計画に適合したものでなければならないとし（13条1項柱書き），都市施設について，土地利用，交通等の現状及び将来の見通しを勘案して，適切な規模で必要な位置に配置することにより，円滑な都市活動を確保し，良好な都市環境を保持するように定めることとしているところ（同項5号），このような基準に従って都市施設の規模，配置等に関する事項を定めるに当たっては，当該都市施設に関する諸般の事情を総合的に考慮した上で，政策的，技術的な見地から判断することが不可欠であるといわざるを得ない。そうすると，このような判断は，これを決定する行政庁の広範な裁量にゆだねられているというべきであって，裁判所が都市施設に関する都市計画の決定又は変更の内容の適否を審査するに当たっては，当該決定又は変更が裁量権の行使としてされたことを前提として，その基礎とされた重要な事実に誤認があること等により重要な事実の基礎を欠くこととなる場合，又は，事実に対する評価が明らかに合理性を欠くこと，判断の過程において考慮すべき事情を考慮しないこと等によりその内容が社会通念に照らし著しく妥当性を欠くものと認められる場合に限り，裁量権の範囲を逸脱し又はこれを濫用したものとして違法となるとすべきものと解するのが相当である。」

事項索引

■著者紹介

大島 義則（おおしま・よしのり）

弁護士（第二東京弁護士会。長谷川法律事務所）。慶應義塾大学大学院法務研究科非常勤講師（2016年〜），広島大学法科大学院客員准教授（2017年〜。前期担当）。元消費者庁総務課課長補佐（情報公開・個人情報保護・公益通報担当。2012年2月〜2014年1月）。主な著書として『消費者行政法』（編者・分担執筆。勁草書房，2016年），『実務解説 行政訴訟』（編著者。勁草書房，2020年）等。

Horitsu Bunka Sha

行政法ガール II

2020年10月30日　初版第1刷発行

著　者　　大　島　義　則

発行者　　田　靡　純　子

発行所　　株式会社　法律文化社

〒603-8053
京都市北区上賀茂岩ヶ垣内町71
電話 075(791)7131　FAX 075(721)8400
https://www.hou-bun.com/

印刷：西濃印刷㈱／製本：㈱藤沢製本
装画・挿画：紅木　春

ISBN978-4-589-04107-4